불교도는 어떻게 살아야 하는가?

일러두기

1. 인명(人名), 지명(地名), 국명(國名) 등과 같은 고유명사는 특별한 경우를 제외하고 빨리어로 표기했다. 초기불교의 성전어(聖典語)는 빨리어이기 때문이다. 다만 간혹 독자들의 편의를 위해 산스끄리뜨(Sanskrit, 梵語)를 함께 적은 예도 있다. 예를 들면 '옥까까(Okkāka, Sk. Ikṣvāku, 甘蔗王)'로 표기했다.

2. 원전, 즉 초기경전은 빨리어로 전승된 니까야(Nikāya)와 한역 아함경이다. 두 종류의 초기경전은 다음과 같이 표기했다. 예를 들면 'SN.Ⅲ.58'은 Saṃyutta Nikāya, vol. Ⅲ, p.58이라는 뜻이고, 'T2, pp.718c−719b'는 『대정신수대장경(大正新修大藏經)』 제2권 p.718하단에서 p.719중단까지라는 뜻이다. 이 책에서는 주로 니까야에서 많이 인용했지만, 간혹 한역 아함경에서 인용한 부분도 있다.

3. 경전문은 경전 고유의 성스러움과 고풍스러움을 살리기 위해 높임말과 대화체를 그대로 유지했다.

불교도는 어떻게 살아야 하는가?

초기경전에
나타난
붓다의 가르침

마성 지음

민족사

글머리에

―

이 책은 필자가 최근 지면을 통해 발표했던 칼럼들을 모아 엮은 칼럼집이다. 여기에 수록한 70편의 칼럼 중에서 62편은 2019년 5월 15일부터 2021년 12월 22일까지 격주로 《법보신문》의 「마성 스님의 법담법화」라는 제목으로 연재한 것이다. 그 밖의 나머지는 다른 지면에 발표한 것이다. 이것을 한 권의 단행본으로 출판하면서 전체적인 균형과 조화를 유지하기 위해 발표 당시 시사적인 부분은 삭제하고, 또 지면 관계로 생략했던 출처와 근거를 보충하고 내용 일부도 대폭 수정했다. 각각의 글들은 한 편 한 편 완성된 것이기 때문에 굳이 처음부터 읽을 필요는 없다.

이 책은 두 가지 특징을 갖고 있다. 첫째는 초기경전에 나타난 붓다의 교설을 필자가 현대적 의미로 재해석했다는 점이다. 둘째는 비록 칼럼이라는 형식을 빌려 쓴 글이지만 경전의 근거와 출처를 명확히 밝혀 글의 신뢰도를 높였다는 점이다. 이 두 가지 특징이 이 책의 장점이라고 할 수 있다. 필자는 평소 난해한 논문보다는 누구나 쉽게 읽고 이해할 수 있는 대중적인 글쓰기를 지향해 왔다. 여기에 수록한 칼럼들도 모두 이러한 원칙에 의해 작성된 것이다. 따라서 누구나 쉽게 읽고 이해할 수 있을 것이다.

70편의 글들을 일곱 가지 주제, 즉 일곱 장(章, chapter)으로 분류하여 편집했다. 이것은 순전히 독자들의 편의를 위한 것일 뿐, 특별한 의미는 없다. 그리고 장의 제목과 내용이 일치하지 않는 것도 있을 것이다. 이 글들은 처음부터 어떤 특별한 대상을 염두에 두고 작성한 것이 아니기 때문이다. 각 장의 대략적인 개요는 다음과 같다.

제1장 위대한 스승, 붓다의 참모습에서는 후대에 신격화된 붓다의 모습이 아니라 인간 붓다의 모습에 초점을 맞추었다. 특히 「붓다는 전지자인가?」라는 글에서 붓다는 전지전능한 신과 같은 존재, 즉 전지자(全知者, The Omniscience)가 아님을 밝혔다. 붓다는 자신의 신격화를 원하지 않았다. 그러나 불멸 후 시간이 지나면서 점차 붓다는 전지전능한 존재로 신격화되었다. 이 때문에 인도에서 불교는 힌두교 속에 흡수되고 말았다.

제2장 붓다의 가르침, 담마의 특성에서는 붓다의 가르침이 다른 종교 사상과 다른 점에 초점을 맞춰 불교만의 고유한 사상이 무엇인가를 다루었다. 특히 붓다의 가르침은 '인간 완성의 길'을 제시한 것이기 때문에 '불교는 인간학'이라 할 수 있다. 「지금·여기에서 실현하는 열반」에서는 '지금·여기(here and now)'에서 위없

는 바른 깨달음을 성취하는 것이 바로 불교 궁극의 목적임을 밝혔다.

제3장 불교도들을 위한 붓다의 가르침에서는 불교 신자가 어떻게 생활해야 하는가에 대한 붓다의 가르침을 다루었다. 특히 「병 없는 것이 가장 큰 이익」에서 붓다는 이 세상에서 얻기 어려운 것은 건강, 열반, 재산, 친척이라고 했다. 건강과 열반은 출가자와 재가자 모두에게 해당하지만, 재산과 친척은 재가자에게 해당하는 가르침이다. 재가자의 삶에서 재산과 친척이 차지하는 비중이 매우 높기 때문이다. 그중에서 가장 중요한 것은 건강, 즉 '병 없음[無病]'이다. 이 세상에서 건강만큼 소중한 것은 없다. '병 없음'은 축복 중에서 축복이다. 또 붓다는 가난을 찬양하지 않았다. 붓다는 가난이야말로 이 세상에서 가장 큰 괴로움이고, 가난이 범죄와 타락의 원인이라고 지적했다. 그래서 붓다는 재가자들에게 정당한 방법으로 열심히 노력하여 더 많은 돈과 재물[財貨]을 획득하라고 가르쳤다.

제4장 사회를 위한 붓다의 가르침에서는 주로 불교사회사상에 관한 붓다의 가르침을 다루었다. 「붓다의 재난구제 활동」에서는 팬데믹(Pandemic, 세계적 유행병)과 같은 재난에 붓다가 어떻게 대처했는가에 대해 살펴보았다. 또 「인류는 운명 공동체」, 「분쟁을 중재한 붓다」 등을 통해 자연재해와 사회적 문제를 해결하기 위한 붓다의 가르침들을 소개했다. 이 점을 이 장에서 강조했다.

제5장 불교수행에 관한 가르침에서는 '왜 불교에서 실천을 강조하는가?'라는 문제에서부터 「불교의 수행 원리」 등을 제시했다.

아무리 훌륭한 붓다의 가르침도 자신이 실제로 실천하지 않으면 아무 소용이 없기 때문이다. 여기서는 구체적으로 어떻게 수행해야 불교 궁극의 목적인 열반을 실현할 수 있는가에 대해 심도 있게 다루었다.

제6장 승려들을 위한 붓다의 가르침에서는 붓다가 출가 제자들에게 당부한 것들을 모았다. 붓다는 출가자들에게 법의 상속자가 되어야지 재물의 상속자가 되어서는 안 된다고 당부했다. 또 붓다는 자신이 입멸한 후 출가하고자 하는 사람이 있으면 어떤 목적으로 출가하려고 하는지 자세히 살펴보고 승가에 합류시키라고 간곡히 당부했다. 왜냐하면 부적격자를 승단에 받아들임으로써 불교가 쇠퇴하기 때문이다. 또한 붓다는 입멸 직전에 제자들에게 "몸을 단정히 하고, 마음을 단정히 하고, 뜻을 단정히 하고, 입을 단정히 하라."고 했다. 이 네 가지를 단정히 하지 않으면 세상 사람들로부터 비난을 받기 때문이다.

제7장 평범한 일상에 관한 가르침에서는 평범한 일상의 소중함을 다루었다. 아울러 가장 소중한 자기 자신을 보호하는 것이 곧 남을 보호하는 것이라는 붓다의 가르침과 불교도의 사명은 포교라는 것을 언급했다. 특히 붓다의 가르침은 변하지 않지만, 붓다의 가르침을 전하는 교화 방법은 시대와 상황에 따라 끊임없이 변화해야 한다는 점을 강조했다.

끝으로 지난 2년 6개월 동안 《법보신문》에 「마성 스님의 법담법화」를 연재할 수 있도록 배려해 주신 이재형 편집국장님께 감사드린다. 만일 필자에게 그런 기회가 주어지지 않았다면 이 책은 세상에 나오지 못했을 것이다. 그리고 《법보신문》에 연재한 글들을 한 권의 단행본으로 출판해 주신 민족사 대표 윤창화 선생님과 교정과 편집을 위해 수고해 주신 분들에게 감사의 말씀을 드린다.

2022년 7월 20일
팔리문헌연구소에서
저자 마성 씀

차례

—

제3장

불교도들을 위한 붓다의 가르침   — 113

제7장
평범한 일상에 관한 가르침   — 355

제1장

위대한 스승,
붓다의 참모습

붓다는 전지자인가?

       많은 불교도는 붓다를 일체지자(一切知者) 혹은 전지자(全知者)로 이해하고 있다. 이것은 심각한 문제가 아닐 수 없다. 일체지자 혹은 전지자란 '모든 것을 다 아는 자(the Omniscient One)'라는 뜻이다. 만일 붓다를 전지자로 이해하게 되면 신과 다를 바 없게 된다. 붓다는 전지전능한 신과 같은 존재가 아니다.

  일체지자 혹은 전지자에 해당하는 빨리어 원어 '삽반뉴(sabbaññu)'는 니까야에 몇 번 나오지만, 모두 당시의 외도들이 자신을 내세우기 위해 사용했던 말이다. 예를 들면 자이나교의 교주 니간타 나따뿟따(Nigaṇṭha Nātaputta)는 자신을 '일체를 아는 자이고, 일체를 보는 자이다'라고 주장했다. 그러나 붓다는 자신을 전지자라고 지칭한 적이 없다.

  왓차곳따(Vaccagotta)라는 유행자가 붓다를 찾아와 사람들이 '붓다도 일체를 아는 자이고, 일체를 보는 자'라고 부른다고 했다. 그러자 붓다는 "그들은 내가 말한 대로 말하는 자들이 아니다. 그들은 거짓으로 나를 헐뜯는 자이다."(MN. I.482)라고 말했다. 이처럼 붓다는 자신을 '삽반뉴(一切知者)'라고 호칭하는 것은 잘못된 것이라고 분명히 밝혔다.

붓다는 자기 자신에 대해 일찍이 그 누구도 발견하지 못한 진리의 길을 발견하여 그 길을 가르쳐 주는 사람이라고 말했다.

> 비구들이여, 여래·아라한·정등각자는 아직 일어나지 않은 길을 일으킨 자이고, 아직 생기지 않은 길을 생기게 한 자이고, 아직 설해지지 않은 길을 설한 자이고, 길을 아는 자이고, 길을 발견한 자이고, 길에 능숙한 자이다.(SN. III.66)

또한 『법구경』에서 붓다는 "내가 그대들에게 길을 선언했다."(Dhp. 275, "akkhāto ve mayā maggo.") 또 "여래는 가르치는 사람일 뿐이다."(Dhp. 276, "akkhātaro tathāgatā.")라고 말했다. 요컨대 붓다는 길을 가르치는 스승임을 스스로 밝힌 것이다.

붓다는 아지와까(ājīvaka)의 유행자 우빠까(Upaka)에게 "나는 일체승자(sabbābhibhū)요, 일체지자(sabbavidū)이다."(MN. I.171)라고 말한 적이 있다. 그때는 아직 다섯 고행자에게 법을 설하기 전이었다. 여기서 말하는 '일체승자'란 욕계·색계·무색계의 삼계의 법을 극복했다는 뜻이고, '일체지자'란 삼계의 법과 출세간의 법을 다 알았다는 뜻이다. 이때의 '삽바위두(sabbavidū)'는 '모든 것을 아는 현명한 자'라는 뜻이다. 이 단어는 전지전능한 자라는 의미로 사용한 것이 아니다. 또 붓다는 "나에게는 스승이 없다."(MN.I.171)라고 분명히 말했다. 즉 붓다는 자신이 깨달은 진리를 가르치는 스승임을 암시하고 있다.

또 다른 경(AN4:35)에서도 "도(道)와 도(道) 아님에 능숙하고, 할 일을 다 해 마쳤고 번뇌가 없으신 분, 마지막 몸을 가지신 부처님이야말로 위대한 지혜를 가진 위대한 사람(mahāpurisa, 大人)이라 불린다."(AN.II.37)라고 했다.

한때 산자야(Sañjaya)라는 바라문이 "사문 고따마는 모든 것을 알고, 모든 것을 보며, 완전한 지(知)와 견(見)을 공언할 사문이나 바라문은 없다. 그런 것은 불가능하다고 말씀했다."(MN.II.126)라는 소문을 꼬살라국의 궁중에 퍼뜨렸다. 빠세나디 왕은 그것이 사실이냐고 붓다께 여쭈었다.

붓다는 "대왕이시여, 나는 '한 번에 모든 것을 알고 모든 것을 보는 사문이나 바라문은 없다. 그런 경우는 있을 수 없다'고 말한 것을 기억합니다."(MN.II.127)라고 대답했다. 붓다가 '한 번에 모든 것을 알고 모든 것을 보는'이라고 한 것은, 하나의 전향을 가진 한 마음으로 과거·미래·현재를 모두 알거나 보는 사람은 없다는 뜻이다. '한마음으로 과거의 모든 것을 알아야겠다'라고 전향하더라도 과거의 모든 것을 알 수 없고, 오직 한 부분만 알 수 있다.(MA.III.357; 대림 옮김, 『맛지마 니까야』 제3권, p.387, no.358) 마음은 대상을 아는 것으로 정의되고 마음이 일어날 때는 반드시 대상과 더불어 일어난다. 찰나생·찰나멸을 거듭하면서 마음이 일어날 때, 특정 순간에 일어난 마음은 그 순간에 대상으로 하는 오직 그 대상만을 안다는 말이다.

그러나 자이나교의 교주 니간타 나따뿟따와 다른 외도들은 '모든 것을 알고 모든 것을 보는 자'라고 주장했다. 그러면서 그들은 걸식할 때 빈집에 들어가기도 하고 음식을 얻지 못하기도 하고 개에게 물리기도 하고 사나운 코끼리를 만나기도 하였다. '모든 것을 알고 보는 자가 어떻게 그런 일이 있을 수 있는가' 하고 질문을 받으면, '내가 빈집으로 들어가야만 했기 때문에 들어갔다'라는 운명론으로 변명했다.(MN. I.519) 또 어떤 경우에는 '모든 것을 안다'라고 말하면서 과거에 대해 질문하면 다른 질문으로 피해서 가고, 화제를 바꾸어버리고, 노여움과 성냄과 불만족을 드러내었다.(MN. II.31)

이처럼 '모든 것을 아는 자(一切知者)' 혹은 '모든 것을 보는 자(一切見者)'라는 단어는 니까야에서 외도들이 주장하던 내용이다. 그것이 잘못된 것임을 비판하기 위해 인용한 단어일 뿐이다. 그래서 붓다는 외도들이 '모든 것을 알고, 모든 것을 보는 자'라고 말하는 것에 대해 통렬하게 비판했다.

붓다는 안·이·비·설·신·의를 통해 색·성·향·미·촉·법을 인식하는 것을 일체(sabbaṃ)라고 말했다. 이때의 일체란 우리 인간은 육근(六根)을 통해 육식(六識)을 인식하는 것이 '앎의 전부'라는 뜻이다. 그러나 그것을 앎에 있어서 절대로 여섯 가지를 동시에 보고 알 수 없다. 마음이 어떤 대상을 인식하고 사라지는 순간이 너무 짧아서 동시에 행하는 것처럼 느낄 뿐, 절대로 한순간에 두 가지 이상의 일을 수행할 수 없다는 것이 붓다의 가르침이다.

이것은 위빳사나 수행을 5분만 해보면 알 수 있다. 위빳사나 수행의 핵심은 볼 때는 봄만이, 들을 때는 들음만이, 맛볼 때는 맛봄만이 … 이처럼 매 순간을 알아차리는 것이다. 따라서 '일체를 아는 자'라는 말이 성립되지 않는다. 인간은 근원적으로 일체를 동시에 알 수가 없기 때문이다. 다만 마음을 어느 한 곳에 집중했을 때 그것을 알 수 있는 것이다.

힌두교에서는 붓다를 비쉬누(Viṣṇu) 신의 아홉 번째 화신(化身, avatāra)이라고 주장한다. 그러나 불교도는 그러한 주장을 그대로 받아들여서는 안 된다. 만일 붓다를 여러 신들 가운데 하나의 신으로 인정하게 되면 불교는 힌두교 속에 흡수되고 만다. 붓다는 인류의 영원한 스승일 뿐이다. 이 점을 간과해서는 안 된다.

인간 가운데 가장 높으신 분

『상윳따 니까야(Saṃyutta Nikāya, 相應部)』의 제22 칸다 상윳따(Khanda-saṃyutta) 제9 테라왁가(Theravagga, 長老品)에는 붓다가 아홉 명의 제자들에게 오온(五蘊)의 무상(無常)·고(苦)·무아(無我)에 대해 설한 법문이 수록되어 있다. 그중에서 「아누라다 숫따(Anurādha-sutta)」(SN22:86)는 아누라다 존자(아누라다 존자는 붓다의 십대제자 가운데 하나인 아누룻다(Anuruddha) 존자가 아닌 다른 인물이다.)에게 설한 붓다의 교설인데, 시사하는 바가 크다.

한때 아누라다 존자는 웨살리의 중각 강당에서 멀지 않은 숲 속에 머물고 있었다. 그때 많은 외도 유행자(遊行者, paribbājaka)들이 아누라다 존자를 찾아와 다음과 같이 말했다.

아누라다여, 그분 여래는 최상의 사람이며, 최고의 사람이며,

최고에 도달한 사람입니다. 여래는 이러한 자기 자신에 대해서 '여래는 사후에 존재한다'라거나, '여래는 사후에 존재하지 않는 다'라거나, '여래는 사후에 존재하기도 하고 존재하지 않기도 한 다'라거나, '여래는 사후에 존재하는 것도 아니요 존재하지 않는 것도 아니다'라는 이러한 네 가지 경우로 천명합니다.(SN.Ⅲ.116)

그 말을 듣고, 아누라다 존자는 외도 유행자들에게 "이렇게 네 가지 경우로 천명하지 않는다."라고 말했다. 왜냐하면 '네 가지 경 우로 천명한다'라고 말하면 이것은 붓다의 가르침에 어긋나기 때 문이다. 그러자 외도 유행자들은 "이 비구는 출가한 지 얼마 되 지 않은 신참자인 모양이다. 만일 장로라면 어리석고 우둔한 자 일 것"이라고 말하고 그의 곁을 떠났다.

여기서 외도 유행자들이 붓다를 '최상의 사람, 최고의 사람, 최 고에 도달한 사람'이라고 말한 것은 타당한 평가라고 할 수 있다. 그러나 네 가지 경우는 붓다가 답변하지 않은 무기(無記, avyākata) 질문, 즉 형이상학적인 질문이기 때문에, 붓다도 분명히 그렇게 말씀하지 않을 것이기에 위와 같이 답변했다. 그러나 외도 유행 자들은 오히려 아누라다 존자는 아직 아무것도 모르는 풋내기라 고 힐난했다.

아누라다 존자는 외도 유행자들이 떠난 후, '만약 그 외도 유 행자들이 더 질문을 한다면 나는 어떻게 대답해야 세존께서 설 한 가르침에 어긋나지 않을 것인가?'에 대해 생각하게 되었다. 그 래서 아누라다 존자는 붓다를 찾아뵙고 외도 유행자들과 나눈

대화 내용을 말씀드리고 조언을 구했다.

그러자 붓다는 먼저 분석적인 방법으로 오온(五蘊)을 해체하여 오온이 무상이고 괴로움이고 무아임을 천명한다. 그리고 오온에 대한 염오(厭惡)·이욕(離欲)·해탈(解脫)·해탈지견(解脫知見)을 성취하여 아라한이 되는 것에 대해 자세히 설한다. 그런 다음, 다섯 가지 방법으로 지금·여기[현재]에서 전개되고 있는 오온을 여래라고 볼 수 없다고 단정한다. 이것을 근거로 내생에 여래가 존재한다거나 존재하지 않는다거나 하는 언급 자체가 완전히 잘못된 것이라고 아누라다 존자에게 일러준다.

그리고 붓다는 마지막으로 아누라다 존자를 칭찬하고 이렇게 말했다. "아누라다여, 나는 예나 지금이나 괴로움과 괴로움의 소멸을 가르칠 뿐이다."(SN.Ⅲ.119) 이 부분을 각묵 스님은 두 가지 차원에서 이해해야 한다고 말했다.

첫째는 세존께서 사후의 문제와 같은 형이상학적인 질문에 답변하지 않고, 지금·여기에서 괴로움의 소멸에 도달하는 실천적인 길을 설할 뿐이라고 이해하는 것이다.

둘째는 여래란 무상한 여러 현상이 합성된 것이요, 그래서 괴로움이요, 그래서 불변하는 실체가 없는 것이며, 그래서 이것은 단지 인습적 표현일 뿐이라는 것이다. 그러므로 여래에 대한 모든 사유나 설명은 단지 인습적인 것에 지나지 않는다. 그러므로 이러한 인습적인 것에 대해 설명은 하지 않고 존재의 근원적인 문제인 괴로움과 괴로움의 소멸만을 천명한다는 것이다. 각묵 스님은 첫 번째 이해만으로는 충분하지 못하기 때문에 두 번째 해석이 필요하다고 말했다.

필자는 붓다가 "나는 예나 지금이나 괴로움과 괴로움의 소멸을 가르칠 뿐이다."(SN.Ⅲ.119)라고 선언한 이 대목을 매우 중요하게 여긴다. 오직 붓다의 관심은 중생들의 '괴로움과 괴로움의 소멸'에 있었기 때문이다. 한마디로 붓다가 평생 설한 가르침은 오직 중생들의 괴로움과 괴로움의 소멸에 관한 설법이었다.

이 경에서 외도 유행자들이 붓다를 "최상의 사람(uttama-purisa), 최고의 사람(parama-purisa), 최고에 도달한 사람(parama-pattipatta)"(SN.Ⅲ.117)으로 평가했다. 이것은 여래십호 가운데 무상사(無上士)에 해당한다. 무상사(anuttara)란 '위없이 높으신 분'이라는 뜻이다. 즉 '두 발 가진 사람 가운데 제일 높은 분'이라는 의미를 지닌다.

삼귀의문에 나오는 귀의불양족존(歸依佛兩足尊)의 원래 뜻은 '두 발 가진 이 가운데 가장 높으신 부처님께 귀의합니다'라는 뜻이다. 그런데 『육조단경』에서부터 양족(兩足)을 복덕과 지혜를 구족한 부처님으로 번역함으로써 원래의 뜻이 훼손되었다. 그래서 다른 한역 삼귀의문에서는 그러한 오해를 불식시키기 위해 '귀의불무상존(歸依佛無上尊)'으로 번역하기도 했다. 즉 '가장 높으신 부처님께 귀의한다'는 뜻이다.

또 대승경전에 속하는 『발보리심경(發菩提心經)』에서도 붓다를 이족존(二足尊)으로 번역했다. 즉 "사람이 능히 보리심을 일으키면 이족존이 될 수 있는 바, 이것을 큰 이익이라고 부른다."(T17, p.897a)라고 했다. 여기서 말하는 이족(二足)이란 두 다리로 걷는 자, 즉 사람을 가리킨다. 사람 중에서 가장 존귀한 분을 일컫는 말이다. 또 다른 한역 경전인 『최무비경(最無比經)』에 "이제 저는 사람 중에서 가장 존귀하신 부처님께 귀의합니다(歸依於佛兩足中尊)."(T16, p.785b)로 나타난다.

또 『법화경』 제1권에서도 '첨앙양족존(瞻仰兩足尊)'이라는 대목이 나온다.(T9, p.6b) 이것은 인간 붓다이며 불교의 교주이신 석가세존께 경의를 표명한 것이다. 이처럼 초기경전은 물론 대승경전에서도 삼귀의문에 나오는 불(佛)을 인간 붓다로 해석했다. 그러나 불행하게도 시간이 지나면서 붓다는 점차 신격화되었다. 만일 우리가 붓다를 전지전능한 신과 같은 존재로 이해하게 되면 불교의 존재 의미는 사라지고 만다.

고와 고의 소멸을 가르친 붓다

붓다는 평생 제자들에게 무엇을 가르쳤는가? 이 것은 '불교의 핵심이 무엇인가?'라는 질문이다. 「알라갓두빠마 숫따(Alagaddūpama-sutta, 蛇喩經)」(MN22)에서 붓다는 "비구들이여, 나는 예나 지금이나 괴로움(dukkha, 苦)과 괴로움의 소멸(nirodha, 滅)을 가르친다."(MN.I.140, "pubbe cāhaṃ bhikkhave etarahi ca dukkhañ c'eva paññāpeti dukkhassa ca nirodhaṃ.")라고 했다. 한마디로 붓다는 '고와 고의 소멸을 가르친다'라고 천명했다.

위 경문의 '예나(pubbe ca)'는 붓다가 깨달음을 이룬 직후 법을 설하지 않고 보리도량(菩提道場, bodhi-maṇḍa)에 머물고 있을 때를 말한다. '지금이나(etarahi ca)'는 법을 설하는 현재를 가리킨다. 결국 붓다는 아직 법륜(法輪)을 굴리지 않고 보리좌(菩提坐)에 머물 때나, 법륜을 굴리기 시작하여 법을 설하는 지금이나, 오직 사제

(四諦, catu-sacca)를 가르친다는 것이다.

위 경문에서는 비록 '괴로움(dukkha)'과 '괴로움의 소멸(nirodha)'에 대해서만 언급하고 있지만, 괴로움의 발생(samudaya)과 괴로움의 소멸에 이르는 길(magga)에 대해서는 생략된 것이다. 따라서 붓다는 예나 지금이나 한결같이 고(苦)·집(集)·멸(滅)·도(道)의 사성제(四聖諦)를 설한다는 뜻이다. 이러한 증거를 근거로 붓다의 근본 교설이 사성제임을 확인할 수 있다.

『상윳따 니까야』 제3권 「아누라다 숫따(Anurādha-sutta)」(SN22:86)에서도 같은 내용이 나타난다. "아누라다여, 나는 예나 지금이나 괴로움과 괴로움의 소멸을 가르칠 뿐이다."(SN.Ⅲ.119, "pubbe cāhaṃ Anurādha etarahi ca dukkhañceva paññāpeti dukkhassa ca nirodhanti.") 또한 비슷한 내용이 『상윳따 니까야』 제2권 「깟짜나곳따 숫따(Kaccānagotta-sutta)」(SN12:15)에도 설해져 있다. "그는 '단지 괴로움이 일어날 뿐이고, 단지 괴로움이 소멸할 뿐이다'라는 데 대해서 의문을 가지지 않고 의심하지 않는다."(SN.Ⅱ.17, "dukkhaṃ eva uppajjamānaṃ uppajjati dukkhaṃ nirujjhanānaṃ nirujjhatī ti.")

붓다는 「나가라 숫따(Nagara-sutta, 都市經)」(SN12:65)에서 사성제의 네 번째 괴로움의 소멸에 이르는 길[苦滅道聖諦], 즉 '성스러운 여덟 가지 길[八支聖道=八正道]'을 발견하게 되었다고 비유적으로 설명하고 있다. "예컨대 어떤 사람이 밀림의 깊은 숲속을 방황하다가 옛날 사람들이 다니던 옛길과 옛 도로를 보고 그 길을 따라가는 것과 같다. 그는 그 길을 따라가다가 옛날 사람들이 살았던 옛 도시와 옛 수도를 보았는데, 그것은 원림을 갖추었고 숲을 갖추었고 연못을 갖추었고 성벽을 가진 멋진 곳이었다."(SN.Ⅱ.105-106) 이른바 옛길(ancient path, 古道)에 관한 비유 설법이다.「나가라 숫따」에 다음과 같이 설해져있다.

> 나는 옛적의 정등각자(正等覺者)들이 다니던 옛길과 옛 도로를 보았다. 비구들이여, 그러면 어떤 것이 과거의 정등각자들이 다니던 옛길과 옛 도로인가? 그것은 바로 '성스러운 여덟 가지 길'이니, 즉 바른 견해, 바른 사유, 바른 말, 바른 행위, 바른 생계, 바른 정진, 바른 통찰, 바른 삼매이다. 비구들이여, 이것이 과거의 정등각자들이 다니던 옛길과 옛 거리이다.(SN.Ⅱ.106)
> 나는 그 길을 따라갔고 그 길을 따라가면서 늙음·죽음을 최상의 지혜로 알았고, 늙음·죽음의 일어남을 최상의 지혜로 알았고, 늙음·죽음의 소멸을 최상의 지혜로 알았고, 늙음·죽음의 소멸에 이르는 길을 최상의 지혜로 알았다. …… 그것을 최상의 지혜로 안 뒤에 나는 비구와 비구니와 청신사와 청신녀에게 설했다. 비구들이여, 이렇게 하여 청정범행은 잘 유지되고, 번창하고, 널리 퍼지고, 많은 사람이 따르고, 대중적이어서 신과 인간들 사이에서 잘 설명되었다.(SN.Ⅱ.106-107)

한편 붓다의 입멸 직전에 수밧다(Subhadda, 이 수밧다는 제일결집의 동기가 되었던 '늦깎이 수밧다'와 다른 인물이다. 빨리 문헌에는 '수밧다'라는 이름을 가진 일곱 명의 동명이인(同名異人)이 나타난다)라는 유행자가 찾아와 붓다께 물어볼 것이 있다며 붓다를 친견하고자 했다. 그때 시자

(侍者) 아난다 존자는 외도 유행자가 붓다를 성가시게 한다고 그의 요청을 거절했다. 그러자 붓다는 그에게 친견할 기회를 주었다. 유행자 수밧다는 당대의 여섯 종교 지도자[六師外道]가 각자자신이 최상의 지혜를 가졌다고 하는데, 어떤 자가 최상의 지혜를 가졌고 어떤 자가 최상의 지혜를 가지지 못했는가에 대해 질문했다. 그때 붓다는 다음과 같이 말했다.

> 수밧다여, 어떤 법(法)과 율(律)에서든 '성스러운 여덟 가지 길[八支聖道]'이 없으면 거기에는 사문도 없다. 거기에는 두 번째 사문도 없다. 거기에는 세 번째 사문도 없다. 거기에는 네 번째 사문도 없다. … 수밧다여, 이 법과 율에는 성스러운 여덟 가지 길이 있다. 수밧다여, 그러므로 오직 여기에만 사문이 있다. 여기에만 두 번째 사문 … 네 번째 사문이 있다. 다른 교설들에는 사문들이 텅 비어 있다. 수밧다여, 이 비구들이 바르게 머문다면 세상에는 아라한들이 텅 비지 않을 것이다.(DN.Ⅱ.151)

유행자 수밧다가 다른 종교 지도자들이 최상의 지혜를 얻었다고 주장하는 것에 대해 붓다는 직접적으로 비판하지 않고 돌려서 답변한다. 다만 우회적으로 외도(外道)의 주장은 진실이 아니고 자신의 가르침이 진리임을 간접적으로 표현하고 있다.

위 경문에 나오는 '여기에만(idheva)'이란 오로지 이 교법(sāsana, 붓다의 가르침)에만 성스러운 사문이 있다고 천명한 것이다. 여기서 말하는 첫 번째 사문이란 예류자(預流者), 두 번째 사문이란 일래자(一來者), 세 번째 사문이란 불환자(不還者), 네 번째 사문이란 아라한(阿羅漢)을 말한다. 이러한 네 부류의 성자는 붓다의 가르침을 따르는 비구 승가에서만 나올 수 있고, 다른 외도의 교설(parappavāda)에서는 나올 수 없다는 것이다. 왜냐하면 외도 유행자들은 자아(自我, ātman)와 세계(世界, loka)가 영속한다는 견해를 갖고 있거나 그 반대의 견해를 갖고 있어서 이들은 결코 예류자, 일래자, 불환자, 아라한이 될 수 없다는 것이다. 이것이 붓다의 가르침이다.

나는 세상과 다투지 않는다

붓다께서 고향인 까삘라왓투를 방문하여 근처의 '큰 숲(大林)에 머물고 있을 때였다. 단다빠니(Daṇḍapāṇi)라는 삭까[釋迦族] 출신의 사람이 찾아왔다. 그는 어릴 적부터 황금 지팡이(suvaṇṇa-daṇḍa)를 짚고 다녔기 때문에 '단다빠니'로 불렸다. 단다빠니란 '손(pāṇi)에 지팡이(daṇḍa)를 든 자'라는 뜻이다.

그는 붓다를 찾아와 형식적인 인사말을 나누고 자리에 앉지도 않은 채, 지팡이를 짚고 한 곁에 서서 세존께 이렇게 여쭈었다. "사문께서는 무엇을 설하는 분이며 무엇을 말씀하시는 분입니까?" 이 질문은 '도대체 당신은 무엇을 하는 사람인가?'라는 빈정거림이다. 그는 붓다에 대해 불만으로 가득 차 있었기 때문이다.

붓다께 존칭이 아닌 사문이라고 호칭하고 무례하게 질문한 단다빠니에게 붓다는 "벗이여, 나는 신을 포함하고 마라를 포함하고 범천을 포함한 세상과 사문·바라문을 포함하고 신과 사람을 포함한 무리 가운데에서, 그 누구와도 논쟁하지 않고 머무는 그런 가르침을 설합니다."(MN. I.108)라고 대답했다. 이것이 '그 누구와도 논쟁하지 않는다'라는 붓다의 선언이다. 주석서에서는 "법을 말하는 자는 세상의 누구와도 다투지 않는다."(MA. II.74)라고 나타난다.

단다빠니는 석가 왕족으로서 데와닷따(Devadatta, 提婆達多)의 편이었다고 한다. 데와닷따는 붓다의 외삼촌 숩빠붓다와 부왕인 숫도다나의 여동생인 아미따 사이에서 태어났으며, 데와닷따의 여동생이 '야소다라'이다.(DPPN. I.1106) 데와닷따는 붓다의 부인이었던 야소다라를 '누이'라고 불렀다. 이처럼 데와닷따는 붓다와 처남 매부지간이다. 주석서에서는 이렇게 묘사한다.

데와닷따는 자신의 앞에 [누구라도] 오면, 여래를 비난하곤 했다. 전해진 바로는, 그는 이처럼 말했다고 한다. "사문 고따마는 우리 가문의 적이다. 우리에게 유익한 것을 바라지 않는다. 또한 전륜성왕(轉輪聖王)과 같은 즐거움을 누리던 나의 누이도, 이것을 버린다고 하고는, 떠나서는 출가해 버렸다. 또한 누이의 아들이 전륜성왕과 같은 씨앗임을 알고는, 우리에게 유익한 것을 기뻐하지 않는 그는, 이것을 버리라고 하였고, 또한 어린 나이에 그를 출가시켜 버렸다. 또한 거역할 수 없었던 나도 따라서 출가하게 되었지만, 이처럼 출가한 나를, 출가한 뒤로는 잘 살펴주지 않았다. 모임에서 [붓다가] 말하면서 또한 많은 엄한 말로써,

데와닷따가 잘못했다고 꾸짖었다."라는 등등을 말하였다.(MA.
Ⅱ.73)

위 주석서에 의하면, 데와닷따는 붓다가 석가족의 배신자이기 때문에 그를 미워한다는 것이다. 왜냐하면 붓다는 전륜성왕이 될 수 있는 자질과 능력을 타고났으면서도 석가족의 염원을 저버리고 출가해 버렸고, 자기 아들 라홀라마저 출가시켜 석가족의 세속적 왕족의 계보를 단절시켜 버렸기 때문이다. 이처럼 데와닷따는 자신의 개인적인 감정 때문에 붓다께 대항한 것이 아니라는 논리를 펼치고 있다.

그러나 실제로 데와닷따가 평생 붓다를 증오한 이유는 왕족으로서 부족함 없는 생활을 하고 있던 자신과 가족들을 강제로 출가시켜서 고생하게 한 것과 출가한 이후에도 붓다는 자신을 같은 왕족으로 대접해 주지도 않았고, 오히려 대중들 앞에서 자기의 잘못을 드러냈기 때문이었다.

이러한 데와닷따의 입장에서 그를 지지했던 이가 바로 단다빠니였다. 단다빠니가 바로 야소다라의 아버지였기 때문이다.(DPPN. Ⅱ.741) 이처럼 단다빠니는 붓다의 장인이면서 라홀라의 외할아버지이다. 단다빠니의 처지에서 보면 자신의 시집간 딸 야소다라와 외아들인 데와닷따와 어린 외손자 라홀라의 출가로 인해 가족 모두를 잃어버린 고독한 노인이었다. 그는 이 모든 것이 붓다 때문이라고 생각하고 그를 원망했다.

단다빠니가 붓다께 "무엇을 설하시는 분이냐?"라고 공격적이고 무례한 질문을 했을 때, 붓다는 "나는 그 누구와도 논쟁하지 않는다."라고 대답했다. 즉 세속적인 잣대로 따지는 사람에게 논쟁한들 무슨 소용이 있겠는가. 그때는 차라리 논쟁하지 않는 것이 상책이다.

주석서에서는 "여래가 '세상은 무상하다'라고 말하면 무상하지 않다고 말하고, '괴로움이다, 무아이다, 부정하다'라고 설하면 즐거움이라고, 자아가 있다고, 깨끗하다고 말하면서 다툰다. 그러므로 이런 말씀이 있다. 비구들이여, 나는 세상과 다투지 않는다. 세상이 나와 다툰다."라고 풀이하고 있다. 그러나 이 말의 본래 취지는 따지려고 온 세속의 장인과 논쟁하지 않겠다는 것이다.

이어서 붓다는 "감각적 욕망에서 벗어나 머물고 의심이 없고 후회를 잘랐고 이런저런 존재[諸有]에서 갈애가 사라진 그 바라문에게는 어떻게 해서 인식들이 더 이상 잠복하지 못하는지 그 이유를 말합니다."(MN.I.108)라고 말했다. 이것은 단다빠니의 두 번째 질문에 대한 붓다의 대답이다. 여기서 말한 '바라문'은 붓다 자신을 일컫는다.

"이렇게 말씀하시자 석가족 출신 단다빠니는 머리를 흔들고 혀를 축 늘어뜨리고 이마를 찌푸려 세 줄의 주름살을 짓고는 지팡이를 짚고 떠나버렸다."라고 니까야에 묘사되어 있다. 그는 붓다의 말씀을 수긍할 수가 없었다. 세속의 측면에서 보면 단다빠니의 처지가 참으로 측은하다.

어떤 경이라도 그것이 설해진 배경, 즉 누구에게 어떤 의도로 설한 가르침인가에 따라 해석이 달라진다. 이처럼 경이 설해진 배경에 대한 지식이 없으면, 붓다가 왜 그런 말을 했는지 그 정확한 의미를 파악할 수 없다.

『상윳따 니까야』(SN22:94)에서는 "나는 세상과 다투지 않는다. 세상이 나와 다툰다. 법을 말하는 자는 세상의 누구와도 다투지 않는다."(SN.Ⅲ.138)라는 경문이 나타난다. 그러나 이 경전의 말씀은 붓다만이 할 수 있는 것이다. 이처럼 경전에 설해져 있다고 해서, 아무나 말할 수 있는 것이 아니다. 왜냐하면 아라한이 아닌 범부(凡夫)는 단 하루도 세상과 다투지 않고 살아갈 수 없기 때문이다. 그런데 많은 사람이 붓다의 말씀을 자기의 말인 것처럼 함부로 말한다. 이러한 행위는 불교도의 올바른 자세가 아니다. 우리는 이 점을 깊이 명심하지 않으면 안 된다.

복을 구하는 사람

오래전에 『증일아함경』 제31권 제5경에 나오는 붓다와 아누룻다(Anuruddha, 阿那律) 존자 간에 있었던 일화를 읽고 크게 감동한 적이 있다. 이른바 '복을 구하는 사람'에 관한 이야기인데, 오늘날의 불교도들에게 유익한 가르침이다.

한때 세존께서는 사왓티의 기수급고독원에서, 많은 대중들을 위해 법을 설하고 있었다. 그때 아누룻다는 붓다의 설법 도중에 졸고 있었다. 붓다는 아누룻다에게 무엇 때문에 출가한 것이냐고 힐난하고, "여래가 직접 설법하는데 어떻게 졸고 있느냐?"고 꾸짖었다. 이를 계기로 아누룻다는 "지금부터는 몸이 부서지는 한이 있어도 다시는 세존 앞에서 졸지 않겠습니다."(T2, p.719a)라고 맹세했다.

그때부터 아누룻다는 잠을 자지 않고 정진했다. 그 때문에 그는 눈병이 생겼다. 그래도 그는 잠을 자지 않고 정진했다. 그래서 붓다는 아누룻다에게 "너무 지나치게 정진하면 들뜸과 후회라는 조바심과 어울리고, 너무 게으르면 번뇌와 어울리게 된다. 그러므로 너는 그 중간을 취하도록 하라."(T2, p.719a)라고 타일렀다. 그러나 아누룻다는 붓다의 충고에도 불구하고 계속 잠을 자지 않고 정진하여 실명할 위기에 처했다. 붓다는 의사 지와까(Jīvaka)에게 아누룻다의 눈병을 치료해 주라고 당부했다. 그러나 아누룻다는 눈병의 치료를 거부하고, 잠시도 잠을 자지 않고 정진함으로써 결국 완전히 시력을 잃어버렸다.

그 이후 아누룻다는 낡은 옷을 깁다가 비록 육안은 허물어졌지만, 천안을 얻게 되었다. 아누룻다는 옷을 기우려 하였으나 실을 바늘귀에 꿸 수가 없었다. 그는 '이 세상에서 도를 얻은 아라한은 나를 위해 바늘에 실을 꿰어다오.'라고 생각했다. 붓다는 천이통(天耳通)으로 그 소리를 듣고 아누룻다에게 다가가 "너는 그 바늘을 가져오라. 내가 꿰어 주리라." 아누룻다는 "아까 제가 말한 것은, 세상에서 복을 구하려는 사람은 저를 위해 바늘에 실을 꿰어 달라는 것이었습니다."라고 말했다.

그러자 세존께서는 아누룻다에게 다음과 같이 말했다.

세상에서 복을 구하는 사람으로서 나보다 더한 사람은 없다. 왜냐하면 나는 여섯 가지 법에 만족할 줄 모르기 때문이다. 무엇이 여섯인가? 첫째는 보시(布施)요, 둘째는 교계(敎誡)요, 셋째는 인욕(忍辱)이요, 넷째는 법다운 설명과 이치에 맞는 설명[法說

義說]이요, 다섯째는 중생들을 보호하는 것[將護衆生]이요, 여섯째는 위없는 바르고 참된 도를 구하는 것[求無上正眞之道]이다. 아누룻다여, 이것이 이른바 '여래는 이 여섯 가지 법에 만족할 줄 모른다'라는 것이다.(T2, p.719b)

아누룻다는 "여래의 몸은 진실한 법의 몸이신데, 다시 무슨 법을 구하려 하십니까? 여래께서는 이미 생사의 바다를 건너고 또 애착을 벗어나셨는데, 지금 또 애써 복을 구하십니까?"라고 말했다. 그러자 세존께서는 "그렇다. 아누룻다여, 네 말과 같다. 여래도 이 여섯 가지 법에 만족할 줄 모른다는 것을 안다. 만일 중생들이 죄악의 근본인 몸과 입과 뜻의 행을 안다면 끝내 세 갈래 나쁜 곳[三惡道]에 떨어지지 않을 것이다. 저 중생들은 죄악의 근원을 알지 못하기 때문에, 세 갈래 나쁜 곳에 떨어지는 것이니라."(T2, p.719b)라고 말했다. 그때 세존께서는 다시 게송을 읊었다.

이 세상에 있는 모든 힘 중에(世間所有力)
천상과 인간 세상에서 노닐게 하는 것(遊在天人中)
복의 힘이 가장 훌륭하나니(福力最爲勝)
그 복으로 불도를 성취하네.(由福成佛道)(T2, p.719b)

이 경의 핵심 내용은 붓다일지라도 중생들을 위해 끊임없이 복을 지어야 한다는 것이다. 복의 힘은 이 세상에서 가장 훌륭한 것이며, 이 복의 힘으로 깨달음도 성취할 수 있다는 것이다.

이 경에 대응하는 니까야는 발견되지 않는다. 그런데 나가르주나(Nāgārjuna, 龍樹)가 지은『대지도론(大智度論)』제10권에서 이 일화를 소개하고 있다. 비록『증일아함경』의 내용과 완전히 똑같지는 않지만, 복덕(福德) 혹은 공덕의 중요성을 강조한다는 점에서는 일치한다.『대지도론』에서는 이렇게 묘사하고 있다.

부처님 당시에 어떤 눈이 먼 비구가 있었는데, 아무것도 보지 못하면서 옷을 꿰매다가 바늘의 실이 빠지고 말았다. 그러자 이렇게 말했다. "누가 복덕을 좋아하시어 내 바늘귀를 꿰어주시겠습니까?" 이때 부처님께서 그곳에 가서서 비구에게 말씀하셨다. "내가 복덕을 좋아하는 사람이니라. 내가 그대의 바늘귀를 꿰어주러 왔느니라."(T25, p.129a)

그러자 그 비구는 부처님의 음성임을 알아듣고는 얼른 일어나서 옷을 걸치고 부처님의 발에 절한 뒤에 이렇게 말씀드렸다. "부처님께서는 모든 공덕이 이미 충만하신데 어찌하여 또한 복덕을 좋아한다고 말씀하십니까?" 부처님께서 대답하셨다. "나는 비록 공덕이 이미 충만하지만, 공덕의 은혜와 공덕의 과보와 공덕의 힘을 깊이 아노라. 내가 모든 중생 가운데서 가장 으뜸감을 얻게 한 것은 바로 이 공덕 때문이니라. 이런 까닭에 나는 공덕을 좋아하느니라."(T25, p.129a)

부처님께서 그 비구를 위해 공덕을 두루 찬탄하시고 이어 알맞게 설법해 주시니, 그 비구는 법의 눈이 맑아졌으며 육안도 밝아졌다. 또한 부처님께서 공덕이 이미 충만해서 더 필요치 않으시지만, 제자들을 교화하시기 위한 까닭에 "나도 공덕을 짓거늘 너희들이 어찌 짓지 않느냐."고 말씀하신 것이다. 마치 광대의 집안에서 백 살 먹은 노인이 춤을 추는데, 옆 사람이 "늙은이가 나이 이미 백 살인데 무엇 때문에 이런 춤을 추는가?"라며 질책해서 말한다면, "나는 춤이 필요치 않지만 다만 자손들을 가르치기 위해서이다."라고 대답하는 것과 같다.(T25, p.129a)

이상에서 보듯이 붓다는 이미 공덕을 갖추었지만, 제자들에게 공덕 짓는 법을 가르치기 위함이었다. "부처님은 한량없는 아승기겁(阿僧祇劫) 가운데 모든 공덕을 닦아 항상 모든 선을 행했다. 단지 과보를 구하거나 공덕을 위하여 공양하지는 않는다."(T25, p.129a) 사실 이 세상에서 안락하게 살기 위해서는 복덕을 갖추어야 한다. 비록 약간의 지혜를 갖추었더라도 지은 복덕이 없으면 빈궁고(貧窮苦)를 면할 수 없다. 여러 경론에서 복덕의 힘이 가장 뛰어나다고 찬탄한 것도 이 때문이다.

제2장
붓다의 가르침,
담마의 특성

불교는 인간을 위한 가르침

　　　　　현존하는 대장경에는 정치·경제·사회·문화·심리·가정·직업·풍속·습관은 물론 우화와 설화 등 무수한 이야기가 수록되어 있다. 인간 생활에서 일어나는 온갖 일을 다 다루고 있다고 해도 과언이 아니다. 이런 측면에서 보면 대장경은 인류 정신 문화의 보배 창고라고 할 수 있다. 그중에서도 특히 인간에 관한 담론이 주류를 이루고 있다. 왜냐하면 불교는 처음부터 무신론에 토대를 둔 인간을 위한 '인간의 종교'이기 때문이다.

　그렇다고 해서 인간 이외의 다른 생명체에 관한 가르침이 없는 것은 아니다. 붓다의 자비는 생명을 가진 모든 유정(有情)을 존귀한 존재로 보았기 때문에 살아있는 생명을 죽이지 말라고 했다. 다만 인간은 모든 유정 가운데 가장 존귀한 존재로 여긴다.

　붓다의 가르침은 이상적인 인간 형성의 길을 제시한다. 즉 아라한(阿羅漢)이 되는 길을 제시한 것이 붓다의 가르침이다. 아라한이란 인간으로 이 세상에 태어나서 '할 일을 다 해 마친 사람'을 말한다. 불교의 궁극 목적은 열반을 실현하는 데 있다. 그 열반을 실현한 사람을 아라한이라고 한다. 누구나 지금·여기에서 아라한이 되어야 하며, 아라한과를 얻지 못하면 실패한 인생이나 다름없다.

초기경전에서는 붓다의 가르침을 듣고 열심히 수행 정진한 결과 아라한이 되었다고 하는 대목이 많이 나온다.『잡아함경』제1경 「무상경(無常經)」에 "비구들이여, 마음이 해탈한 사람은 만일 스스로 깨달아 얻고자 하면 곧 스스로 깨달아 얻을 수 있으니, '나의 생은 이미 다하고 범행은 이미 섰으며, 할 일은 이미 마쳐 후세의 몸을 받지 않는다'라고 스스로 아느니라."(比丘! 心解脫者, 若欲自證, 則能自證: 我生已盡, 梵行已立, 所作已作, 自知不受後有.)

이에 대응하는 니까야에서는 "태어남은 다했다. 청정범행은 성취되었다. 할 일을 다 해 마쳤다. 다시는 어떤 존재로도 돌아오지 않을 것이라고 꿰뚫어 안다.(SN.Ⅲ.21, "khīṇā jāti vusitaṃ brahamacariyaṃ kataṃ karaṇīyaṃ nāparam itthattāyāti pajānātīti.")"로 나타난다. 이것은 스스로 아라한이 되었음을 선언한 정형구이다. 모든 출가자는 이 경지에 도달하기 위해 수행 정진한다.

처음 니까야나 아가마, 즉 아함(阿含)을 접한 사람들은 그것을 읽다가 길을 잃고 방황하기도 한다. 초기경전에 나타난 붓다의 가르침이 너무나 방대하고 복잡하기 때문이다. 또 붓다의 법문은 주로 문답식으로 이루어져 있어서 그 핵심을 파악하기 쉽지 않다. 그러나 초기경전을 자세히 읽다 보면 잡다한 내용이 의외로 논리정연하게 하나의 원리로 설해져 있음을 발견할 수 있다.

그 원리란 붓다가 보리수 밑에서 깨달은 진리, 즉 '네 가지 성스러운 진리(四聖諦)'이다. 사성제는 괴로움에 대한 성스러운 진리(苦聖諦), 괴로움의 발생에 대한 성스러운 진리(苦集聖諦), 괴로움의 소멸에 대한 성스러운 진리(苦滅聖諦), 괴로움의 소멸에 이르는 길에 대한 성스러운 진리(苦滅道聖諦)이다.

또한 사성제는 고(苦, dukkha) · 집(集, samudaya) · 멸(滅, nirodha) · 도(道, magga)라는 표면상 극히 간단한 가르침으로 교법의 근간이다. 즉 이 세계는 괴로움이고, 괴로움의 원인은 갈애(渴愛, taṇhā)이기 때문에 괴로움을 소멸하려면 '성스러운 여덟 가지 길(八支聖道)'을 닦아 갈애를 제거하지 않으면 안 된다는 것이다.

또한 사성제의 법문은 현실과 이상이라는 두 세계, 즉 사실세계와 이상세계에 대한 법칙을 밝힌 것이다. 즉 고 · 집의 계열은 윤회계의 인과를 명확히 밝힌 것이고, 멸 · 도의 계열은 해탈계의 인과를 명확히 밝힌 것이다. 그러므로 두 세계의 결합은 드디어 존재와 당위 전체를 모두 포섭하는 범주가 된다. 또 사성제의 교설은 범부에서 성자가 되는 길을 제시한 것이다. 즉 고 · 집의 계열은 범부의 세계이고, 멸 · 도의 계열은 성자의 세계이다.

이처럼 붓다의 최초 설법으로 알려진 사성제는 불교의 근본 교설일 뿐만 아니라 불완전한 인간에서 완전한 인간으로 가는 노정을 밝혀 놓은 텍스트이다. 그래서 붓다는 사성제를 모르는 것을 무명(無明, avijjā)이라고 했다.

사성제를 있는 그대로 보지 못하여 긴 세월을 그렇고 그런 태어남으로 윤회했도다. 이제 이것을 보아 새로운 존재로 이끌림을 근절하였도다. 괴로움의 뿌리를 잘라버렸도다. 이제 다시 태어남이란 존재하지 않는다.(SN.V.432)

이처럼 사성제를 모른다는 것은, 괴로움의 원인과 소멸에 대한 원리를 모른다는 것이기 때문에, 괴로움의 뿌리를 완전하게 제거할 수 없다.

붓다는 '전도선언'에서 "많은 사람의 이익을 위하여, 많은 사람의 행복을 위하여, 세상을 불쌍히 여겨 여러 신들과 인간들의 이익과 행복을 위하여 길을 떠나라."(SN.I.105)라고 했다. 비록 이 경에서 붓다는 '신들과 인간들의 이익과 행복을 위하여 길을 떠나라'라고 했지만, 그 가르침의 핵심은 현세의 인간을 위한 것이다.

초기경전에 천상에 관한 가르침(生天論)이 없는 것은 아니지만, 이것은 생전에 보시와 지계의 공덕을 많이 쌓아야만 사후에 천상세계에 태어날 수 있다는 가장 초보적인 가르침이다. 그러나 신들도 지은 바 공덕이 다하면 괴로움이 가득한 지옥에 태어나기도 한다고 가르치고 있다.

내세의 존재 여부는 현재의 삶에서 증명할 수 없다. 붓다는 과거나 미래에 집착하지 말고, 오직 현재의 삶에 충실하라고 했다. 지극히 현실주의적인 가르침이다. 현재의 삶에 충실하면 내세의 생천(生天)은 보장된다. 굳이 사후에 천상세계에 태어나는 것[生天]을 목표로 삼을 필요는 없다. 그보다는 지금·여기에서 아라한이 되어 윤회를 종식하는 것이 급선무이다.

붓다의 주된 관심사는 현실의 인간에 관한 것이다. 그는 현재의 삶에 초점을 맞추어 법을 설했다. 만일 붓다의 가르침을 바르게 실천한다면 현실에서 지혜를 발휘하게 될 것이고, 그 지혜가 다른 인간관계에서는 자비로 나타나게 될 것이다. 붓다의 가르침을 '지혜와 자비의 말씀'이라고 부르는 까닭도 바로 여기에 있다. 붓다의 가르침은 '인간 완성의 길'을 제시한 것이다. 한마디로 불교는 인간을 위한 가르침이다.

'지금·여기'에서 실현하는 열반

열반을 깨달아 얻는 것이 불교 궁극의 목적이다. 이것을 모르는 사람은 거의 없다. 그러나 이 열반을 이 몸 받았을 때, '지금·여기'에서 실현해야 한다는 사실을 아는 사람은 많지 않은 것 같다. 많은 사람이 완전한 열반은 죽음 이후에 실현되는 것이라고 잘못 알고 있다. 그 원인은 열반을 유여열반(有餘涅槃)과 무여열반(無餘涅槃)으로 구분했기 때문이다. 하지만 열반을 둘로 구분한 것은 후대에 성립된 것이며, 붓다의 본래 가르침이 아니다.

초기불교에서 말하는 열반은 '지금·여기(here and now)'에서 위없는 바른 깨달음을 성취하는 것, 즉 지금 여기에서 실현하는 열반을 말한다. 이것을 불교 용어로 '현법열반(現法涅槃, diṭṭhadhamma-nibbāna)'이라고 한다. 열반은 이승에서 실현하는 것이지 죽은 뒤에 이루어지는 것이 아니다. 열반을 이루기 위해 죽을 때까지 기다릴 필요가 없다. 초기불교에서는 죽어서 하늘에 태어나는 것, 즉 생천(生天)을 이상으로 삼지 않는다. 현법열반은 죽어서 얻는 것이 아니라 이 몸을 가진 상태에서 무지와 집착에서 벗어나 해탈하기만 하면 곧바로 얻을 수 있다고 가르친다. 우리가 불교를 신행하는 목적은 '지금·여기'에서 최상의 행복인 열반을 실현하기 위한 것이다.

붓다는 평생 '괴로움과 괴로움의 소멸'에 대해 설했다. 괴로움의 소멸이란 '지금·여기'에서 열반을 깨달아 얻는 것을 의미한다. 초기경전에 나타난 붓다의 교설은 괴로움에서 벗어나 열반으로 이끄는 것이다. 그중에서도 가장 핵심은 '지금·여기'에서 열반을 깨달아 얻으라는 것이다. 왜냐하면 이승에서 열반을 깨달아 얻지 못하면 윤회에서 벗어날 가능성이 거의 없기 때문이다. 따라서 '지금·여기'에서 괴로움의 소멸인 열반을 깨달아 얻지 않으면 안 된다는 것이 붓다의 가르침이다.

『잡아함경』 제1권 제28경 「현법열반경(現法涅槃經)」에 어떤 비구가 붓다에게 "어떻게 비구가 현법열반을 얻습니까?"라고 묻고, 그 질문에 대한 붓다의 대답이 나타난다. 그 내용은 다음과 같다.

비구여, 색(色)에 대해서 싫어하는 마음을 일으키고, 탐욕을 소멸하며, 완전히 없애고, 어떤 번뇌도 일으키지 않아[不起諸漏] 마음이 바르게 해탈하면, 이것을 비구의 '현법열반'이라 한다. 이처럼 수(受)·상(想)·행(行)·식(識)에 대해서 싫어하는 마음을 일으키고, 탐욕을 소멸하며, 완전히 없애고, 어떤 번뇌도 일으키지 않아 마음이 바르게 해탈하면, 이것을 비구의 '현법열반'이라 한다.(T2, p.6a)

위 내용에 따르면, 현법열반(現法涅槃)이란 오온(五蘊)에 대해서 싫어하는 마음을 일으키고 탐욕을 소멸하여 완전히 없애고, 어떤 번뇌도 일으키지 않아 마음이 바르게 해탈하는 것이다. 현세(現世), 즉 금생(今生)을 뜻하는 현법(現法, diṭṭhadhamma)과 열반(涅槃, nibbāna)을 합친 '현법열반(diṭṭhadhamma-nibbāna)'이란 현세에서 열반을 얻는다는 뜻이다. 이 경에서는 오온을 싫어하고 오온에 대한 탐욕을 여의며[離欲], 오온에 대한 집착과 번뇌를 멸하여 다시는 번뇌를 일으키지 않고 바르게 해탈한 경지를 현법열반이라고 한다. 이 경에 대응하는 니까야(SN22:116)에서는 현법열반을 다음과 같이 설명하고 있다.

"세존이시여, '법을 설하는 비구, 법을 설하는 비구'라고들 합니다. 세존이시여, 어떻게 해서 법을 설하는 비구가 되고, 어떤 것이 [출세간]법에 이르게 하는 법을 닦는 비구이며, 어떤 것이 '지금·여기'에서 열반을 증득한 비구입니까?"
"비구들이여, 만일 색(色)을 염오(厭惡)하고 색에 대한 탐욕을 여의고 색을 소멸하기 위해 법을 설하면 그를 '법을 설하는 비구'라 부르기에 적당하다. 만일 색을 염오하고 색에 대한 탐욕을 여의고 색을 소멸하기 위해 수행하면 그를 '[출세간]법에 이르게 하는 법을 닦는 비구'라 부르기에 적당하다. 만일 색을 염오하고 색에 대한 탐욕을 여의고 색을 소멸하였기 때문에 집착 없이 해탈하였다면 그를 '지금·여기'에서 열반을 증득한 비구라 부르기에 적당하다. 수(受)·상(想)·행(行)·식(識)도 이와 같다."(SN.Ⅲ.164)

위 경전에서 '지금·여기'로 옮긴 '딧타담마(diṭṭhadhamma)'를 중국에서는 '현법(現法)'으로 번역하였고 서양에서는 'here and now'로 번역하였으며, 국내에서는 '지금·여기'로 옮기고 있다.

『잡아함경』 제5권 제105경 「선니경(仙尼經)」에서 붓다는 "현세[現法]에서 애욕을 끊고 탐욕을 떠나 모든 번뇌를 없애면 열반을 얻는다.(T2, p.32a, 現法愛斷·離欲·滅盡·涅槃)"라고 했다. 이 경에서 말한 열반이 곧 현법열반이다.

『중아함경』 제165 「온천림천경(溫泉林天經)」에서 붓다는 "부디 과거를 생각하지 말고, 또한 미래를 바라지도 마라. 과거의 일은 이미 사라졌고, 미래는 아직 이르지 않았느니라. 현재 존재하는 모든 것[法], 그것 또한 이렇게 생각해야 하나니, 어느 것도 견고하지 못함을 기억하라. 지혜로운 사람은 이처럼 아느니라."(T1, p.697a)라고 했다. 과거와 미래는 '지금·여기'에서 당면한 괴로움의 문제를 해결하는 데 아무런 도움도 되지 않는다. 『잡아함경』 제16권 제414경에서 붓다는 전생에 대해 언급하지 말라고 했다.

비구들이여, 전생에 한 일에 대해 말하지 말라. 왜냐하면 그것은 이치에 도움이 되지 않고, 법에 도움이 되지 않으며, 범행에 도움이 되지 않고, 지혜도 아니고 바른 깨달음도 아니며, 열반으로 향하지도 않기 때문이다. 비구들이여, 마땅히 함께 이 괴로움에 대한 성스러운 진리[苦聖諦], 괴로움의 발생에 대한 성스러운 진리[苦集聖諦], 괴로움의 소멸에 대한 성스러운 진리[苦滅聖諦], 괴로움의 소멸에 이르는 길에 대한 성스러운 진리[苦滅道聖諦]에 대해 논의하라. 왜냐하면 그것은 이치에 도움이 되고, 법에 도움이 되며, 범행에 도움이 되고, 바른 지혜와 바른 깨달음이며, 바르게 열반으로 향하기 때문이다.(T2, p.100a-b)

이처럼 붓다는 제자들에게 전생에 관한 사항은 논의하지 말라고 가르쳤다. 왜냐하면 전생에 관한 사항은 의(義)·법(法)·범행(梵行)에 도움이 되지 않고, 지혜와 바른 깨달음도 아니며, 열반으로 향하지 않기 때문이라는 것이다.

붓다는 현세의 즐거움을 버리고 내세의 즐거움을 추구하라고 한 적이 없다. 어떤 사람은 열반을 죽어서 얻는 것으로 잘못알고 있다. 하지만 열반은 살아 있는 '지금·여기'에서 획득하는 것이며, 사후에 기대되는 낙원이 아니다. 초기불교에서는 죽어서 하늘에 태어나는 것, 즉 생천(生天)을 이상으로 삼지 않고, 현세에서 깨달음을 획득하는 것을 궁극의 목적으로 삼는다. 이것을 '현법열반'이라 한다. 현법열반은 죽어서 얻는 것이 아니라 이 몸을 가진 상태에서 무지와 탐욕을 벗어나 해탈하기만 하면 곧바로 얻을 수 있는 것이다. 그러므로 사후에 하늘나라[天界]에 태어나 영원히 행복을 누리겠다는 것은 원래 붓다의 가르침이 아니다.

'지금·여기'에서 열반을 증득한 아라한들은 한결같이 "나의 생은 이미 다하고, 범행은 이미 섰으며, 할 일은 이미 마쳐 후세의 몸을 받지 않는다고 안다.(我生已盡, 梵行已立, 所作已作, 自知不受後有)"라고 선언한다. 이것을 아라한의 오도송(悟道頌)이라고 한다.

많은 사람이 초기경전에 나타나는 '현법열반'과 외도들이 주장하는 '현법열반론'을 혼동하고 있다. 비록 '현법열반'이라는 같은 용어를 사용하고 있지만, 그 의미는 전혀 다르다. 「브라흐마잘라 숫따(Brahmajāla-sutta, 梵網經)」(DN1)에 의하면, 붓다 시대의 사문·바라문 중에서 현세에서 열반을 실현한다고 주장하는 자들이 있었다. 이들을 '현법열반론자'라고 하는데, 이들은 다섯 가지 경우로 현세에서 구경의 열반을 실현한다고 주장했다. 또 이들은 자아가 있어서 그 자아가 초선(初禪)·이선(二禪)·삼선(三禪)·사선(四禪)을 구족하여 머문다고 주장했다.

> 여기 어떤 사문이나 바라문은 이런 주장을 하고 이런 견해를 가진다. '존자여, 이 자아는 다섯 가지 감각적 욕망을 마음껏 충분히 즐깁니다. 존자여, 이런 까닭에 이 자아는 현세에서 구경의 열반을 실현한 것입니다.' 이처럼 어떤 자들은 현세에서 구경의 열반을 실현한다고 천명한다.(DN. I.36)

위에서 외도들이 주장하는 현법열반은 다섯 가지 감각적 욕망을 마음껏 즐기는 것이야말로 구경의 열반이요, 최상의 행복[至福]이라는 것이다. 요즘 말로 표현하면 인과를 전혀 믿지 않는 극단적 쾌락주의자들의 변명과 유사하다. 즉 감각적 욕망을 즐기는 것이야말로 최상의 행복, 즉 현법열반이라고 주장하는 삿된 견해를 말한다.

또 이들의 주장은 자아에 대한 견해, 초기불교에서 거듭 강조하는 유신견(有身見: 자아가 있다는 견해)을 극복하지 못한 사견에 불과하다. 이처럼 무상·고·무아의 이치를 터득하지 못한 상태에서 초선·이선·삼선·사선을 체험했다고 하더라도 그것은 삿된 견해에 불과하다. 다시 말해 지혜로 제법의 무상·고·무아를 통찰해서 자아에 대한 모든 고정관념을 극복하지 못하면 결국은 있다·없다, 영속한다·단멸한다는 견해의 그물에 걸리고 만다는 것이 붓다의 가르침이다.

이처럼 외도들이 주장하는 현법열반론과 붓다가 말한 현법열반은 하늘과 땅만큼 다르다. 혼동해서는 안 된다. 붓다는 이 몸을 받았을 때, 아라한과를 깨달아 얻지 않으면 안 된다고 강조했다. 현세에서 아라한과를 깨달아 얻은 것을 다른 말로 비구가 '현법열반'을 실현한 것이라고 표현한다. 붓다는 초기경전에서 한결같이 '지금·여기'에서 열반을 실현해야 한다고 강조했다.

세상을 바라보는 두 가지 관점

　　　　　세상을 바라보는 관점에는 크게 두 가지가 있다. 하나는 세상을 부정적으로 바라보는 시각이고, 다른 하나는 세상을 긍정적으로 바라보는 시각이다. 전자를 비관주의라고 하고, 후자를 낙관주의라고 한다. 불교에서는 두 가지 관점 모두 올바른 시각이 아니라고 비판한다. 왜냐하면 붓다는 비관주의자도 아니었고, 낙관주의자도 아니었으며, 현실주의자였기 때문이다. 붓다는 철저하게 현실에 바탕을 둔 인생관과 세계관을 갖고 있었다. 붓다는 제자들에게 사물의 있는 그대로의 모습을 똑바로 직시하라고 가르쳤다.

　초기불교에서는 '모든 형성된 것들은 덧없다[諸行無常]', '모든 형성된 것들은 괴로움이다[一切皆苦]', '모든 법[諸法]은 자아가 없다[諸法無我]', 그리고 '현상계 제법은 본질에서 부정하다[不淨]'라고 가르

친다. 이 현상계는 무상(無常)·고(苦)·무아(無我)·부정(不淨)이라는
것이다. 이 세상을 그렇게 보아야만 괴로움에서 벗어날 수 있다
는 것이 붓타의 가르침이다.

그러나 대승불교에서는 현상계 제법은 무상이 아니라 상(常)이
고, 고(苦)가 아니라 낙(樂)이며, 무아(無我)가 아니라 아(我)이고, 부
정(不淨)이 아니라 정(淨)이라고 주장한다. 이처럼 대승불교에서는
상(常)·낙(樂)·아(我)·정(淨)을 '열반사덕(涅槃四德)'이라고 부른다. 이
러한 주장을 초기불교에서는 '네 가지 왜곡된 견해', 즉 사전도견
(四顚倒見)이라고 강하게 비판한다. 왜냐하면 이것은 본질적으로
영원하지 않은 것에서 영원한 것을, 괴로움과 분리될 수 없는 것
에서 행복을, 어떠한 자아와도 연결되지 않은 것에서 자아를, 본
질적으로 부정하고 혐오스러운 것에서 기쁨을 찾거나 발견하려
는 시도이기 때문이다.

이처럼 정반대의 주장이 나타나는 것은 현상계를 바라보는 관
점이 전혀 다르기 때문이다. 초기불교에서는 고관(苦觀)에 바탕을
두고 있으므로 인간고(人間苦)를 어떻게 제거할 것인가에 중점을
두고 있다. 반면 대승불교에서는 고(苦)를 극복한 낙(樂)에 초점을
맞추고 있다. 즉 대승불교에서는 비록 중생들이 번뇌에 덮여 있
지만 붓다가 될 수 있는 잠재력, 즉 여래장(如來藏) 혹은 불성(佛性)
을 갖고 있기 때문이라고 설명한다. 전자가 부정적 시각이라면 후
자는 긍정적 시각이다.

이상에서 보듯, 초기불교는 이 세상을 부정적으로 보려는 경향
이 강하고, 대승불교는 이 세상을 긍정적으로 보려는 경향이 강

하다. 그러나 대승경전에서도 이 세상을 부정적으로 묘사한 것도 발견된다. 『묘법연화경(妙法蓮華經)』에서 "삼계는 불타는 집[三界火宅]"(T9, p.13b)이라 표현했고, 『대승본생심지관경(大乘本生心地觀經)』에서는 "생사는 괴로움의 바다[生死苦海]"(T3, p.294c)라고 표현했다. 반면 같은 대승경전인 『화엄경(華嚴經)』에서는 이 세상을 긍정적으로 묘사하고 있다. 즉 두두물물(頭頭物物)이 그대로 꽃으로 장엄한 부처의 세계라는 것이다.

소동파(蘇東坡, 1036-1101)는 "시냇물 소리 그대로가 광장설법(廣長說法)이거늘, 산 경치가 어찌 청정법신이 아니겠는가! 한밤에 들려온 팔만사천의 게송이여! 훗날 무슨 방법으로 사람들에게 들려주리오! (溪聲便是廣長說, 山色豈非淸淨身. 夜來八萬四千偈, 他日如何擧似人)"라고 노래했다. 이것은 부처님의 설법이 시냇물 소리에 구현되고, 산 경치가 그대로 법신을 드러내고 있다는 화엄의 세계를 묘사한 것이다.

그러나 시간이 지나면서 대승불교 내부에서도 부정과 긍정이라는 양극단으로 치닫고 있었다. 이것을 해결하기 위해 『금강경(金剛經)』과 같은 반야부 계통의 경전에서는 절대부정을 강조하게 되었다. 이른바 '즉비(卽非)의 논리(論理)'로 긍정에서 부정으로 다시 긍정으로 끝맺는다. 이를테면 "여래가 설한 불국토를 장엄한다는 것은 곧 장엄이 아니고 그 이름이 장엄이니라(如來說莊嚴佛土者, 卽非莊嚴, 是名莊嚴)."(T8, p.749c) 또 "여래께서 설하신 구족한 색신은 곧 구족한 색신이 아니고 그 이름이 구족한 색신입니다(如來說具足色身, 卽非具足色身, 是名具足色身)."(T8, p.751c) 등이다. 반면 화엄경은 절대 긍정을 설한다. 이른바 꽃으로 장엄한 세계가 그대로 '연화장 세계'라는 주장이다.

한편 『금경경』이나 『화엄경』보다 더 후대에 성립된 밀교의 『대일 경(大日經)』과 『금강정경(金剛頂經)』에서는 현실세계와 이상세계를 동시에 묘사하고 있다. 밀교의 교리와 사상을 시각적이고 육감적이며 상징적으로 나타낸 것이 만다라(曼茶羅, Maṇḍala)이다. 만다라는 깨달음의 세계를 태장계만다라(胎藏界曼茶羅)와 금강계만다라(金剛界曼茶羅)로 체계화시켰다. 태장계만다라는 『대일경』의 사상을, 금강계만다라는 『금강정경』의 사상을 각각 상징적으로 묘사한 것이다.

태장계만다라는 중생에게 원래 갖추어 있는 맑고 깨끗한 본성을 나타낸 것이고, 금강계만다라는 중생이 아직 깨닫지 못한 무명(無明)의 상태에서 수행하여 그 본성인 보리심을 깨달아가는 수행의 공덕을 나타낸 것이다. 전자가 불세계(佛世界)를 묘사한 긍정적 시각이라면, 후자는 중생계(衆生界)를 묘사한 부정적 시각이라고 할 수 있다. 그러나 두 종류의 만다라, 즉 태장계만다라와 금강계만다라가 서로 다른 별개의 것이 아니라, 본래 본체(本體)가 서로 같으므로 불이(不二)의 관계인 것이다.

붓다는 「전법륜경」(SN56:11)에서 쾌락과 고행이라는 "두 극단을 버리고 중도(中道, majjhimā paṭipadā)를 완전히 알아차렸다(abhisambuddhā)."(SN.V.421; Vin.I.10) 그는 일생 중도의 견지(見地)에서 중생들을 교화했다. 다시 말해 붓다는 세상을 비관적으로 보지도 않았고, 또 낙관적으로 보지도 않았다. 비관과 낙관이라는 두 극단을 떠나 중도를 실천했던 분이다.

월폴라 라홀라(Walpola Rahula, 1907-1997)가 지적했듯이, "불교는 헛된 기대 속에 살도록 우리를 거짓으로 달래지도 않고, 온갖 종류의 가상 공포와 죄책감으로 우리를 놀라게 하거나 괴롭게 만들지 않는다. 불교는 우리가 누구인지 우리의 주변 세계는 어떠한지를 정확하고 객관적으로 우리에게 알려주며, 또한 완전한 자유, 평화, 평안, 그리고 행복에 이르는 길을 우리에게 제시해 준다."(W. Rahula, What the Buddha taught, p.17)

사실 우리가 몸담은 이 세계는 부정적인 측면과 긍정적인 측면이 언제나 상존(常存)한다. 실제로 이 세상에는 착한 사람도 있지만 나쁜 사람도 있다. 어느 한쪽만을 바라보고 자기 나름대로 세상을 부정적으로 진단하거나 긍정적으로 진단하는 것은 '외눈박이'와 다름없다. 부정적인 측면과 긍정적인 측면을 동시에 보면서도 중도의 관점에서 세상을 바르게 보는 사람이 바로 '두 눈 가진 자'라고 할 수 있다.

네 가지 왜곡된 견해

　　　　　모름지기 불교도라면 무엇보다도 먼저 올바른 견해(sammā-diṭṭhi, 正見)를 갖추어야 한다. 올바른 견해에서 올바른 사유, 올바른 언어, 올바른 행위 등이 나오기 때문이다. 반대로 그릇된 견해(micchā-diṭṭhi, 邪見)에서는 그릇된 사유, 그릇된 언어, 그릇된 행위 등이 나올 수밖에 없다. 붓다는 깨달음을 얻은 직후, 그릇된 견해를 조건으로 생기는 느낌과 올바른 견해를 조건으로 생기는 느낌이 다르다는 것을 알았다. 그래서 그는 올바른 견해가 먼저라고 말했다. "어떻게 올바른 견해가 먼저인가? 그릇된 견해를 그릇된 견해라고 꿰뚫어 알고, 올바른 견해를 올바른 견해라고 꿰뚫어 안다. 이것이 올바른 견해이다."(MN.Ⅲ.71)

　그러면 올바른 견해란 무엇인가? "괴로움에 대한 지혜, 괴로움의 발생에 대한 지혜, 괴로움의 소멸에 대한 지혜, 괴로움의 소멸로 이끄는 길에 대한 지혜이다. 이를 일러 올바른 견해라고 한다."(MN.III.251) 요컨대 올바른 견해란 괴로움[苦], 괴로움의 발생[集], 괴로움의 소멸[滅], 괴로움의 소멸에 이르는 길[道]을 확실히 꿰뚫어 아는 것이다. 한마디로 사성제를 꿰뚫어 아는 것이 올바른 견해이다. 사성제를 통해 인생의 괴로움 전반에 대한 확실한 통찰이 있어야 진정한 수행이 시작되고 괴로움에서 벗어날 수 있기 때문이다.

또한 올바른 견해는 올바른 통찰[正念]과 올바른 정진[正精進]의 도움을 받아 우리의 몸과 마음, 즉 오온(五蘊)에서 일어나는 모든 현상이 무상(無常)·고(苦)·무아(無我)임을 통찰하는 것이다. 이러한 통찰이 있어야 어떤 것에도 집착하지 않고 성내지 않고 미혹하지 않게 되어 해탈할 수 있게 된다.

한편 붓다의 모든 교설은 '존재의 세 가지 특성[三特相]'에 토대를 두고 있다. 즉 모든 형성된 것들은 덧없다[諸行無常], 모든 형성된 것들은 괴로움이다[一切皆苦], 모든 법은 자아가 없다[諸法無我]는 것이다. 이것을 대승불교에서는 '삼법인(三法印)'이라고 부른다. 붓다는 여기에 다시 '현실의 세계는 깨끗하지 못하다'라는 것을 더하여 현상계는 무상(無常)·고(苦)·무아(無我)·부정(不淨)이라고 진단했다. 현상계의 모든 것들은 덧없고, 괴로움이며, 나[我]라고 할 만한 실체가 없으며, 현실의 세계는 깨끗하지 못하다는 것이 붓다가 바라본 현상계의 모습이다.

그런데도 현상계는 무상이 아니라 상(常)이고, 고가 아니라 낙(樂)이며, 무아가 아니라 아(我)이고, 부정이 아니라 정(淨)이라고 주장하는 견해가 있다. 이것을 초기불교에서는 '네 가지 왜곡된 견해', 즉 사전도견(四顚倒見)이라고 한다. 이것은 근본적으로 영원하지 않은 것에서 영원한 것을, 괴로움과 분리될 수 없는 것에서 행복을, 어떠한 자아와도 연결되지 않은 것에서 자아를, 근본적으로 부정하고 혐오스러운 것에서 기쁨을 찾거나 발견하려고 시도하는 것이다.

초기경전에서는 무상·고·무아·부정인 것을 영원하고, 행복하고, 자아이고, 깨끗하다고 여기는 것을 인식의 전도, 마음의 전도, 견해의 전도라고 한다. 『앙굿따라 니까야』(AN4:49)에서 붓다는 다음과 같이 말했다.

> 비구들이여, 무상에 대해서 영원하다는 인식의 전도, 마음의 전도, 견해의 전도가 있다. 괴로움에 대해서 행복이라는 … 무아에 대해서 자아라는 … 부정한 것에 대해서 깨끗하다는 인식의 전도, 마음의 전도, 견해의 전도가 있다. 비구들이여, 이러한 네 가지 인식의 전도, 마음의 전도, 견해의 전도가 있다.(AN.Ⅱ.52)

이처럼 배움이 없는 범부는 무상하고 괴로움이고 무아이고 부정한 대상에 대해서 '영원하고, 행복하고, 자아이고, 깨끗하다'라는 그릇된 견해를 일으킨다. 반면 많이 배운 성스러운 제자들은 무상을 무상이라고, 괴로움을 괴로움이라고, 무아를 무아라고, 부정한 그것이 부정하다고 있는 그대로 본다. 이렇게 보는 것이야말로 올바른 견해이다. 올바른 견해를 갖추어야 곧바로 모든 괴로움에서 벗어날 수 있게 된다는 것이 붓다의 가르침이다.

대승불교에서는 상(常)·락(樂)·아(我)·정(淨)을 열반사덕(涅槃四德)이라고 부른다. 어떤 학자는 "붓다의 심중에 상·락·아·정이라는 이상을 지니고 있었기 때문에 현실을 무상·고·무아·부정이라고 판정을 내렸다."라고 한다. 백 보 양보하여 이것이 사실이라고 하더라도, 열반의 경지에 도달하지 못한 범부가 입으로 상락아정을 외치는 것은 다른 사람들에게 환상만 심어줄 뿐, 자기와 남에게 전혀 도움이 되지 못한다.

이러한 행위는 마치 거지가 백만장자가 된 것처럼 행동하는 것과 같다. 오랫동안 음식을 먹지 못한 허기진 상태에서 진수성찬을 먹고 있다고 상상하는 것과 다를 바 없다. 그렇게 생각하면 잠깐은 행복하겠지만, 그 환상에서 깨어나면 처참한 현실로 되돌아온다. 지금 당장 배고픈 현실을 해결하기 위해서는 다른 대책을 세워야 한다.

우리는 이처럼 불확실한 기초 위에 이상을 세워서는 안 된다. 어디까지나 사실의 참모습인 현실에서부터 출발하지 않으면 안 된다. 붓다가 열반의 경지인 상·락·아·정을 배척하고 끝까지 무상·고·무아·부정을 부르짖었던 까닭도 바로 여기에 있다.

인간의 삶은 현실에 바탕을 두고 있다. 인간은 현실을 떠나서는 단 하루도 생존할 수 없다. 깨달음을 이룬 성자라 할지라도 시간과 공간을 초월할 수 없다. 육체를 가진 한 생명을 유지하기 위해서는 음식물을 섭취해야 하고 잠도 자야 한다. 인간은 누구나 환경의 영향을 받는다. 특히 그중에서도 경제의 영향을 가장 크게 받는다.

어떤 사람은 현실을 아주 초월한 것처럼 말한다. 또 어떤 사람은 깨닫기만 하면 배우지 않은 것도 모두 알 수 있고, 신통력까지 얻을 수 있는 것처럼 말한다. 전혀 불가능한 것은 아니겠지만, 그들은 깨달음이라는 신기루와 같은 환상에 사로잡혀 있다. 깨달음이라는 환상에서 깨어나는 것이 곧 깨달음이다.

붓다는 비관주의자도 낙관주의자도 아닌 자기 경험에 바탕을 둔 철저한 현실주의자였다. 그는 현실의 있는 그대로의 모습을 바르게 직시했다. 그의 주된 관심사는 어떻게 모든 사람을 괴로움에서 벗어나게 할 것인가 하는 것이었다. 또한 붓다는 과거의 일에 매달리지 말고, 아직 오지 않은 미래에 대해 미리 걱정하지도 말고, 오직 현재의 삶에 충실히 하라고 가르쳤다. 이보다 더 실제적이고 현실적인 가르침은 없을 것이다.

만인을 위한 행복의 길

　　　　　승려가 깨달음을 이루기 위해 혼자 숲속이나 동굴 혹은 나무 밑에서 수행에만 전념하는 것이 이기적인 행동인가? 대승불교에서는 개인을 위한 수행을 소승이라고 헐뜯어왔다. 특히 세계불교에 대한 정보나 이해가 부족했던 시절에는 '남방불교는 소승불교'라고 공공연히 비난해왔다. 지금도 간혹 그렇게 말하는 사람들이 있다. 그러나 이들의 시각은 붓다의 가르침에 어긋나는 편견에 불과하다.

　붓다 시대의 바라문들도 불교의 승려는 '개인의 이익'에만 전념하는 이기주의자들이라고 비난했다. 이들의 비난에 대해 붓다는 제자들이 수행에만 전념하는 것은 '혼자만의 행복'을 위한 것이 아니고, '만인의 행복'을 위한 것이라고 반박했다. 『앙굿따라 니까야』의 「상가라와 숫따(Saṅgārava-sutta)」(AN3:60)와 이에 대응하는

『중아함경』 제143 「상가라경(傷歌邏經)」에서 붓다는 제자들이 수행에만 전념하는 것은 '만인을 위한 행복의 길'을 걷고 있는 것이라고 가르쳤다.

한때 세존께서 사왓티의 기수급고독원에 머물고 계셨다. 그때 '상가라와(Saṅgārava)'라는 바라문이 붓다를 찾아와 이렇게 말했다.

> 고따마 존자시여, 저희 바라문들은 스스로 제사를 지내기도 하고 다른 사람들에게 제사를 지내도록 권하기도 합니다. 고따마 존자시여, 스스로 제사를 지내는 사람과 다른 사람들에게 제사를 지내게 하는 사람은 모두 많은 사람에게 영향을 미치는 공덕을 닦나니 그것은 바로 제사로 인한 것입니다.
> 고따마 존자시여, 그러나 어떤 가족이든지 그 가족을 떠나 집 없이 출가한 자는 오직 자기 한 사람만 길들이고 자기 한 사람만 고요하고 자기 한 사람만 완전한 열반으로 인도합니다. 그러므로 이 사람은 한 사람에게만 영향을 미치는 공덕을 닦나니 그것은 바로 출가로 인한 것입니다.(AN. I.168)

위 질문은 바라문과 사문의 정체성과 관련된 것이다. 즉 바라문은 사제(司祭)로서 신에게 제사를 지내고 또 다른 사람들에게 제사를 지내도록 하는 것은 '만인을 위한 행복의 길'을 가는 것이다. 하지만 사문인 불교의 승려들은 출가하여 자신의 수행에만 전념한다. 이것은 '혼자만을 위한 행복의 길'을 가는 것이 아니겠느냐는 도발적인 발언이다. 당시 바라문들은 출가를 자기 혼자만의 행복을 추구하는 소승적 태도라고 보았다. 이러한 바라문들의 시각에 대해 붓다는 다음과 같은 논리로 반박한다.

> 바라문이여, 이를 어떻게 생각하는가? 세상에 여래가 출현한다. 그는 아라한이며 … 세존이시다. 그는 이렇게 말한다. '오라! 이것이 길이고, 이것이 길을 가는 것이다. 나는 그 길을 의지하여 수행한 결과 최상의 목적인 열반을 깨달아 얻어 그들에게 설한다. 오라! 그대들도 내가 말한 대로 수행하면 최상의 목적인 열반을 깨달아 얻어 머물 것이다.'라고. 이처럼 스승은 법을 설하고 다른 사람들은 그것을 얻기 위해 수행한다. 그들은 수백 명, 수천 명, 수십만 명에 달한다. 바라문이여, 그대는 어떻게 생각하는가? 이러할진대 출가로 인해 공덕을 쌓는 것이 오직 한 사람에게만 영향을 미치겠는가, 아니면 여러 사람에게 영향을 미치겠는가? "고따마 존자시여, 출가로 인해 공덕을 쌓는 것은, 여러 사람에게 영향을 미칩니다."(AN. I .168-169)

한역 『중아함경』 제143 「상가라경(傷歌邏經)」에서 붓다는 상가라 (傷歌邏, Saṅgārava)에게 "어떤 사문·바라문이 스스로 이 도(道)와 이 도(道)의 흔적[공덕]을 행하면 모든 번뇌를 다 소멸해 번뇌가 없게 된다. 그러면 그는 심해탈(心解脫)·혜해탈(慧解脫)을 얻어 스스로 깨달아 '나의 생은 이미 다했고, 범행(梵行)은 이미 섰으며 해야할 일은 이미 마쳐, 다시는 후세의 몸을 받지 않는다'라고 스스로 알게 된다. 그래서 그는 다른 사람을 위해 설명하고, 또다시 다른 사람은 다른 사람을 위해 설명하고, 이렇게 계속하여 한량없는 수천 명에까지 이르게 된다. 이것을 어찌 한 가지 복의 공덕만을 행하고, 한량없는 복의 공덕을 행하지 않는다고 하겠느냐?"(T1, p.650c)라고 반문했다.

그러자 상가라와는 "사문 구담의 제자가 족성자(族姓子), 즉 붓다를 따라 수염과 머리를 깎고 가사를 입고 지극한 믿음으로 집을 떠나 집 없이 도를 배우는 자에겐 도를 배움으로 인해 한량없는 복의 공덕을 행하는 것이요, 한 가지 복의 공덕만 행하는 것은 아닙니다."(T1, p.651a)라고 스스로 인정했다.

여기서 '한 가지 복의 공덕만 행한다'라는 것은 '혼자만의 행복'을 추구한다는 것이고, '한량없는 복의 공덕을 행한다'라는 것은 '만인의 행복'을 추구한다는 뜻이다. 다시 말해 출가자가 수행에만 전념하는 것은 겉으로 보면 개인의 이익을 추구하는 이기적인 행위처럼 보인다. 하지만 그가 수행한 결과를 다른 사람에게 전하고, 그 사람이 다시 다른 사람에게 전하게 됨으로써 결과적으로 수많은 사람에게 이익을 가져다주게 된다.

요컨대 어떤 붓다의 제자가 수행하여 번뇌를 없애 버리고 마음의 평화로움을 얻었다고 가정하자. 그리고 다시 그는 다른 사람을 위해 가르침을 펴고, 그 가르침을 받은 사람은 또다시 다른 사람을 위해 가르침을 펴서 그 숫자가 수천수만에 이르게 된다. 그러므로 결과적으로는 붓다의 제자들이 수행에만 전념하는 것은 결코 혼자만의 행복을 위한 길이 아니다. 그 길은 곧 '만인을 위한 행복의 길'이라는 것이다.

동아시아불교에서는 동남아시아의 테라와다(Theravāda, 上座部) 전통을 소승이라고 낮추어보았다. 그러나 테라와다 전통이 오히려 더 대승적이라는 사실이 최근에 널리 알려졌다. 특히 교통과 통신의 발달로 오늘날에는 실시간으로 전 세계의 불교 현황을 확인할 수 있다. 이제는 지역적으로 대승과 소승을 구분하던 시대는 이미 지났다. 대승불교 국가에서도 개인의 수행에 전념하는 승려가 있고, 상좌불교 국가에서도 사회봉사 활동에 전념하는 승려가 있다. 개인의 성향에 따라 각기 다른 길을 가고 있을 뿐이다.

　이제 한국불교에서도 말로만 대승을 외칠 것이 아니라, 승려라면 지금 당장 명예와 이익을 버리고, 겉으로 이기주의적 행위로 보이는 수행에 전념하기를 권한다. '혼자만을 위한 행복의 길'이 곧 '만인을 위한 행복의 길'이기 때문이다. 수행에 전념하는 승려들이 많으면 많을수록 한국불교는 발전하게 될 것이다.

인간이 쉽게 변하지 않는 이유

인간은 쉽게 변하지 않는다. 다시 말해 어떤 개인
이 가진 고정관념은 쉽게 변하지 않는다. 그 근본 원인은 무엇인
가? '집착(upādāna)' 때문이다. 『디가 니까야(Dīgha Nikāya, 長部)』제15
「마하니다나 숫따(Mahānidāna-sutta, 大緣經)」에 의하면 집착에는 네
가지가 있다. 네 가지 집착(cattāri upādānāni)이란 ① 감각적 욕망에
대한 집착(kāma-upādāna, 欲取), ② 견해에 대한 집착(diṭṭhi-upādāna,
見取), ③ 계율과 의례에 대한 집착(sīlabbata-upādāna, 戒禁取), ④ 자
아의 교리에 대한 집착(attavāda-upādāna, 我語取)이다.(DN.Ⅱ.58)

인간의 생각이 쉽게 바뀌지 않는 것은 이 네 가지 집착 가운데
어느 한 가지 때문이 아니라 네 가지 집착이 서로 복합적으로 작
용하기 때문이다. 네 가지 집착에서 비롯된 굳어진 개인의 고정
관념으로 말미암아 아소견(我所見, attaniya-diṭṭhi)이 형성된다.

첫째, 감각적 욕망에 대한 집착[欲取]이란 무엇인가? 『담마상가니(Dhammasaṅgaṇi, 法集論)』에서는 "감각적 욕망에 대한 간절한 욕망, 탐욕, 즐거움, 갈애, 애정, 열병, 계박(繫縛)이 감각적 욕망에 대한 집착이다."(Dhs.212)라고 했다. 감각적 욕망에 대한 집착은 강하게 거머쥔 갈애(渴愛, taṇhā)를 뜻한다. 나머지 세 가지 집착은 잘못된 견해[邪見]와 관련된 것이다.

둘째, 견해에 대한 집착[見取]이란 무엇인가? 『맛지마 니까야(Majjhima Nikāya, 中部)』(MN41)에 의하면, "그는 삿된 견해를 가진다. '보시도 없고 공물도 없고 제사(헌공)도 없다. 선행과 악행의 업들에 대한 결실도 없고 과보도 없다. 이 세상도 없고 저세상도 없다. 어머니도 없고 아버지도 없다. 화생(化生)하는 중생도 없고 이 세상과 저세상을 스스로 최상의 지혜로 알고 실현하여 선언하는, 덕스럽고 바른 도를 갖춘 사문·바라문도 이 세상에는 없다'라는 전도된 소견을 가진다."(MN.I.287) 요컨대 업의 인과를 믿지 않고, 이 세상에 바른길을 가고 있는 사문·바라문이 없다고 말하는 것 등이 모두 잘못된 견해들이다. "이러한 형태의 견해 혹은 전도된 억설을 일러 '견해에 대한 집착'이라고 한다."(Dhs.212)

셋째, 계율과 의례에 대한 집착[戒禁取]이란 무엇인가? 계율과 의례에 대한 집착은 혼동하기 쉽다. 이것은 불교에서 바르게 행해지고 있는 계율이나 의례를 말하는 것이 아니다. 이것은 붓다 시대 인도의 고행자들이나 바라문교(지금의 힌두교)에서 잘못 행해지고 있던 규범이나 관습 혹은 종교의례에 집착하는 것을 의미한다. 이를테면 소의 흉내를 내거나 개의 흉내를 내면 천계(天界)에 태어난다고 하는 그릇된 믿음에서 비롯된 미신적인 행위들이 이에 속한다.

붓다 시대의 바라문들은 죄악의 더러움은 신성한 갠지스강에 들어가 그 물로 씻으면 바로 깨끗하게 되고, 이로써 사후에는 천상에 태어나 행복하게 살 수 있다고 믿었다. 이것은 오늘날까지 힌두교도들 사이에 널리 행해지고 있는 종교의례이다. 붓다는 이러한 종교의례를 잘못된 것이라고 비판했다. 붓다는 정신적인 죄악의 더러움은 물질적인 물에 의해 정결하게 될 수 없고, 오직 마음의 참회나 올바른 수행법에 의해서만 정결하게 된다고 가르쳤다.(『잡아함경』 제44권 제1185경; MN7)

한국의 일부 승려 중에서도 전통적인 의례를 고집하는 사람들이 있다. 종교의 의례는 근본적으로 중생을 교화하기 위한 하나의 방편법(方便法)에 지나지 않는다. 따라서 의례는 시대와 장소에 따라 변할 수밖에 없다. 그런데도 옛 방식 그대로 꼭 지켜야 한다고 고집하는 것도 일종의 계금취견(戒禁取見)에 해당한다. 잘못된 전통과 관습은 과감히 바꾸어야 한다. 붓다는 당시의 잘못된 사회적 관습, 즉 사성 계급 제도와 동물 희생 제의(祭儀)들을 바꾸기 위해 노력했다. 그래서 붓다를 사회개혁을 실천했던 '조용한 혁명가'라고 부르기도 한다.

넷째, 자아의 교리에 대한 집착[我語取]이란 무엇인가? 스무 가지 유신견(有身見)이 자아의 교리에 대한 집착이다. "여기 배우지 못한 범부는 바른 사람의 법에 교육받지 못하여 물질을 자아라고 관찰한다."(Dhs.212-213) 오온의 안팎에 불변하는 자아(自我)가 없음에도 불구하고 자아가 있다고 고집하는 집착을 말한다.

네 가지 집착이 일어나는 순서는 먼저 자아의 교리에 대한 집착이 일어나고, 그다음에 견해에 대한 집착, 계율과 의례에 대한 집착, 감각적 욕망에 대한 집착이 순서대로 일어난다. 그러나 네 가지 집착을 버리는 순서는 먼저 견해에 대한 집착이 버려지고, 그다음에 계율과 의례에 대한 집착, 자아의 교리에 대한 집착이 순서대로 버려진다. 왜냐하면 이것들은 예류도(預流道)에서 제거되기 때문이다. 감각적 욕망에 대한 집착은 맨 나중에 버려진다. 이것은 아라한도(阿羅漢道)에서 제거되기 때문이다.

한편 네 가지 집착에 대해 가르치는 순서는 먼저 감각적 욕망에 대한 집착을 가르친다. 대개 사람은 욕망(ālaya)을 좋아하기 때문에 감각적 욕망은 분명하지만, 나머지는 그렇지 않다. 감각적 욕망에 집착하는 자는 감각적 욕망을 얻기 위해 갖가지 제전, 잔치 등을 베푼다. 이것이 그의 견해이기 때문에 감각적 욕망에 대한 집착 다음에 견해에 대한 집착이 일어난다. 그것은 계율과 의례에 대한 집착과 자아의 교리에 대한 집착, 두 가지로 나누어진다. 두 가지 가운데 계율과 의례에 대한 집착은 소처럼 행동하고 개처럼 행동하는 형태를 보고서 알 수 있으므로 거칠다. 그래서 계율과 의례에 대한 집착을 먼저 설했고, 자아의 교리에 대한 집착은 미세해서 나중에 설했다.(대림 옮김, 『청정도론』 제3권, 초기불전연구원, 2004, pp.137-141 참조)

『청정도론』에서 언급했듯이, 먼저 견해에 대한 집착[見取]에서 벗어나야 나머지 세 가지 집착을 순서대로 버릴 수 있게 된다. 홀

룽한 학자는 자신의 주장이 잘못되었다는 것이 밝혀지면 곧바로 그것을 시인하고 수정한다. 그것이 학문하는 자의 올바른 자세이기 때문이다. 그러나 소인배들은 자신의 견해가 잘못된 것임이 밝혀졌음에도 불구하고 얄팍한 자존심 때문에 그것을 인정하려 하지 않는다. 인간은 누구나 완벽하지 않기 때문에 잘못된 견해를 가질 수도 있다. 그러나 바르게 알았을 때는 그것을 과감히 버리고 올바른 견해를 받아들여야 한다. 그것이 바로 불자가 나아가야 할 '향상일로(向上一路)'의 길이기 때문이다.

괴로움의 원인은 감각적 욕망

　　　　한때 사왓티에 거주하고 있던 외도 유행자들이 붓다의 제자인 비구들에게 "사문 고따마가 감각적 욕망을 철저히 안다고 설하지만, 우리도 감각적 욕망을 철저히 안다고 설한다."라고 말했다. 이에 대해 비구들은 그들의 말을 인정하지도 못하고 공박(攻駁)하지도 못했다. 비구들은 이럴 때 어떻게 대답해야 하는가에 대해 붓다께 여쭈었다.

　그러자 붓다는 제자들에게 이렇게 말했다. 외도 유행자들이 그렇게 말하면, "무엇이 감각적 욕망의 유혹이고, 무엇이 감각적 욕망의 재난이며, 무엇이 감각적 욕망의 벗어남인가? 물질[육체]의 유혹은 무엇이고, 재난은 무엇이며, 그것에서 벗어남은 무엇인가? 느낌의 유혹은 무엇이고, 재난은 무엇이며, 그것에서 벗어남은 무엇인가?"라고 되물어야 한다. 그러면 그들은 대답하지 못하고 곤혹스러워할 것이다. 왜냐하면 그것은 그들의 능력을 벗어났기 때문이다. 이를 계기로 붓다는 다섯 가지의 감각적 욕망의 유혹, 재난, 벗어남에 대해 자세히 설하게 되었다.

우리를 얽어매는 다섯 가지의 감각적 욕망이란 눈으로 인식되는 형색, 귀로 인식되는 소리, 코로 인식되는 냄새, 혀로 인식되는 맛, 몸으로 인식되는 감촉이다. 이 다섯 가지의 감각적 욕망을 조건으로 기쁨과 즐거움이 생겨난다. 이것이 감각적 욕망의 유혹이다. 사람들은 이것을 원하고 좋아하고 매력을 느낀다. 당시 외도 유행자들이나 오늘날의 세상 사람들이 생각하는 기쁨이나 행복은 결국 '괴로움의 무더기[苦蘊]'이다.

그러면 무엇이 감각적 욕망의 재난인가? 이른바 생계 수단이 바로 재난이다. 생계를 유지하기 위해 추위로 인한 고통과 더위로 인한 고통을 받고, 파리·모기·바람·햇빛·파충류와 닿아서 상처를 입기도 하고, 배고픔과 목마름으로 죽음도 감수한다. 이것이 눈앞에서 직접 볼 수 있는 감각적 욕망의 재난이다. 붓다는 "괴로움의 무더기는 감각적 욕망이 그 원인이며, 감각적 욕망이 근원이며, 감각적 욕망이 기반이니, 이것은 감각적 욕망을 원인으로 하여 일어난다."라고 말했다.

어떤 사람이 부지런히 일하고 애를 쓰고 노력해도 재물을 얻지 못하면 그는 근심하고 상심하고 슬퍼하고 가슴을 치고 울부짖고 광란한다. 또 어떤 사람이 부지런히 일하고 애를 쓰고 노력해서 재물을 얻으면 그는 그 재산을 지키기 위해서 괴로움과 정신적 고통을 경험한다. 그러나 그의 재물을 왕이 가져가고, 도둑이 훔쳐 가고, 불이 태워버리고, 물이 쓸어버리고, 미운 놈이 상속받게 되면 그는 근심하고 상심하고 슬퍼하고 가슴을 치고 울부짖고 광란한다. 이것이 감각적 욕망의 재난이다.

감각적 욕망 때문에 왕들이 서로 싸우고, 무사들이 서로 싸우고, 바라문들이 서로 싸우고, 장자들이 서로 싸우고, 부모와 자식이 싸우고, 형제와 자매가 싸우고, 친구끼리 싸운다. 그들은 다투고 논쟁하고 싸우면서 서로 때리기도 하고, 서로 죽이기도 한다. 이것이 눈앞에서 직접 볼 수 있는 감각적 욕망의 재난이다.

감각적 욕망 때문에 전쟁이 일어나고, 감각적 욕망 때문에 집을 부수고, 훔치고, 빼앗고, 노상 강도질하고, 강간한다. 왕들은 그런 자를 붙잡아서 여러 가지로 고문한다. 즉 채찍으로 때리기도 하고, 매질하기도 하고, 곤장으로 치기고 하고 손을 자르기도 한다. 이것이 눈앞에서 직접 볼 수 있는 감각적 욕망의 재난이다.

그러면 무엇이 감각적 욕망에서 벗어남인가? 감각적 욕망에 대한 열망과 욕망을 제어함과 아울러 열망과 욕망을 버림이 감각적 욕망에서 벗어남이다. 어떤 사문이나 바라문이건 감각적 욕망의 유혹을 유혹으로, 재난을 재난으로, 벗어남을 벗어남으로, 있는 그대로 알지 못하면 다른 사람을 가르치는 것은 불가능하다. 그러나 그 반대일 경우에는 가능하다.

붓다는 육체와 느낌의 유혹, 재난, 벗어남에 대해 예를 들어 설명했다. 이를테면 15세나 16세의 소녀가 너무 크지도 너무 작지도 않고, 너무 마르지도 너무 살찌지도 않고, 너무 검지도 너무 희지도 않다면 참으로 그 소녀의 매력과 아름다움은 절정에 이를 것이다. 이처럼 매력적이고 아름다운 것을 근거로 즐거움과 행복이 일어난다. 이것이 육체의 유혹이다.

그러나 그 소녀가 나중에 여든이나 아흔이나 백 살이 되어서 이가 부서지고, 머리털은 백발이 되고, 주름살이 늘고, 사지에 검버섯이 생기게 된다. 그러면 그녀의 매력과 아름다움은 사라지고 만다. 또 바로 그 소녀가 병들어 고통을 받고 중병이 들어 자기의 똥오줌에 주저앉거나 드러눕고, 다른 사람들의 도움으로 일어서고 앉게 된다. 그러면 그녀의 매력과 아름다움은 사라지고 만다. 이것이 육체의 재난이다.

그러면 무엇이 느낌의 유혹인가? 여기 비구는 감각적 욕망을 완전히 떨쳐버리고 해로운 법(不善法)들을 떨쳐버린 뒤, 일어난 생각(尋)과 지속적 고찰(伺)이 있고, 떨쳐버렸음에서 생긴 희열(喜)과 행복이 있는 초선(初禪)·이선(二禪)·삼선(三禪)·사선(四禪)을 갖추어 머문다. 그때 그는 오로지 괴로움에서 벗어난 느낌을 받는다. 이것이 느낌의 유혹이다.

그러나 느낌에도 재난이 따른다. 느낌은 무상하고 괴로움이고 그 본성이 변하기 때문이다. 이러한 무상한 형태의 느낌이 바로 느낌의 재난이다.

그러면 느낌의 재난에서 벗어남이란 무엇인가? 느낌에 대한 열망과 욕망을 제어함과 아울러 열망과 욕망을 버림이 느낌에서 벗어남이다.

이상은 『마하둑카칸다 숫따(Mahadukkhakkhandha-sutta, 苦蘊大經)』(MN13)에 나오는 붓다의 말씀을 요약한 것이다. 이 경의 말씀은 진정한 행복이 무엇인가를 일깨워주는 소중한 가르침이다. 우리는 눈만 뜨면 감각적 욕망의 달콤함을 자극하는 광고와 마주친다. 보통 사람들은 그 유혹에서 벗어나기 어렵다. 세상 사람들은 그것이 기쁨이나 즐거움이라고 즐기다가 죽음의 문턱에 이르고 만다. 그러나 감각적 욕망은 괴로움의 원인일 뿐이다. 한마디로 오감을 자극하는 외부의 수많은 유혹에 현혹되지 않는 것이 감각적 욕망에서 벗어남이다.

모름지기 불교도라면 감각적 욕망이 괴로움의 원인임을 알아 그것을 단속하지 않으면 안 된다. 오늘도 감각적 욕망을 부추기는 방송이나 광고는 계속되고 있다. 두 눈 부릅뜨고 감각적 욕망을 부추기는 요인들을 직시하고 그것을 제어할 줄 알아야 한다.

감각적 욕망에 대한 위험성

출가 전에 매사냥꾼이었던 '아릿타(Arittha)'라는 비구가 있었다. 그는 매우 나쁜 견해[惡見]를 갖고 있었다. 그는 붓다가 설한 '장애가 되는 법[障碍法]'을 수용해도 장애가 되지 않는다고 주장했다. 장애법(antarāyika dhammā)이란 성적 교섭을 말한다. 주석서에 의하면, 그는 비구가 여인과 성관계를 가져도 잘못된 것이 아니고, 음계(婬戒)를 첫 번째 바라이죄로 제정한 것도 잘못된 것이라고 주장했다.

그래서 비구들이 그를 찾아가서 다음과 같이 충고했다.

"벗 아릿타여, 그렇게 말하지 마시오, 세존을 비방하지 마시오. 벗 아릿타여, 세존께서는 여러 가지 방편으로 장애가 되는 법들을 설하셨고, 그것을 수용하면 반드시 장애가 된다고 하셨습니다. 감각적 욕망은 즐거움이 적고 많은 괴로움과 고뇌를 가져다주며 위험이 뒤따른다고 세존께서는 말씀하셨습니다."(MN. I.130)

비구들이 같은 내용을 세 차례나 충고하였으나 아릿타 비구는 자신의 나쁜 견해를 버리지 않았다. 비구들은 그의 나쁜 견해를 어떻게 할 수가 없어서 세존께 이 사실을 알렸다. 그러자 세존께서는 비구들에게 아릿타 비구를 불러오라고 했다. 아릿타 비구가 도착하자 붓다는 먼저 그에게 그렇게 말한 것이 사실인가를 물었다. 아릿타 비구는 그것이 모두 사실이라고 시인했다. 그러자 붓다는 아릿타 비구에게 다음과 같이 질책했다.

"어리석은 자여, 도대체 내가 누구에게 그런 법을 설했다고 그대는 이해하고 있는가? 어리석은 자여, 참으로 나는 여러 가지 방편으로 장애가 되는 법을 설했고, 그것을 수용하면 반드시 장애가 된다고 하지 않았던가? 나는 감각적 욕망은 즐거움이 적고 많은 괴로움과 고뇌를 가져다주며 위험이 뒤따른다고 말했다.
또한 나는 해골의 비유로 … 고깃덩어리의 비유로 … 건초 횃불의 비유로 … 숯불 구덩이의 비유로 … 꿈의 비유로 … 빌린 물건의 비유로 … 과일나무의 비유로 … 도살장의 비유로 … 쇠살의 비유로 … 뱀의 비유로 감각적 욕망은 즐거움이 적고 많은 괴로움과 고뇌를 가져다주며 위험이 뒤따른다고 말했다. 어

리석은 자여, 그러나 그대는 스스로 잘못 파악하여 우리를 비
난하고 자신을 망치고 많은 허물을 쌓는구나. 어리석은 자여,
그것은 그대를 긴 세월 불이익과 고통으로 인도할 것이다."(MN.
I.130-3)

아릿타 비구의 일화는 율장에서도 두 번이나 언급되고 있다.
첫째는 아릿타 비구가 나쁜 견해를 버리지 않아서 승가로부터
격리하기 위해 불사악견(不捨惡見) 거죄갈마(擧罪羯磨)가 실시되었
다.(Vin.II.25) 둘째는 아릿타 비구에게 나쁜 견해를 버리라고 세 번
이나 충고해도 받아들이지 않았기 때문에 바일제법(波逸提法) 제
68조 악견위간계(惡見違諫戒)가 제정되었다.(Vin.IV.135)

악견위간계란 애욕(愛欲, kāma)을 즐겨도 수행하는 데 방해가 되
지 않는다고 주장하는 비구에게 그것이 잘못된 견해라고 세 번
까지 간고(諫告)해도 따르지 않으면 바일제죄(波逸提罪)가 된다. 그
런데 아릿타 비구는 성행위를 해도 수행에 장애가 되지 않는다고
자신의 잘못된 견해를 버리지 않아서 동료 비구들로부터 세 번이
나 충고받았다. 그래도 자신의 잘못된 주장을 굽히지 않았다고
한다.

아릿타 비구의 일화를 보면서 붓다 시대에도 이런 주장을 한
사람이 있었다는 사실에 놀라지 않을 수 없다. 그러나 그때는 붓
다께서 생존해 계셨기 때문에 모든 문제를 직접 해결할 수 있었
다. 그리고 초기불교 시대에는 아릿타 비구와 같은 악견을 주장
하는 자가 있을 때는 승가 내부에서 거죄갈마를 실시하여 자체적

으로 해결할 수 있었다.

그러나 오늘날에는 온갖 삿된 견해들이 난무해도 그것을 승가 내부에서 자체적으로 해결할 수 없다. 이것이 가장 심각한 문제라고 할 수 있다. 한때 한국 불교계에서도 일부의 승려들이 '음주식육(飮酒食肉)이 무방반야(無妨般若)'라고 주장한 적이 있었다. 이 황당무계한 주장은 막행막식(莫行莫食)을 해도 수행에는 전혀 지장이 없다는 것이다. 이러한 주장은 붓다의 법(法, dhamma)과 율(律, vinaya)의 관점에서 보면 도저히 용납될 수 없는 것이다.

비록 지난날 잘못을 범했다 할지라도 그것을 스스로 부끄럽게 여기고, 지금이라도 청정한 범행을 닦고자 노력하는 사람이야말로 진정한 사문이라고 할 수 있다. 왜냐하면 사문은 '노력하는 사람'이기 때문이다.

율장에 의하면 승가로부터 거죄갈마를 받은 자는 별주(別住)의 처벌을 받게 된다. 그리고 별주 기간에는 마흔네 가지의 제약이 따른다. 이를테면 ① 다른 사람에게 구족계를 주지 못한다. ② 다른 사람의 의지가 되지 못한다. ③ 사미를 두지 못한다. ④ 비구니 교계에 선발되지 못한다. ⑤ 선발된다고 하더라도 비구니를 교계하지 못한다. ⑥ 승가로부터 갈마를 받을 죄(별주를 받을 죄)를 범해서는 안 된다. ⑦ 다른 유사한 죄를 범해서는 안 된다. ⑧ 이보다 더 악한 죄를 범해서는 안 된다. ⑨ 갈마를 비난해서는 안 된다. ⑩ 갈마에 참가하는 비구를 방해해서는 안 된다. ⑪ 청정 비구의 포살을 방해해서는 안 된다. ⑫ 청정 비구의 자자(自恣)를 방해해서는 안 된다. ⑬ 다른 별주 비구와 서로 이야기해서는 안

된다. ⑭ 제자에게 교계를 주지 못한다.(생략) 이처럼 거죄갈마를
받은 자는 승가에서 쫓아내지는 않지만, 비구의 권한을 박탈당한
다.

『맛지마 니까야』(MN22)에서 붓다는 뱀의 비유를 들어 감각적 욕
망의 위험성에 대해 경고하고 있다. 이를테면 땅꾼이 뱀을 잡을
때 뱀의 몸통이나 꼬리를 잡으면 오히려 그 뱀에게 물려 죽음에
이르거나 죽음에 버금가는 고통을 당한다. 그것은 뱀을 잘못 잡
았기 때문이다. 반대로 땅꾼이 뱀을 잡을 때 뱀의 머리를 잡으면
뱀이 그 사람의 손이나 몸의 다른 부위를 휘감겠지만 그 때문에
그 사람이 죽음에 이르거나 죽음에 버금가는 고통을 당하지는
않는다. 그것은 뱀을 잘 붙잡았기 때문이다.

결론적으로 감각적 욕망을 잘 다스리지 못하면, 정신적 향상이
나 수행의 과보를 기대하기 어렵다. 지금도 간혹 아릿타 비구와
같이 감각적 욕망과 탐욕이 수행에 장애가 되지 않는다고 주장하
는 사람들이 있다. 그러나 감각적 욕망과 탐욕을 버리지 않으면
절대로 수행에 진전을 가져올 수 없다는 것이 붓다의 가르침이다.

자기와 남에게 이익을 주는 말

　　인간은 몸과 입과 뜻으로 행동하면서 업(業)을 짓는다. 그중에서 입으로 짓는 행위, 즉 말과 글이 이 세상에 미치는 영향은 지대하다. "말 한마디로 사람이 죽고 산다."라는 속담이 있다. 실제로 말 한마디로 불행을 불러들이기도 하고, 말 한마디로 소원했던 관계가 개선되기도 한다. 예로부터 '입은 재앙을 불러들이는 문', 즉 '구시화지문(口是禍之門)'이라고 경계했다. 전당서(全唐書) 설시편(舌詩篇)에 나오는 한 구절이다.

　팬데믹으로 인해 비대면이 일상화되면서 반대급부로 온라인이 활성화되고 있다. 그런데 사회관계망서비스(SNS)에 올라오는 수많은 글 중에 감동적인 글은 드물고, 자기에게도 이익을 주지 못하고 남에게도 이익을 주지 못하는 글들이 대부분이다. 더욱이 악의에 찬 말, 진실이 아닌 말, 남을 해치고자 하는 말, 증오심에서 쏟아내는 말들이 범람하고 있다.

「수바시따 숫따(Subhāsitā-sutta, 善說經)」(SN8:5)에 '잘 설해진 말씀'의 네 가지 특성이 언급되어 있다. 똑같은 경이 『숫따니빠따(Suttanipāta, 經集)』에도 수록되어 있고, 왕기사(Vaṅgīsa) 존자의 게송은 『테라가타(Theragāthā, 長老偈)』(1227-1230)에도 실려 있다. 또한 『잡아함경』 제45권 제1218경(T2, p.332a)과 『별역잡아함경』 제13권 제252경(T2, p.462bc)에도 수록되어 있다. 그만큼 이 경의 내용이 중요하기 때문이다.

> "비구들이여, 네 가지 특성을 갖춘 말은 잘 설해진 것이지 나쁘게 설해진 것이 아니며, 흠이 없고 지혜로운 사람들에 의해 비난받지 않는다. 무엇이 넷인가? 비구들이여, 여기에 비구가 잘 설해진 것만을 말하고 나쁘게 설해진 것은 말하지 않고, 옳은 것만을 말하고 옳지 않은 것은 말하지 않고, 유쾌한 것만을 말하고 유쾌하지 않은 것은 말하지 않고, 진실한 것만을 말하고 진실하지 않은 것은 말하지 않는다. 네 가지 특성을 갖춘 말은 잘 설해진 것이지 나쁘게 설해진 것이 아니며, 흠이 없고 지혜로운 사람들에 의해 비난받지 않는다."(일아 옮김, 『숫따니빠따』, 불광출판부, 2015, pp.158-159)

이처럼 붓다의 말씀은 네 가지 특성을 갖추고 있어서 '잘 설해진 말씀'이라고 한다. 빨리어 '수바시따(subhāsitā)'는 '잘 설해진', '선설(善說)'이라는 뜻이다. 붓다는 네 가지 특성을 갖춘 말을 제자들이 널리 실천하도록 이 경을 설했다. 각묵 스님은 '수바시따'를 '좋은 말[金言]이라고 적극적으로 해석하여 이 경을 '금언경(金言經)'이라고 번역했다. 그러나 필자는 이 단어의 원래 뜻을 살려 '선설경(善說經)'이라고 이름 붙였다.

각묵 스님의 번역에 따르면, '좋은 말[金言]'이란 네 가지 특성을 갖추고 있다. 즉 ①좋은 말만 말하고 나쁜 말은 하지 않는다. ②법만을 말하고 비법은 말하지 않는다. ③사랑스러운 말만 하고 사랑스럽지 않은 말은 하지 않는다. ④진실만 말하고 거짓은 말하지 않는다.(각묵 옮김, 『상윳따 니까야』 제1권, p.613)

세존께서는 다시 게송으로 말씀하셨다.

"잘 설해진 것은 최상이라고 선한 분들은 말한다. 이것이 첫째다.
옳은 것은 말하고, 옳지 않은 것은 말하지 않는다. 이것이 둘째다.
유쾌한 것은 말하고, 유쾌하지 않은 것은 말하지 않는다. 이것이 셋째다. 진실은 말하고, 거짓은 말하지 않는다. 이것이 넷째다.(일아 옮김, 앞의 책, p.159)

그러자 왕기사 존자가 붓다의 설법을 듣고 감흥을 시로 읊었다.

451. "자기 자신을 괴롭히지 않고, 남을 해치지 않는 그런 말만을 말해야 합니다. 그런 말은 참으로 잘 설해진 말입니다."
452. "환영받을 말인 유쾌한 말만을 말해야 합니다. 다른 이에게 악함을 가져옴이 없이 말하는 것은 유쾌한 말입니다."

453. "진리는 참으로 죽지 않는 말입니다. 그것은 영원한 법칙입니다. 진리 속에 목표도, 가르침도 굳건히 서 있다고 선한 분들은 말합니다."

454. "열반의 성취를 위하여, 괴로움의 종식을 위하여, 부처님이 말씀하시는 평온한 말씀은 참으로 말씀 중에 으뜸입니다."(일아 옮김, 위의 책, pp.159-160)

한편 「수바시따와짜 숫따(subhāsitavācā-sutta, 善說語經)」(AN5:198)에서는 다섯 가지 요소를 갖춘 말은 잘 설해진 것이고 나쁘게 설해진 것이 아니며, 허물이 없고 지혜로운 사람들로부터 비난받지 않는다고 설해져 있다.

무엇이 다섯인가? 올바른 때에 하는 말, 진실한 말, 온화한 말, 이익을 주는 말, 자애로운 마음으로 하는 말이다. 비구들이여, 이러한 다섯 가지 요소를 갖춘 말은 잘 설해진 것이고 나쁘게 설해진 것이 아니며, 허물이 없고 지혜로운 사람들로부터 비난받지 않는다.(AN.Ⅲ.244)

여기서 우리는 당시 일곱 살이었던 아들 라홀라(Rāhula)에게 교계(敎誡)한 붓다의 가르침을 되새겨 볼 필요가 있다. 어린 라홀라는 장로비구들에게 거짓말하는 것을 좋아했다. 그러면서도 전혀 부끄러워하지 않았다. 그래서 붓다는 라홀라의 나쁜 습관을 고쳐주기 위해 특별히 라홀라에게 설한 법문이 바로 「암발랏티까-

라훌로와다 숫따(Ambalaṭṭhika-Rāhulovāda-sutta, 教誡羅候羅菴婆藥林 經)」(MN61)이다.

붓다는 라훌라에게 "지속해서 돌이켜 살펴[反照]보면서 몸의 행위를 해야 하고, 지속해서 돌이켜 살펴보면서 말의 행위를 해야 하고, 지속해서 돌이켜 살펴보면서 마음의 행위를 해야 한다."라고 일러주었다. 붓다가 라훌라에게 일러준 가르침의 핵심은 몸과 입과 뜻으로 어떤 행위를 하고자 할 때는 반드시 먼저 자세히 살펴보아서 그 행위가 나와 다른 사람을 해치고 둘 다를 해치게 되는 행위는 절대로 해서는 안 된다는 것이다.

한마디로 좋은 말이란 자신을 괴롭히지 않고 남을 해치지 않는 말이다. 이른바 자기와 남에게 이익을 주는 말이 좋은 말이다. 반대로 자기와 남에게 이익을 주지 못하는 말이라면 침묵하는 편이 낫다.

뿍꾸사띠의 일화가 주는 교훈

한때 붓다는 마가다국을 유행하다가 라자가하에
도착하여 옹기장이의 움막에서 하룻밤을 지낸 적이 있다. 그런데
그 움막에는 먼저 도착하여 머물고 있던 젊은 유행자가 있었다.
그의 이름은 뿍꾸사띠(Pukkusāti)였다.

예나 지금이나 인도 옹기장이의 움막은 넓고, 밤에는 조용하므
로 유행자들이 선호하는 곳이다. 유행자들이 하룻밤을 보내기에
는 최적의 장소로 알려져 있다. 붓다와 그 제자들도 옹기장이의
움막에서 밤을 지냈다는 기록이 초기경전의 여러 곳에 나타난다.

옹기장이의 움막에 도착한 붓다는 뿍꾸사띠 존자에게 다가가
서 이렇게 말했다.

"비구여, 만일 그대가 불편하지 않다면 나는 이곳에서 하룻밤
을 머물고자 하오."

"벗이여, 도공의 작업장은 넓습니다. 존자께서 원하신다면 편하게 머무십시오."

이때 뿍꾸사띠는 세존을 알아보지 못했다. 그러자 세존께서는 옹기장이의 움막으로 들어가서 한 곁에 풀을 깔고 가부좌한 채로 선정에 들었다. 그때 세존께서는 밤을 거의 앉아서 보냈다. 뿍꾸사띠 존자도 밤을 거의 앉아서 보냈다. 붓다는 이 젊은 유행자의 수행 태도가 대단하다고 생각하고 그에게 물었다.

"비구여, 그대는 누구를 의지하여 출가하였소? 누가 그대의 스승이오? 누구의 법을 믿고 따르오?"

"벗이여, 사꺄의 후예이고, 사꺄 가문에서 출가한 사문 고따마라는 분이 있는데, 그 고따마 존자께는 이러한 좋은 명성이 따릅니다. '이런[이유로] 그분 세존께서는 아라한이며, 완전히 깨달은 분이며, 지혜와 실천을 구족한 분이며, 피안으로 잘 가신 분이며, 세간을 잘 알고 계신 분이며, 가장 높은 분이며, 사람을 잘 길들이는 분이며, 하늘과 인간의 스승이며, 부처님이며, 세존이다'라고. 저는 그분 세존을 의지하여 출가하였습니다. 그분 세존이 바로 저의 스승이십니다. 저는 그분 세존의 법을 믿고 따릅니다."

"비구여, 그러면 지금 그분 세존·아라한·정등각자는 어디에 머물고 계시오?"

"벗이여, 북쪽 지방에 사왓티라는 도시가 있습니다. 그분 세존·아라한·정등각자께서는 지금 그곳에 머무십니다."

"비구여, 그러면 그대는 전에 그분을 뵌 적이 있소? 그분을 보면 알아볼 수 있소?"

"벗이여, 저는 그분을 뵌 적이 없습니다. 저는 그분을 뵈어도 알아볼 수 없습니다."

그러자 세존께서는 이 젊은이가 자기 때문에 집을 떠나 수행자가 되었다는 사실을 알게 되었다. 그러나 세존께서는 자신의 신분을 드러내지 않은 채 뿍꾸사띠 존자에게 법을 설했다. 그때 설한 법문이 바로 유명한 『다뚜위방가 숫따(Dhātuvibhaṅga-sutta, 界分別經)』(MN140)이다.

뿍꾸사띠는 세존의 법문이 끝나갈 무렵, 자기에게 법을 설하고 있는 사람이 바로 그가 그토록 존경하던 '사꺄무니 붓다'라는 사실을 알게 되었다. 그래서 그는 자리에서 일어나 세존의 발아래 머리를 조아려 엎드리고 세존께 이렇게 말씀드렸다.

"세존이시여, 저는 잘못을 범했습니다. 어리석고 미혹하고 신중하지 못해서 제가 세존을 '벗이여(āvuso)'라고 호칭하였습니다. … 제 잘못에 대한 참회를 받아주소서."

일반적으로 '벗이여'라는 호칭은 동년배 간에 사용하는 것이다. 그런데 뿍꾸사띠는 붓다를 알아보지 못하고, 붓다께 '벗이여'라고 호칭했다. 이에 대해 그는 붓다께 진심으로 참회했다. 붓다는 그의 참회를 받아들였다.

이처럼 뿍꾸사띠는 붓다께 진심으로 참회한 뒤, 세존의 곁에서 구족계를 받고자 원한다고 말씀드렸다. 그러자 붓다는 발우와 가사를 갖추었는가를 물었다. 그러나 뿍꾸사띠는 발우와 가사를 갖추지 못했다고 대답했다. 그러자 붓다는 "여래는 발우와 가사를 갖추지 않은 자에게 구족계를 주지 않는다."라고 말했다. 이에 대해 후대의 주석가(註釋家)들은 미사여구를 동원하여 해석하고 있지만, 기본적으로 승단의 일원인 비구가 되기 위해서는 비구가 갖추어야 할 최소한의 도구인 발우와 가사는 자신이 마련해야 한다. 그래야 형식적으로나마 비구의 모습을 갖추게 되기 때문이다.

뿍꾸사띠는 자신을 승단의 일원으로 받아준다는 붓다의 말씀을 듣고 크게 기뻐하며 발우와 가사를 구하기 위해 밖으로 나갔다. 그러나 불행하게도 암소에게 받혀서 죽고 말았다. 인도에서는 지금도 소들이 거리를 배회하고 다닌다. 대부분의 소는 유순하고 난폭하거나 위험하지 않다. 그러나 간혹 어린 새끼를 보호하고 있는 암소는 본능적으로 매우 사납고 공격적이다. 뿍꾸사띠는 그런 암소에게 받혀 죽고 말았다.

나중에 이 슬픈 소식이 붓다께 전해졌다. 비구들은 세존께 그가 태어날 곳은 어디이며, 그는 내세에 어떻게 되겠느냐고 여쭈었다. 붓다는 비구들에게 다음과 같이 설했다.

"비구들이여, 뿍꾸사띠 선남자(善男子)는 현자이다. 그는 법답게 수행했다. 그는 법을 이유로 나를 성가시게 하지 않았다. 비구들이여, 뿍꾸사띠 선남자는 다섯 가지 낮은 족쇄를 완전히 부수고 정거천(淨居天)에 화생(化生)하였으며, 그 세계에서 다시 돌아오는 법이 없이 그곳에서 완전한 열반에 들 것이다."

이것은 뿍꾸사띠가 붓다의 설법을 듣는 잠깐 사이에 수행의 세 번째 단계인 불환과(不還果)에 도달했음을 의미한다. 이 이야기로 미루어 보아, 뿍꾸사띠가 붓다의 법문을 듣고 그의 가르침을 이해했을 때, 그는 누가 자신에게 설법했는지 혹은 누구의 가르침이었는지조차 알지 못했다. 그러나 그는 법을 보았고 진리의 눈을 떴다.

만약 약이 좋다면 질병은 치료될 것이다. 그것을 누가 준비했는지 혹은 그것이 어디에서 나온 것인지는 중요하지 않다. 다시 말해 누가 법을 설했느냐는 중요하지 않다. 중요한 것은 그가 설한 법이 진리에 부합하는가에 달려 있다. 뿍꾸사띠의 슬픈 일화가 주는 교훈은 바로 여기에 있다.

한편 붓다는 「깔라마 숫따(Kālāma-sutta)」(AN3:65)에서 전문(傳聞)이나 소문(所聞)이나 풍문(風聞)에도 이끌리지 말고, 성전의 권위에도 이끌리지 말라고 했다. 또한 붓다는 깔라마들에게 어떤 가르침이든 그것을 실행했을 때, 자기와 다른 사람에게 유익함을 가져다주는지 철저히 검증한 뒤에 그것을 받아들여야 한다고 충고했다.

불교의 보편성과 특수성

붓다는 다른 종교에 대해 두 가지 태도를 견지했다. 하나는 다른 종교를 존중하는 정신을 견지하였고, 다른 하나는 불교의 정체성을 드러내어 다른 종교와 다른 차별성을 부각시켰다. 이른바 불교의 보편성과 특수성을 분명하게 구분했다. 그러나 이러한 불교의 보편성과 특수성에 대한 이해가 부족한 사람들은 불교와 다른 종교 간에 아무런 차이가 없다고 주장한다. 이러한 주장은 붓다의 가르침을 왜곡하는 잘못된 견해임은 말할 필요도 없다.

붓다는 당시 인도의 바라문 사상과 문화에 대해 비판적인 태도를 보였다. 특히 카스트에 기초한 계급적·인종적 차별에 대해 붓다는 강하게 비판했다. 붓다는 "태생 때문에 바라문이 되기도 하고, 태생 때문에 비(非) 바라문이 되기도 한다. 행위 때문에 바라

문이 되기도 하고, 행위 때문에 비 바라문이 되기도 한다."(Sn 650)
라고 주장했다.

하지만 붓다는 당시의 바라문 사상과 문화는 물론 외도(外道)의
고행주의도 일방적으로 힐난하거나 비방하지 않았다. 붓다는 비
판해야 할 것은 비판하고, 칭송해야 할 것은 칭송했다. 붓다는 언
제나 그것이 이치에 합당한지, 그것이 유익한 법인지 혹은 해로
운 법인지에 따라 그것의 옳고 그름을 판단했다. 이처럼 붓다는
외도들에게 유연하게 대처하였을 뿐, 결코 그들을 적대시하거나
비하하지 않았다.

붓다는 당시의 다른 종교 사상가들의 주장에 대해 어떠한 합리
적인 이유 없이 맹목적으로 비판하거나 칭송하는 태도를 보이지
않았다. 붓다는 평소 제자들에게 어떠한 가르침이라도 맹목적으
로 받아들이지 말라고 권고했다.(AN. I.189) 그것이 이치에 합당한
것인지, 나와 남에게 유익한 것인지 심사숙고한 다음에 받아들이
라고 가르쳤다.

불교에서는 특정한 가치나 믿음에 대해 그 어떤 전제나 정당한
근거 없이 받아들이지 않는다. 정당한 근거의 판단 기준은 그것
이 '유익한 법[善法]'인가 아니면 그것이 '해로운 법[不善法]'인가에 달
려 있다. 따라서 불교는 다른 견해나 가치 또는 특정한 신념 등에
대한 평가에서 매우 실용적인 태도로 접근하고 있음을 알 수 있
다.

윤리적인 측면에서 보면 세계의 모든 종교는 악(惡)을 지양하고
선(善)을 권장하고 있다. 이것이 모든 종교가 가진 보편성이다. 이

런 측면에서 보면 모든 종교는 같다고 할 수 있다. 이 때문에 모든 종교는 사회악을 뿌리 뽑는 데 이바지한다고 말할 수 있다.

한편 불교에서는 "모든 악을 끊고, 뭇 선을 받들어 행하며, 그 마음을 청정하게 하는 것, 이것이 모든 붓다의 가르침이다(諸惡莫作, 衆善奉行, 自淨其意, 是諸佛教)."(Dhp. 183)라고 정의한다. 이 게송에서 전반부는 불교의 보편성을 나타낸 것이고, 후반부는 불교의 특수성 혹은 차별성을 나타낸 것이다.

불교는 다른 종교에서 말하는 윤리도덕에 만족하지 않고, 더 나아가 그 마음을 청정하게 하는 것을 강조하고 있다. 즉 다른 종교는 윤리도덕에 만족하지만, 불교는 여기서 한 걸음 더 나아가 자기의 마음을 청정하게 하는 것에 초점을 맞추고 있다. 이것이 바로 불교의 특수성이다.

초기불교는 세 가지 특징을 갖고 있다. 이른바 지적(知的) 측면에서는 합리성과 객관성을 갖고 있고, 정의적(情意的) 측면에서는 윤리성과 인간성을 갖고 있으며, 대사회적(對社會的) 측면에서는 세계성과 보편성을 갖고 있다. 이것이 바로 불교의 특수성이다.

첫째, 지적 측면에서 보면 초기불교는 다른 종교사상에 비해 합리적이고 객관적인 특징을 갖고 있다. 인도에서 발생한 종교와 철학은 해탈을 궁극의 목적으로 삼기 때문에 다른 지역에서 태동한 종교와 철학보다 이지적이고 이론적이다. 그러나 붓다 시대의 육사외도(六師外道)는 인도에서 태동한 종교사상임에도 불구하고 이론과 실천이 일치하지 않는 경우가 많았다. 반면 초기불교의 대표적 교설인 사성제(四聖諦), 연기법(緣起法), 삼법인설(三法印說)

등은 매우 합리적이고 객관적인 진리이다. 특히 무아설(無我說)은 그 어떤 종교나 철학에서도 언급하지 않은 불교만의 고유한 사상이다.

둘째, 정서적 측면에서 보면 초기불교는 다른 종교에 비해 윤리적이고 인간적인 특징을 갖고 있다. 앞에서 언급했듯이 모든 종교는 악을 지양하고 선을 권장한다. 그러나 유일신을 믿는 종교는 타종교에 대해 매우 적대적이고 공격적이다. 유일신 종교는 자신들의 목적을 위해 '성전(聖戰)'도 불사한다. 그러나 불교에서는 어떤 상황에서도 '정당한 전쟁'을 인정하지 않는다. 불교에서는 사람의 생명은 물론 모든 생명을 빼앗는 행위를 금한다. 이처럼 불교는 다른 종교에 비해 윤리적이고 인간적인 종교라고 할 수 있다.

셋째, 대사회적 측면에서 보면 초기불교는 다른 종교에 비해 세계적이고 보편적인 특징을 갖고 있다. 몇몇 종교는 지역이나 민족을 위해 성립되었지만, 불교는 특정한 민족이나 국가를 위한 종교가 아니다. 인도의 바라문교나 자이나교는 인도인을 위한 종교에서 벗어나지 못하고 있으며, 유대교는 유대인을 위한 종교로 남아 있다. 반면 불교는 세계의 모든 사람이 다 받아들일 수 있는 보편적인 종교로 인정받고 있다. 또한 불교의 승가에는 누구나 입단할 수 있도록 문호가 개방되어 있다.

이처럼 초기불교는 세 가지 특징을 갖고 있다. 그러나 시간이 지나면서 일부 퇴색된 측면도 있지만, 불교라는 이름을 가진 모든 형태의 불교는 이러한 세 가지 특징을 어느 정도는 갖고 있다. 따라서 불교는 다른 종교와 공유할 수 있는 보편성을 갖고 있을 뿐만 아니라 불교만의 고유한 차별성을 갖고 있다.

쓰카모토 게이쇼(塚本啓祥) 교수는 "전 불교사를 통해 불교의 적응성과 독자성의 두 요소가 균형을 유지할 때 불교가 비약적으로 발전했다."(塚本啓祥, 『佛教史入門』, 東京: 第三文明史, 1976, pp.175-179) 라고 말했다. 적응성이란 불교의 보편성을 말한 것이고, 독자성이란 불교의 차별성 혹은 특수성을 말한 것이다.

이처럼 불교 고유의 특수성에 대한 이해 없이 다른 종교와 불교는 차별이 없다고 말하는 것은 올바른 견해가 아니다. 불교도는 다른 종교를 존중하되, 불교만의 고유한 정체성을 견지해야만 한다. 이것이 다른 종교를 대하는 불교도의 모범답안이다.

윤회의 주체와 관련된 문제

　　　　　　　여기서는 좀 무거운 주제에 해당하는 윤회의 주체에 대해 생각해보고자 한다. 결론부터 말하면 불교에서는 윤회의 주체를 인정하지 않는다. 그런데도 윤회를 논함에 있어서 빠지지 않고 등장하는 것이 바로 짐과 짐꾼에 대한 비유 설명이다. 여기서 짐꾼을 어떻게 해석하느냐에 따라 무아론과 유아론으로 갈라진다.

　윤회의 주체를 인정하지 않는 불교의 내부에서 뿍갈라(puggala)가 윤회의 주체 역할을 담당한다는 주장이 제기되었다. 부파불교 시대의 독자부(犢子部)에서 뿌드갈라(pudgala)가 윤회의 주체라고 주장했다. 이것을 '보특가라설(補特伽羅說)'이라고 한다.

　『이부종륜론(異部宗輪論)』에 의하면, 독자부에서는 "보특가라는 오온에 상즉하거나[卽蘊] 오온을 여읜 것[離蘊]도 아니고, 오온·십

이처·십팔계에 의해 임시로 시설한 이름"이라고 주장했다. 이른
바 보특가라는 오온에 즉한 것도 아니고, 오온에 즉하지 않은 것
도 아닌 것, 즉 '비즉비리온(非卽非離蘊)'이 윤회의 주체라고 주장했
다. 만약 오온을 윤회의 주체라고 하면 붓다의 무아설에 어긋난
다. 그래서 보특가라는 오온도 아니고 오온이 아닌 것도 아니라
는 궤변을 늘어놓았다.

이러한 독자부의 주장에 대해 다른 부파에서는 불설에 어긋난
다고 크게 반발했다. 특히 바수반두(Vasubandhu, 世親)는 경량부(經
量部)의 입장에서 보특가라설이 불설에 어긋난다고 강하게 비판
했다. 그가 『아비달마구사론』의 「파집아품(破執我品)」을 저술한 목
적도 바로 이 독자부의 보특가라설을 논파하기 위함이었다. 만약
독자부에서 주장하는 것과 같은 보특가라를 윤회의 주체로 인정
하게 되면, 바라문교에서 말하는 아뜨만(ātman, 自我)과 조금도 차
이가 없게 된다.

독자부에서는 「바라 숫따(Bhāra-sutta, 짐경)」(SN22:22)에서 붓다가
직접 '뿍갈라'라는 용어를 사용했다는 것을 그 근거로 제시했다.
그러면 붓다는 윤회의 주체라는 의미로 뿍갈라라는 용어를 사용
했는가? 그렇지 않다. 붓다는 '뿍갈라'라는 용어를 윤회의 주체라
는 의미로 사용하지 않았다.

「바라 숫따」에서 붓다는 오온에 대한 집착인 오취온(五取蘊)을
짐(bhāra), 짐꾼(bhārahāra), 짐을 짊어짐(bhāradāna), 짐을 내려놓음
(bhāranikkhepana)에 비유하여 설명했다. 이 경에 대응하는 『잡아함
경』 제3권 제73경에서는 무거운 짐[重擔], 짐을 짊어짐[取擔], 짐을

내려놓음[捨擔], 짐꾼[擔者] 순으로 되어 있다. 한역의 순서가 더 합리적이다. 붓다고사(Buddhaghosa, 佛音)는 『청정도론』(XVI.87)에서 이 부분을 사성제에 비유하여 설명했다. "비유하면 고제(苦諦)는 짐(bhāra)처럼, 집제(集諦)는 짐을 지는 것처럼, 멸제(滅諦)는 짐을 내려놓는 것처럼, 도제(道諦)는 짐을 내려놓는 방법처럼 보아야 한다."

「바라 숫따」에서 말하는 짐이란 오온에 대한 집착인 오취온이다. 짐을 짊어짐이란 다시 태어남을 가져오고, 즐김과 탐욕이 함께하며 여기저기서 즐기는 갈애(渴愛)이다. 짐을 내려놓음이란 갈애가 남김없이 떠나 소멸함, 버림, 놓아버림, 벗어남, 집착 없음이다. "비구들이여, 짐꾼(bhārahāra)이란 무엇인가? '뿍갈라(puggala)'라고 말해야 한다. 이 존경받는 사람, 이와 같은 이름, 이와 같은 족성(族姓)을 가진 사람이다. 비구들이여, 이를 일러 짐꾼이라고 한다."(SN.III.25)

한역에서는 "누가 짐꾼[擔者]인가? 이른바 '사부(士夫)'가 그들이니, 사부란 이러이러한 이름으로 이러이러하게 태어난 이러이러한 족성(族姓)으로 이러이러한 것을 먹으며, 이러이러한 괴로움과 즐거움을 겪고 이러이러한 수명을 누리다가 이러이러하게 오래 머무르며, 이러이러한 수명의 제한을 받는 사람들이다."(T2, p.19a)

「바라 숫따」와 「중담경(重擔經)」에 나타나는 '뿍갈라(puggala)'와 '사부(士夫)'는 그냥 '사람'을 의미한다. 어떤 본질적인 실체를 의미하는 용어로 사용되지 않았다. 뿍갈라, 개아(個我), 인간, 사람 등은 "단지 오온에서 파생된 것으로, 세상에서 통용되는 인습적 표현이나 개념일 뿐, 그 자체로 본질적인 실체는 아니다." 주석서에서도 "짐꾼(bhārahāra)이라는 말은 사람(puggala)을 의미하는 인습적 표현일 뿐임을 보여준다. 이 사람이라 불리는 것은, 재생의 순간에 오온이라는 짐(khandha-bhāra)을 짊어지고 이 오온이라는 짐을 목욕시키고 먹이는 등 평생 유지하다가 죽음의 순간에 그것을 버리고 다시 재생의 순간에 또 다른 오온이라는 짐을 짊어지기 때문"이라고 해석한다.

이처럼 짐꾼(bhārahāra)은 인습적으로 표현하는 어떤 '사람(puggala)'을 지칭한다. 결코 이 세상에서 저세상으로 짐을 나르는 어떤 본체를 의미하는 것이 아니다. 그런데도 독자부에서는 이 보특가라를 윤회의 주체라고 인식했다. 학자 중에서도 짐꾼(보특가라)을 사람이 죽을 때 짐을 내려놓고 다시 태어날 때 짐을 짊어지고 가는 어떤 실체라고 보기도 한다. 그러나 이러한 견해는 잘못된 것이다. 월폴라 라훌라(Walpola Rahula, 1907~1997)가 지적했듯이, "오온 내에서뿐만 아니라 오온 밖이나 오온에서 멀리 벗어난 곳 어디에도 자아나 아뜨만이 없다는 것은 아주 명백하다." 따라서 '바라하라(bhārahāra)'를 '짐을 나르는 자'로 번역하면 '어떤 실체를 운반하는 자'로 오해할 소지가 있다. '짐꾼'이 가장 적합한 번역어라고 생각한다.

붓다의 무아설을 바르게 이해하지 못하는 것은 예나 지금이나 조금도 달라진 것이 없다. 붓다는 윤회의 주체는 없다고 잘라 말했다. 그러나 많은 사람은 윤회의 주체가 없다면, '누가 과보를 받으며 누가 열반을 성취하는가?'라고 의문을 제기한다.

부파불교 시대의 논사(論師)들은 윤회의 주체와 같은 역할을 담당하는 어떤 것을 고안해 내었다. 그것이 바로 설일체유부의 명근(命根), 대중부의 근본식(根本識), 독자부와 정량부의 보특가라(補特伽羅), 상좌부의 유분식(有分識, bhavaṅga), 경량부의 종자(種子, bīja), 화지부의 궁생사온(窮生死蘊) 등이다.

그러나 불교에서는 윤회의 주체를 인정하지 않는다. 그렇다고 해서 업과 과보가 없다거나 윤회가 없다고 말하지 않는다. 이것이 윤회의 주체를 인정하지 않는 불교의 윤회설이다. 무아와 윤회는 결코 모순적인 것이 아니다.

식(識)은 불변하는 자아가 아니다

어부의 아들 '사띠(Sāti)'라는 비구는 나쁜 견해를 갖고 있었다. 그는 "내가 세존께서 설하신 법을 알기로는, 다름 아닌 바로 이 식(識)이 계속되고 윤회한다."(MN.I.256)라고 주장했다. 그는 세존께서 다겁생(多劫生)을 통해 여러 존재로 태어나 보살행을 실천했다는 말을 듣고 오온(五蘊) 가운데 색(色)·수(受)·상(想)·행(行)이라는 네 가지는 죽으면 소멸하지만, 식(識)은 이 세상에서 저세상으로 윤회한다고 주장했다.(MA.II.305)

동료 비구들은 "사띠여, 세존께서는 여러 가지 방편으로 식(識)은 조건에 따라 일어난다고 하셨다. 조건이 없어지면 식(識)도 일어나지 않는다고 하셨다."(MN.I.256-257)라고 일러주었다. 그러나 사띠 비구는 자신의 견해가 잘못되었음을 인정하지 않았다. 결국 이 사실이 붓다께 알려져 사띠 비구는 붓다께 불려갔다. 붓다는 그에게 그렇게 말한 것이 사실이냐고 확인한 다음 그에게 물었다. "사띠여, 그러면 어떤 것이 식(識)인가?" "세존이시여, 그것은 말하고 느끼고 여기저기서 선행과 악행의 과보(果報)를 경험하는 것입니다."(MN. I .258)

사띠 비구의 답변은 '자아'라는 것이 있어서 말하고 느끼고 경험한다는 것이다. 그는 식(識)을 자아라고 이해했다. 이것은 외도들이 자아는 항상(恒常)하고 견고하고 영원하고 변하지 않는 법이고 영원히 지속된다고 주장하는 전형적인 상견(常見)이다.

그러자 붓다는 사띠 비구에게 "쓸모없는 자여, 도대체 내가 누구에게 그런 법을 설했다고 그대는 이해하고 있는가? 쓸모없는 자여, 참으로 나는 여러 가지 방편으로 식은 조건에 따라 일어난다고 설했고, 조건이 없어지면 식도 일어나지 않는다고 하지 않았던가?"(MN. I .258)라고 꾸짖었다. 그런 다음 붓다는 여러 비구에게 다음과 같이 설했다.

비구들이여, 식은 조건을 말미암아 생기는데, 그 각각의 조건에 따라 식은 이름을 얻는다. 식이 눈과 형색들을 조건으로 하여 일어나면 그것은 눈의 식[眼識]이라고 한다. 식이 귀와 소리를 조건으로 하여 일어나면 그것은 귀의 식[耳識]이라고 한다. …… 식이 마노[意]와 법들을 조건으로 하여 일어나면 그것은 마노의 식[意識]이라고 한다. 비구들이여, 마치 어떤 것을 조건으로 하여 불이 타면 그 불은 그 조건에 따라 이름을 얻나니, 장작으로 인해 불이 타면 장작불이라 하고, …… 왕겨로 인해 불이 타면

왕겨 불이라 하고, 쓰레기로 인해 불이 타면 쓰레기 불이라 하는 것과 같다.(MN. I.259)

위와 같이 붓다는 식(識)이나 마음이라는 것도 조건에 의해 일어나기도 하고, 조건에 의해 사라지기도 한다고 가르쳤다. 그런데 사띠 비구는 식이 불변하는 실체, 즉 자아라고 인식했다. 그래서 사띠 비구는 사람이 죽으면 육체와 수·상·행은 소멸하지만, 식(마음)은 죽지 않고 윤회한다고 주장했다.

과거에도 사띠 비구와 같이 생각하는 사람들이 많았다. 지눌(知訥)은 『육조단경(六祖壇經)』 발문(跋文)에서 남양혜충(南陽慧忠, ?–775) 국사가 지적했던 내용을 소개하고 있다. 즉 "너희 남방은 몸은 무상하고 마음은 항상한다고 말한다. 이런 까닭에 반쪽은 생멸하고 반쪽은 불생불멸한다. … 역시 몸은 생멸하고 마음은 생멸하지 않는다는 뜻이 들어 있어, 곧 '진여자성(眞如自性)'이 스스로 생각을 일으킨 것이고, 눈·귀·코·혀 등이 생각하는 것이 아니다'라고 하였다. 바로 이 점은 혜충 국사께서 꾸짖은 내용이다." 이처럼 혜충 국사는 '몸은 생멸하지만, 마음은 생멸하지 않는다'라고 하는 심신이원론(心身二元論)은 불법이 아니라고 꾸짖었다.

대림 스님은 『맛지마 니까야』 제2권 해제에서 "한국불교에는 마음 깨쳐 성불한다거나 마음이 곧 부처[心卽是佛]라거나 마음 외에 부처란 없다[心外無佛]라거나 일체는 마음이 만들어낸 것[一切唯心造]이라거나 하며 마음을 절대화하는 데 열을 올리는 분들이 많다. 이처럼 마음을 절대화하여 마음이 우주의 모든 것을 만들어내는 창조주나 절대자인 양 받아들여 버린다면 이것은 큰 문제라 아니할 수 없다."(대림 옮김, 『맛지마 니까야』 제2권, p.34)라고 지적했다.

또 대림 스님은 "마음을 절대화하면 즉시 외도의 자아 이론 [我相]이나 개아 이론[人我]이나 영혼 이론[壽者相]이나 진인 이론으로 떨어지고 만다. 그렇게 되면 이것은 『금강경』에서 척파의 대상으로 강조하는 산냐(saññā, 相, 想, 고정관념, 잘못된 인식)가 되어 버린다."(대림 옮김, 위의 책, p.35)라고 경고하고 있다. 다시 말해 식(識, viññāṇa)을 불변하는 윤회의 주체로 인식하게 되면 붓다가 설한 '오온무아설(五蘊無我說)'에 어긋난다.

붓다는 기회 있을 때마다 오온은 무상(無常)·고(苦)·무아(無我)라고 설했다. 이른바 오온에는 불변하는 자아가 없다는 것이다. 이것이 바로 '오온무아설'이다. 오온이 무아라면 오온의 다섯 번째인 식(識), 즉 마음도 불변하는 자아가 아님은 너무나 자명하다. 그런데도 많은 사람은 마음이 불변하는 실체라고 착각하고 있다. 마음이란 찰나생(刹那生)·찰나멸(刹那滅)하는 생각의 흐름일 뿐이다. 더욱이 마음은 육체보다 더 빠르게 변화한다. 이처럼 허깨비나 환상과 같은 마음이 윤회의 주체라고 생각하는 것은 크게 잘못된 견해다.

사띠 비구는 식(識)을 불변하는 자아로 인식했기 때문에 윤회의 주체라고 생각했다. 이러한 잘못된 인식의 원인은 오온 가운데 산냐(saññā, 想)의 작용 때문이다. 산냐는 한 인간이 태어나면서부터 보고 듣고 터득한 온갖 개념으로부터 형성된 고정관념 혹은 잘못된 인식을 말한다. 산냐는 그다음 단계인 의지 작용[行]과 인식 작용[識]에 크게 영향을 미친다. 따라서 잘못된 정보에 의해 굳어진 산냐는 올바른 인식 판단을 내리는 데 장애가 된다. 이것이 그 사람의 한계인 것이다.

『금강경』에서도 잘못 입력된 산냐, 즉 불변하는 자아가 있다는 아상(我相)·인상(人相)·중생상(衆生相)·수자상(壽者相)을 버리지 않으면 결코 보살이 될 수 없다고 말한다. 어떤 사람에게 굳어진 고정관념 혹은 잘못된 인식은 천지개벽과 같은 자각이 없으면 바뀌기 어렵다. 인간은 태어나면서부터 신(神)과 불변하는 자아(自我, ātman)나 영혼(靈魂, soul)이 존재한다고 배워왔기 때문이다. 그러나 붓다는 그러한 신이나 불변하는 자아나 영혼이 존재하지 않는다고 가르쳤다. 이것을 받아들이는 것은 결코 쉬운 일이 아니다. 지금까지 자기가 알고 있던 것이 사실이 아니라는 철저한 자각이 있어야 비로소 붓다의 가르침을 받아들이게 된다. 한 사람의 올바른 불자가 되는 것은 쉬운 일이 아니다.

제3장

불교도들을 위한
붓다의 가르침

병 없는 것이 가장 큰 이익

　　　　　붓다 시대 꼬살라국의 빠세나디(Pasenadi) 왕은 음식을 절제하지 못하는 대식가였다. 그는 끼니마다 쌀 두 되 반으로 밥을 지어 엄청난 양의 고기반찬과 함께 먹었다. 어느 날 빠세나디 왕은 음식을 배불리 먹고 붓다의 설법을 듣기 위해 제따와나를 방문했다. 그는 붓다의 설법 도중에 식곤증에 시달려 큰 몸집을 앞뒤로 흔들며 졸고 있었다.

　붓다는 왕의 이런 모습을 보고, 왕에게 앞으로는 끼니마다 쌀을 한 홉씩 줄여 밥을 짓고, 식사 때 마지막 밥 한 숟갈을 남기는 습관을 들여 식사량을 줄여 나갈 것을 권했다. 그 뒤 왕은 붓다의 충고를 받아들여 먹는 양을 조금씩 줄여나갔고, 나중에는 크게 배고픔을 느끼지 않을 정도로 식사량을 조절할 수 있었다. 그 결과 왕의 몸은 가벼워졌고 예전보다 훨씬 더 건강해졌다.

왕은 기뻐서 붓다를 찾아뵙고 자기는 요즘 식사량을 줄여 건강이 좋아졌으며, 이제는 졸음에 시달리지 않는다고 말씀드렸다. 그러자 붓다는 "대왕이여, 건강은 실로 으뜸가는 이익이고, 만족은 가장 큰 재산이며, 또 가까이 믿을 만한 친구가 있다는 것은 친척과 다름없으니 보배라고 할 만하고, 열반이야말로 최상의 행복입니다."라고 설했다. 그리고 붓다는 다음의 게송을 읊었다.

> 건강은 가장 큰 이익이고,
> 만족은 가장 큰 재산이며,
> 신뢰는 가장 귀한 친척이고,
> 열반은 최상의 행복이다.(Dhp. 204)

위 게송과 비슷한 내용이 『맛지마 니까야』의 「마간디야 숫따(Māgandiya-Sutta, 摩健提經)」(MN75)에도 설해져 있다. 이 경을 설하게 된 배경은 '마간디야(Māgandiya)'라는 외도 유행자가 붓다를 '존재의 파괴자'라고 비난하고 다녔기 때문이다. 그들의 성전에서는 여섯 감각기능을 성장시켜야 한다고 천명한다. 즉 여섯 감각기능을 발전시키고 성장시켜 보지 못한 것을 보게 하고 듣지 못한 것을 듣게 해야 한다고 가르친다. 그러나 붓다는 정반대로 여섯 감각기관을 단속해야 한다고 가르치고 있다. 그래서 그는 붓다를 '성장을 파괴하는 자' 혹은 '존재의 파괴자'라고 비난했다.

그런데 어떤 바라문의 사당에서 붓다와 마간디야 유행자가 만나게 되었다. 서로 인사를 나누고 환담한 다음, 붓다는 먼저 마간디야 유행자에게 이렇게 말했다.

> "마간디야여, 눈은 형상을 좋아하고 … 귀는 소리를 좋아하고
> … 코는 냄새를 좋아하고 … 혀는 맛을 좋아하고 … 몸은 감촉
> 을 좋아하고 … 뜻은 생각을 좋아하고 생각을 기뻐하고 생각을
> 즐긴다. 그것을 여래는 길들이고 지키고 보호하고 단속했다. 그
> 것을 단속하기 위해 법을 가르친다. 마간디야여, 그대는 이것을
> 두고 말하기를 '사문 고따마는 성장을 파괴하는 자이다'라고 했
> 는가?"(MN. I. 503)
> "고따마 존자시여, 참으로 그것을 두고 저는 '사문 고따마는 성
> 장을 파괴하는 자이다'라고 말했습니다. 그 이유는 저희의 경전
> 에 그와 같이 나타나 있기 때문입니다."(MN. I. 503)

이처럼 외도 유행자 마간디야는 여섯 감각기능을 향상해야 한
다고 믿고 있었다. 그러나 붓다는 외도 유행자에게 여섯 감각기
관을 단속하지 않으면 안 되는 이유를, 다음과 같이 말했다.

> "마간디야여, 내가 전에 출가하기 전에는 다섯 가지 감각적 욕
> 망을 갖추고 완비하여 즐겼다. …… 그런 나는 나중에 감각적
> 욕망의 일어남과 소멸과 달콤함과 재난과 벗어남을 있는 그대로
> 알아 감각적 욕망에 대한 갈애를 제거하고 감각적 욕망에 대한
> 열병을 없애고 갈증이 사라져 안으로 마음이 고요한 상태로 머
> 물렀다."(MN. I. 504-505)

이 경에 따르면 붓다도 출가하기 전에는 감각적 욕망을 즐겼다. 그러나 출가하여 감각적 욕망에 대한 갈애를 제거함으로써 마음이 고요한 상태가 되었다. 그 이후로는 감각적 욕망에 탐닉하는 중생들을 보아도 부러워하지 않았다. 왜냐하면 감각적 욕망에 의한 즐거움과는 비교할 수도 없는 기쁨으로 충만해 있었기 때문이다.

외도 유행자가 여섯 감각기능을 성장시켜야 한다고 말하는 것은 곧 감각적 욕망에 탐닉하는 것을 의미한다. 붓다는 마간디야 유행자에게 이 사실을 알려주었다. 그리고 다음과 같은 게송을 읊었다.

> 건강은 가장 큰 이익이고,
> 열반은 최상의 행복이다.
> 불사(不死)로 인도하는 길 가운데
> 팔정도가 최고로 안전하다.(MN.Ⅱ.508)

『법구경』에 나타난 게송과 『맛지마 니까야』에 나타난 게송을 비교해 보면, "건강은 가장 큰 이익이고(ārogyaparamā lābhā), 열반은 최상의 행복이다(nibbānaṃ paramaṃ sukhaṃ)."라는 두 구절은 같고 나머지는 약간 다르다. 『법구경』에서는 "만족은 가장 큰 재산이며, 신뢰는 가장 귀한 친척이다."(Dhp. 204)라고 했다. 재가자의 삶에서 재산과 친척이 차지하는 비중이 매우 높기 때문이다. 반면 『맛지마 니까야』에서는 "불사(不死)로 인도하는 길 가운데 팔정도

가 최고로 안전하다."(MN.Ⅱ.508)라고 했다. 이것은 마간디야가 출가
자였기 때문이다.

건강과 열반은 출가자와 재가자 모두가 완성해야 할 이상이다.
빨리어 아로갸(ārogya)는 '건강'보다는 '병이 없음[無病]'이라는 뜻에
더 가깝다. 이 세상에서 얻기 어려운 것이 많지만, 그중에서도 가
장 얻기 어려운 것이 '병이 없음'이다. 이 세상에서 건강보다 소중
한 것은 없다. 누구나 건강할 때는 건강의 소중함을 모른다. 그러
다가 갑자기 건강을 잃게 되면 그때야 건강의 소중함을 절감하게
된다. '병이 없음'은 축복 중의 축복이다. 건강할 때 해야 할 일을
성취해야 한다. 그렇지 않으면 나중에 후회하게 된다.

승려들의 다툼에 대한 재가 신자의 역할

        승가 내부에서는 크고 작은 다툼이 일어난다. 승가 내부에서 일어나는 다툼을 '승가쟁사(僧伽諍事)'라고 한다. 줄여서 '승쟁(僧諍, saṅgha-rāji)'이라고 부른다. 승쟁에는 크게 네 가지 종류가 있다. 이른바 언쟁(言諍), 멱쟁(覓諍), 범쟁(犯諍), 사쟁(事諍)이 그것이다. 언쟁이란 말다툼으로 인한 쟁사이고, 멱쟁은 교계(敎誡)로 인한 쟁사이며, 범쟁은 범계(犯戒)로 인한 쟁사이고, 사쟁은 잘못된 갈마(羯磨)로 인한 쟁사이다.

  승가 내부에서 다툼이 일어났을 때 재가 신자는 어떻게 대처해야 하는가? 그 해답을 율장 구섬미건도에서 찾을 수 있다. 꼬삼비(Kosambī)의 비구들이 둘로 나누어져 격렬하게 대립하고 있었다. 그들은 다툼을 중지하라는 붓다의 충고도 받아들이지 않았다. 결국 붓다는 그곳을 떠났다. 이 사건을 계기로 서로 다투는 비구[共爭]를 상대하는 출가자의 태도와 재가자의 태도에 대해 설하게 되었다.

붓다의 훈계를 듣지 않고 서로 싸우던 꼬삼비의 비구들이 사왓티로 온다는 소식을 듣고, 아나타삔디까(급고독장자)를 비롯한 500명의 우바새가 붓다를 찾아뵙고 그들을 어떻게 대해야 하는가에 대해 여쭈었다. 붓다는 이렇게 말했다. "거사들이여, 그대들은 양쪽에 보시하라. 양쪽에 보시하고 양쪽으로부터 법을 들어라. 양쪽으로부터 법을 듣고, 그 가운데 여법설(如法說) 비구의 견해·이해·기쁨·주장을 받아들여라."(Vin. I. 355) 『사분율』 제43권에서는 "마땅히 양쪽의 말을 듣되, 만일 단월(檀越, 재가 신자)이 보시하려면 둘로 나누어라. 이들도 승려요, 저들도 승려다. 거사들이여, 황금 지팡이를 꺾어 둘로 나누면 둘 다 황금인 것과 같다."(T22, p.883b)

두 율장에서는 서로 다투는 비구일지라도 양쪽에 평등하게 보시하라고 가르쳤다. 붓다의 처지에서 보면 이쪽도 제자요, 저쪽도 제자이기 때문이다. 다만 『빨리율』에서는 여법설자의 편이 되어주라고 한다. 반면 『십송률』에서는 우선 양쪽의 말을 들어보고, 비법(非法)을 설하는 자에게는 존중·공양·찬탄하지 말고, 그 반대일 경우에는 존중·공양·찬탄하라고 되어 있다.(T23, p.216c) 각 부파의 입장에 따라 승쟁을 해결하는 방법이 서로 달랐음을 알 수 있다.

한편 『마하승기율』에서는 우선 승가 내부에서 자체적으로 승쟁을 해결할 수 있는 총명하고 유능한 비구를 찾아서 이 일을 해결해야 한다. 하지만 그러한 비구를 찾지 못할 때 우바새를 찾아야 한다고 되어 있다. 왜냐하면 다투는 비구가 재가 신자를 보고 부끄러워하는 마음을 내기 때문이라고 한다.(T22, p.328a) 이것은 재가 신자가 오히려 쟁사를 더 쉽게 해결할 수 있음을 의미한다. 붓다가 제시한 구체적인 방법은 다음과 같다.

첫째, "우바새를 보내 그 비구에게 물어야 한다. 그대는 마땅히 승가의 가르침을 따르겠는지 말겠는지. 만일 따르지 않으면 내가 마땅히 백의(白衣)의 법으로 그대를 쫓아내 마을에서 나가도록 하겠다."(T22, p.328b) 즉 우바새가 승가의 가르침을 따르도록 권고하고, 불응할 때 흰옷을 입혀 마을에서 추방하겠다는 뜻을 전한다.

둘째, "이 비구들의 쟁사가 사소한 쟁사일 경우에는 승가 대중이 우바새 앞에서 그 쟁사를 없애주어야 하고, 만일 비예(鄙穢: 추접스럽고 더러운)의 사건일 경우에는 우바새가 위유(慰喩)해서 떠나게 하되, 승가는 여법·여율·여수다라 하게 그 사실에 따라 현전비니를 써서 제멸(除滅)하라."(T22, p.328b) 즉 쟁사가 사소한 사건일 경우에는 우바새 앞에서 쟁사를 없애지만, 추접스럽고 더러운 사건일 경우에는 환속하도록 권유하고, 여법하고 여율하게 당사자가 있는 앞에서 쟁사를 없애야 한다는 것이다.

셋째, "쟁사가 정(淨)하면 승가 대중이 마땅히 우바새와 함께 단멸(斷滅)하고, 만일 부정(不淨)하면 마땅히 깨우쳐서 우바새를 보내, 이 비구의 일을 실제에 따라 여법·여율하게 여초포지비니멸(如草布地毘尼滅)해야 한다."(T22, p.335a) 즉 부정쟁(不淨諍)일 경우에는 우바새를 보내, 마치 풀로써 땅을 덮듯이 없었던 일로 다툼을 종식해야 한다는 것이다.

넷째, 비구들이 충고해도 다툼을 멈추지 않을 때, "우바새가 말하되, 내가 마땅히 존자에게 의발·병유탕약(病瘐湯藥)을 줄 것이다. 만일 범행을 닦는 것이 즐겁지 않다면 환속할 수 있다. 내가 마땅히 그대에게 아내를 주고 필요한 것을 공급할 것이다."(T22, p.441a)

이것은 비구들의 충고에도 불응할 때 유력한 우바새가 나서서 의발과 병유탕약을 주고, 최종적으로는 환속하기를 권고함과 동시에 아내와 필수품을 제공하겠다고 제안한다. 이상에서 보듯이 대중부의 『마하승기율』에서는 다른 상좌부 계통의 율장과는 달리, 승쟁 해결에 재가 신자가 적극적으로 관여하고 있는 것이 특징이다.

한편, 후대에 성립된 『욱가장자소문경(郁伽長者所問經)』에서는 "재가 보살이 만약 승방(僧坊)에 들어가 머무를 때는 오체투지로 경례한 후에 들어가, 마땅히 이처럼 관(觀)해야 한다. 이곳은 공행(空行)의 처(處), 무상행(無相行)의 처, 무작행(無作行)의 처, 사범행(四梵行)의 처, 정행정주소안(正行正住所安)의 처(處)이다. 나도 마땅히 어느 때에는 속가의 때를 버리고 가야 할 곳"(T11, p.476a)이다.

또 "승려들의 거처에 들어가면, 모든 비구의 덕을 관찰해야 한다. 이를테면 누가 많이 배워 아는 자[多聞]이고, 누가 설법을 잘하며, 누가 계율을 잘 지키는 자이고, 누가 전승(傳承)에 정통한 자이며, 어떤 비구가 보살장(菩薩藏)을 수지하는 자이고, 누가 아

련야[閑靜處]에 머물며, 어떤 비구가 욕심이 적게 걸식하며 분소의
를 입고 욕망을 떠나 혼자 머물고 있는지, 누가 수행자이며, 누가
좌선하는 자이며, 누가 업무를 담당하는 자이며, 누가 사찰의 주
인인지 등을 모두 관찰하고 따라 행해야 한다. 누구든지 헐뜯고
비방해서는 안 된다."(T11, pp.476c-477a)

"재가 보살은 이처럼 사문의 행동을 잘 알아야 한다. 만약 서
로 언쟁하고 다투는 사문이 있으면 화합시켜야 한다. 정법을 지
키고 보호하기 위해서는 목숨까지 바쳐야 한다."(T11, p.477a)

이상은 출가자에 대한 재가 보살의 역할이다. 그런데 한국의
재가 신자들은 승단에서 일어나는 일들에 대해 너무 무관심한
것은 아닌지 되돌아볼 필요가 있다. 승가 내부에서 다툼이 없어
야 불교가 발전하기 때문이다.

잘못을 알았을 때는 과감히 버려라

옛날에 같은 마을에 살고 있던 두 친구가 재물을 구하기 위해 길을 떠났다. 어떤 마을에 도착하니 많은 삼[麻]이 흩어져 있었다. 둘은 삼[껍질] 꾸러미를 짊어지고 다른 마을로 갔다. 그곳에는 삼으로 만든 실이 많이 흩어져 있었다. 한 동료는 삼 꾸러미를 멀리서 가지고 왔고 짐은 튼튼하게 잘 꾸려졌기 때문에 그대로 삼 꾸러미를 짊어지고 갔다. 그러나 다른 동료는 삼 꾸러미를 버린 뒤 삼으로 만든 실 꾸러미를 꾸려 길을 떠났다.

또 다른 마을에 도착하니 많은 삼베가 흩어져 있었다. 그러나 삼 꾸러미를 가지고 온 동료는 그대로 짊어지고 다른 마을로 향했다. 그러나 다른 동료는 삼으로 만든 실 꾸러미를 버린 뒤 삼베 꾸러미를 가지고 길을 떠났다. 그들은 또 다른 마을로 갔다.

그곳에는 아마가 많이 흩어져 있는 것을 보았다. … 아마실이

… 아마천이 … 무명이 … 무명실이 … 철이 … 구리가 … 주석
이 … 납이 … 은이 … 금이 흩어져 있는 것을 보았다. 한 동료가
다른 동료에게 말했다.

"벗이여, 이렇게 많은 금이 있소. 우리가 구하고자 했던 것이
바로 이 금이요. 그러니 그대도 금으로 짐을 꾸리시오. 나도 금으
로 짐을 꾸리겠소. 우리 둘이 금으로 짐을 꾸려서 갑시다." 그러
자 삼을 지고 온 동료는 이렇게 말했다.

"벗이여, 나는 이 삼으로 꾸린 짐을 멀리서 가지고 왔고 짐은
튼튼하게 잘 꾸려졌다오. 나는 이것으로 충분하오. 그대는 알아
서 하시오."

그러나 처음 동료는 은으로 꾸린 짐을 버린 뒤 금으로 꾸린 짐
을 가지고 자기의 마을로 돌아왔다. 한편 삼으로 꾸린 짐을 가지
고 온 동료는 그의 부모도 기뻐하지 않았고 처자식들도 기뻐하지
않았고 친구와 동료들도 기뻐하지 않았다. 그 자신도 그것으로
인해 행복과 기쁨을 누리지 못했다. 반면 금으로 꾸린 짐을 가지
고 온 동료는 그의 부모도 기뻐하였고 처자식도 기뻐하였고 친구
와 동료들도 기뻐하였다. 그 자신도 그것으로 인해 행복과 기쁨
을 누렸다.

이 이야기는 『디가 니까야』 제2권 「빠야시 숫따(Pāyāsi-sutta)」
(DN23)에 나온다. 이 경은 꾸마라깟사빠(Kumārakassapa) 존자가 빠
야시(Pāyāsi) 태수에게 설한 법문 가운데 일부다. 빠야시 태수는
꼬살라국의 빠세나디 왕으로부터 하사받은 영지(領地)에 살고 있
었다.

빠야시 태수는 "이런 [이유로] 저세상이란 존재하지 않는다. 화생(化生)하는 중생도 존재하지 않는다. 선행과 악행의 업들에 대한 열매도 과보도 존재하지 않는다."라는 이런 주장과 이런 견해를 가지고 있었다. 빠야시 태수의 주장은 전형적인 단멸론(斷滅論)이다.

꾸마라깟사빠 존자는 빠야시 태수에게 "태수여, 나는 일찍이 그런 주장과 그런 견해를 본 적도 없고 들은 적도 없습니다. 어떻게 '이런 [이유로] 저세상도 없고 화생하는 중생도 없고 선행과 악행의 업들에 대한 열매도 과보도 없다'라고 주장한단 말입니까?"라고 반문했다. 그런 다음 여러 가지 비유, 즉 태양과 달의 비유, 도둑의 비유, 분뇨구덩이에 빠진 사람의 비유, 도리천 신들의 비유, 선천적으로 눈이 먼 사람의 비유, 임산부의 비유, 꿈의 비유, 달구어진 철환의 비유, 고동을 부는 비유, 불을 섬기는 자의 비유 등으로 빠야시 태수의 견해가 잘못된 것임을 지적해 주었다.

그러나 빠야시 태수는 "꾸마라깟사빠 존자께서 [제가 어리석다고] 말씀하실지라도, 저는 결코 이러한 사악한 나쁜 견해[라 불리는 것]를 버릴 수가 없습니다. 꼬살라국의 빠세나디 왕과 다른 태수들에게 빠야시 태수는 '이런 [이유로] 저세상도 없고 화생하는 중생도 없고 선행과 악행의 업들에 대한 열매도 과보도 없다'라는 주장과 견해를 가졌다고 알려져 있습니다."

"꾸마라깟사빠 존자시여, 그런데 제가 사악한 나쁜 견해[라 불린다 해서 그것]를 버리게 되면 제게는 '빠야시 태수는 참으로 어리석고 영민하지 못하여 잘못된 것을 움켜쥐고 있었구나'라는 이런 말들이 생길 것입니다. 그러니 저는 분노하면서 이것을 고수할 것입니다. 경멸하면서 고수할 것입니다. 앙심을 품고 고수할 것입니다." 이처럼 빠야시 태수는 자신의 잘못된 견해를 버리지 않았다.

그러자 꾸마라깟사빠 존자는 '두 대상(隊商)의 비유'를 들어 태수에게 "사악한 나쁜 견해를 버리시오. 태수여, 사악한 나쁜 견해를 버리시오. 그대에게 오랜 세월 불행과 괴로움이 있게 하지 마시오."라고 일러주었다. 두 대상의 비유는 다음과 같다.

천 대의 수레를 가진 큰 대상이 있었다. 그들이 가는 곳마다 풀과 땔감과 물과 푸성귀가 즉시 고갈되었다. 그래서 오백 대의 수레를 이끄는 두 대상으로 나누었다. 한 대상의 우두머리는 많은 풀과 땔감과 물과 푸성귀를 모아서 먼저 길을 떠났다. 하지만 도중에 만난 어떤 사람이 일러준 말을 그대로 믿고 이전의 풀과 땔감과 물 등을 모두 버리고 길을 떠났다. 그들은 첫 번째 야영 장소에서도 풀과 땔감과 물을 발견하지 못했다. 두 번째 … 일곱 번째 야영 장소에서도 풀과 땔감과 물을 발견하지 못하고 모두 참변을 당했다. 그 대상은 비인간인 약카(Yakkha, 夜叉)의 먹이가 되었으며 결국 해골만 남았다.

나중에 출발한 다른 대상도 도중에 어떤 사람을 만났다. 하지만 그 대상의 우두머리는 그 사람의 말을 듣지 않고, 풀과 땔감과 물을 모두 가지고 길을 떠났다. 그들은 첫 번째 야영 장소에서도 … 일곱 번째 야영 장소에서도 풀과 땔감과 물을 만나지 못했다. 그들은 먼저 떠난 대상이 모두 참변을 당한 모습을 목격하게 되었다. 첫 번째 대상의 우두머리는 어리석어서 믿어야 할 것은 믿지 않고, 믿지 말아야 할 것은 믿어 참변을 당하고 말았다.

그래도 여전히 빠야시 태수는 자기 생각을 바꾸지 않았다. 꾸마라깟사빠 존자는 끝으로 앞에서 언급한 '삼[麻]을 지고 가는 사람의 비유'를 들어 설명하였다. 그때 비로소 빠야시 태수는 자신의 견해가 잘못된 것임을 인정하고 꾸마라깟사빠 존자에게 귀의하였다.

그런데 어리석은 사람들은 자신의 지위와 체면 때문에 자신의 잘못된 견해를 쉽게 버리지 못한다. 그런 사람들을 주변에서도 흔히 볼 수 있다. 그러나 자신의 견해가 잘못된 것임을 알았을 때는 과감히 버려야 한다. 그래야 그 사람의 정신적 향상을 기대할 수 있다.

남의 허물을 보지 말라

한 여인이 사왓티(Sāvatthī, 舍衛城, 꼬살라국의 수도)에 살고 있었다. 그녀는 나체 고행자인 빠티까(Pāthika)를 아들처럼 여기고 그의 수행에 필요한 물품을 제공해 주고 있었다. 그런데 이웃 마을에 살고 있던 여인의 친구가 부처님의 설법을 듣고 매우 감탄하는 것을 듣게 되었다. 그래서 자기도 한번 부처님의 설법을 듣고 싶다는 뜻을 빠티까에게 말했지만, 그는 완강히 반대했다.

여인은 부처님을 자기의 집으로 초대하여 공양을 베풀고 법문을 듣기 위해 아들을 부처님이 계시는 제따와나로 보냈다. 그런데 아들은 먼저 빠티까를 만났다. 빠티까는 그녀의 아들에게 공양을 초대하되 집이 어디에 있는지 알려주지 말라고 당부했다. 아들은 빠티까가 시키는 대로 했다. 한편 여인은 부처님이 오실 것을 대비하여 집 안을 깨끗하게 청소하고 꽃으로 장엄한 다음

부처님께서 앉으실 자리도 훌륭하게 준비해 놓았다.

다음 날 아침 부처님께서는 공양받을 그녀의 집으로 곧장 오셨다. 여인은 너무나 기뻐서 집 밖으로 나가 부처님을 맞아들여 준비된 자리에 모시고 오체투지로 예를 올렸다. 그런 다음 맛있는 음식을 부처님께 공양 올렸다. 부처님께서는 공양을 마치고 그녀의 공양 공덕을 칭찬하셨다. 그녀가 너무 기뻐했으므로 부처님께서는 다시 한번 더 '사두(Sādhu), 사두(Sādhu)' 하고 칭찬해 주었다. 그래서 그녀의 기쁨은 한층 고양되었다.

이런 광경을 뒷방에 숨어서 지켜보던 빠티까는 더는 참지 못하고, 뒷방에서 뛰어나오면서 여인에게 소리쳤다. "당신은 이제는 나와는 관계가 없소! 당신은 나를 공양하면서 어떻게 이런 사람의 설법에 환희심을 낸단 말이오?" 빠티까는 흥분한 나머지 여인과 부처님에게 모욕적인 말을 퍼부었다. 그러자 여인은 마음이 흐트러져 부처님의 설법에 마음을 집중할 수가 없었다. 그러나 부처님께서는 아무런 동요도 보이지 않으신 채 말씀하셨다.

"여인이여, 정법을 배우는 자는 그런 외도의 말 따위에 신경을 쓰거나 관심을 가질 필요가 없습니다. 정법을 배우는 자는 단지 자기 자신의 좋은 업과 좋지 않은 업에만 마음을 집중해야 합니다." 이렇게 설법한 후 부처님은 다음과 같은 게송을 읊으셨다.

"남의 잘못이나 남이 한 일과 하지 않은 일을 살피지 말고, 다만 자신이 한 일들과 하지 않은 일들을 살펴야 한다."(Dhp. 50) 이 게송에서 '남이 한 일'이란 하지 말아야 하는 일, 즉 남의 허물을 뜻하고, '남이 하지 않은 일'이란 마땅히 해야 할 일, 즉 계행을 지키지 않은 것을 의미한다. 이른바 '남의 허물을 보지 말라'는 가르침이다. 한역 『법구경』에서는 "남의 허물[過失]을 보지 말라. 타인의 행위나 혹은 옳지 못한 일을 보지 말라. 다만 자기의 한 일과 할 일을 보라(不務觀彼, 作與不作, 常自省身, 知正不正)."고 번역한다.

그런데 중국의 선문헌(禪文獻)에도 이와 똑같은 법문이 설해져 있다. 이를테면 돈황본 『육조단경』 제20단에 "만약 움직임 없는 마음을 닦고자 하면 모든 사람의 잘못된 허물을 보지 않아야 자성이 동요되지 않는다. 어리석은 사람은 자기의 몸은 동요되지 않도록 하면서 입만 열면 다른 사람들의 옳고 그름을 말하고 있으니 불도에 어긋난다(若修不動者, 不見一切人過患, 是性不動. 迷人自身不動, 開口即說人是非, 與道違背)."(T48, pp.338c~339a)라고 했다. 이 대목은 왜 남의 허물을 보지 말라고 하는가 하는 이유를 밝히고 있다. 혜능은 남의 허물을 보고 옳고 그름을 따지면 자신의 마음이 동요하여 평정을 얻을 수 없다고 말했다. 즉 수행에 장애가 되기 때문에 남의 허물을 보지 말라고 경책했다.

혜능은 『단경』 제38단에서도 "항상 자기에게 허물이 있음을 보고, 불도에 계합(契合)하여 하나가 되도록 하라. 만약 참된 수도인(修道人=수행인)이라면 세간의 허물을 보지 않는다. 세간의 허물을 본다면 자기의 허물은 도리어 늘어난다. 타인의 잘못은 나의 죄가 아니지만, 나의 잘못은 자신의 죄가 된다(常見在己過, 與道即相當 … 若眞修道人, 不見世間過. 若見世間非, 自非却是左, 他非我罪, 我非自有罪)."(T48, p.342a)라고 했다. 특히 '참된 수도인이라면 세간의 허물을 보지 않는다(若眞修道人, 不見世間過)'라는 구절에 주목할 필요가 있다. 여기서 말하는 '세간의 허물'은 통치에 관한 사항도 포함된다. 따라서 참된 수행인이라면 모름지기 세속의 정치에 관한 이야기는 삼가는 것이 좋다. 왜냐하면 정치문제에 대해 왈가왈부하는 것은 자신의 수행에 아무런 도움이 되지 않을 뿐 아니라 수행자의 본분에도 어긋나기 때문이다.

또 『단경』 제46단에서 혜능이 제자 신회(神會)에게 "내가 보기도 한다는 것은 항상 자기의 허물을 보는 것이다. 또한 보기도 하고 보지 않기도 한다는 것은 천지인(天地人)의 잘못(罪過)을 보기도 하고 보지 않기도 한다는 것이다(吾亦見, 常見自過患 故云亦見 亦不見者, 不見天地人過非, 所以亦見. 亦不見也)."(T48, p.343a)라고 했다.

혜능이 지은 『금강경해의(金剛經解義)』에 "사람의 나쁜 것을 보더라도 그 허물을 보지 말라(見人作惡, 不見其過)." 또 『역대법보기』에 "다만 자기 자신을 위한 수행을 하며 다른 사람의 옳고 그름을 보지 않으며, 입과 마음으로 타인의 허물을 사량(思量)하지 않으면 삼업(三業)은 자연히 청정하게 된다." 『임제록』에서도 "만약 진정한 학도인(學道人)이라면 세간의 허물을 보지 않으며, 정법을 볼 수 있는 진정한 견해를 갖추는 일이 시급한 일이다."

이처럼 부처님과 역대 조사들은 한결같이 '남의 허물을 보지 말'라고 가르치고 있다. 수행에 장애가 될 뿐만 아니라 마음의 청정을 유지할 수 없기 때문이다. 특히 선불교에서는 이 대목을 선 수행자의 윤리로써 자신을 경책하는 자경문(自警文)으로 삼고 있다.

그렇다고 해서 개인이나 단체의 비리나 불의를 보고도 못 본 체하라고 주장하는 것은 아니다. 잘못된 법과 제도로 인해 고통

받는 사람들의 사회고(社會苦)를 외면해서는 안 된다. 사회의 부조리를 개선하기 위해서는 시민들의 저항이 필수적이다. 다만 그 방법에 있어서 마하트마 간디가 실행했던 비폭력을 전제로 '분노 없는 저항'이어야 한다. 분노는 자신을 망가뜨리는 근본 원인이 되기 때문이다. 아무리 정당한 주장일지라도 분노에 의한 폭력 시위는 그 정당성을 획득하기 어렵다. 축제와 같은 시위여야 한다는 뜻이다.

인간은 가변적인 존재

  대승불교에서는 모든 중생은 불성(佛性)을 지니고 있다고 천명하고 있다. 이른바 '일체중생 실유불성(一切衆生 悉有佛性)'이 그것이다. 불성이란 부처가 될 가능성을 말한다. 다른 말로 여래장(如來藏)이라고도 한다. 불성사상은 인간의 마음은 본래 청정하다는 심성본정설(心性本淨說)에 토대를 두고 있다. 심성본정설은 인간의 지고선(至高善), 즉 인간의 무한한 가능성에 초점을 맞춘 인간관이다.

  불성사상에 따르면, 인간은 누구나 부처가 될 수 있는 잠재적인 가능성을 자신 속에 간직하고 있다고 한다. 따라서 인간은 자신의 노력 여하에 따라 부처가 될 수 있다는 것이다. '모든 중생에게는 불성이 있다'라는 말은 듣기만 해도 배가 부른 느낌이다. 그러나 여래장(=불성) 사상을 잘못 이해하게 되면 붓다의 무아설

(無我說)에 어긋나게 된다. 특히 이 점에 유의해야 한다. 이에 대해서는 별도의 논의가 필요하므로 여기서는 생략한다.

다만 현실적으로 모든 인간이 부처가 될 수 있다는 것은 거의 불가능하다. 인류 역사상 인간들의 잔인함과 악독함은 말로 표현할 수 없다. 이 지구상에 짐승보다 못한 인간이 너무나 많다. 사실 인간의 본성에는 부처의 성품과 악마의 속성을 함께 가지고 있다고 보는 것이 더 타당할 것이다. 사실 인간은 부처가 될 수도 있지만, 지옥에 떨어질 수도 있는 불완전하고 가변적(可變的)인 존재다. 붓다는 적나라한 인간상을 꿰뚫어 보았기 때문에 법을 설하기로 했으며, 또 그 사람의 근기에 따라 다르게 법을 설했다.

붓다는 깨달음을 성취한 후 4주째 되는 날, 부처의 눈(Buddhacakkhu, 佛眼)으로 세상을 살펴보았다. 붓다는 세상 사람들 가운데 번뇌의 더러움이 적은 사람도 있고, 번뇌의 더러움이 많은 사람도 있으며, 근기가 예리한 사람도 있고, 근기가 둔한 사람도 있으며, 자질이 착한 사람도 있고, 자질이 악한 사람도 있으며, 가르치기 쉬운 사람도 있고, 가르치기 어려운 사람도 있으며, 후세와 죄과에 대해 두려움을 알고 사는 사람도 있고, 후세와 죄과에 대해 두려움을 알지 못하고 사는 사람이 있다는 사실을 알았다.(MN. I.169)

이를테면 연못에는 아직 물밑에 있는 연꽃도 있고, 수면에 거의 올라온 연꽃도 있으며, 물 위로 올라와서 수면에 닿지 않는 연꽃도 있다. 이와 마찬가지로 이 세상의 인간도 능력에 차별이 있음을 붓다는 보았다. 붓다는 물 위에 올라와서 수면에 닿지 않는 연꽃과 같은 사람에게 자신이 깨달은 진리를 설하면 그도 진리를 깨달을 수 있다고 확신했다. 그래서 붓다는 자신이 깨달은 진리를 설하기로 결심했다.

이처럼 붓다는 인간의 능력에 차별이 있음을 인정하고 있다. 그러면 인간의 능력에 차별이 생기는 까닭은 무엇인가. "중생들의 인내심이 다르고, 견해가 다르고, 받아들임이 다르고, 배운 정도가 다르고, 다른 견해에 의지하고, 구하는 바 즐거움이 각기 다르고, 익힌 바 업이 각기 다르기 때문이다."(T1. p.8b) 이처럼 인간 개개인의 능력에 차별이 있으므로 법문의 내용도 달라질 수밖에 없다. 붓다는 그러한 사실을 잘 알고 있었기 때문에 상대방의 수준을 전혀 고려하지 않고, 천편일률적으로 똑같은 말을 되풀이하지 않았다.

한때 세존께서 사왓티에 머물고 있을 때, 꼬살라국의 빠세나디 왕에게 이렇게 말했다. "대왕이시여, 세상에는 네 종류의 사람이 있습니다. 네 종류란 무엇인가? 즉 어둠에서 어둠으로 가는 사람, 어둠에서 밝음으로 가는 사람, 밝음에서 어둠으로 가는 사람, 밝음에서 밝음으로 가는 사람이 그것입니다."(SN.I. 93)

첫째, 어둠에서 어둠으로 가는 사람이란 비천한 가문에 태어나 빈궁하게 살면서 몸과 입과 뜻으로 온갖 악행을 저질러 사후에 나쁜 세계에 태어나는 사람을 말한다.

둘째, 어둠에서 밝음으로 가는 사람이란 비록 비천한 가문에 태어나 빈궁하게 살면서도 몸과 입과 뜻으로 온갖 선행을 쌓아 사후에 좋은 세계에 태어나는 사람을 말한다.

셋째, 밝음에서 어둠으로 가는 사람이란 부유한 가문에 태어나 풍족하게 살면서 몸과 입과 뜻으로 악행을 저질러 사후에 나쁜 세계에 태어나는 사람을 말한다.

넷째, 밝음에서 밝음으로 가는 사람이란 부유한 가문에 태어나 풍족하게 살면서도 몸과 입과 뜻으로 온갖 선행을 쌓아 사후에 좋은 세계에 태어나는 사람을 말한다.

위에서 소개한 네 가지 종류의 사람은 우리 주변에서 흔히 볼 수 있다. 네 부류의 사람 중에서 가장 최상의 사람은 '밝음에서 밝음으로 가는 사람'이다. 하지만 우리는 밝음에서 밝음으로 가는 사람에게 찬사를 보내지 않는다. 왜냐하면 그들은 이미 처음부터 모든 조건과 좋은 환경을 갖추고 있었기 때문이다. 요즘 말로 표현하면 금수저를 갖고 태어난 자들이 이에 속한다.

반면 현재는 비록 어두운 환경에 처해 있지만, 자신의 끊임없는 노력으로 밝음으로 가는 사람의 삶이야말로 가장 값진 것이다. 붓다의 가르침은 어쩌면 이 부류의 사람을 위해 설해진 것이라고 볼 수 있다. 이른바 흙수저에서 금수저로의 변신을 의미한다.

이 경전에 담겨 있는 참뜻은 인간은 출생 신분에 따라 구별되는 것이 아니라, 자신의 노력 여하에 따라 얼마든지 훌륭한 사람이 될 수 있다는 가능성을 제시한 것이다. 붓다는 다른 경전에서도 인간은 출생 신분에 따라 천한 사람이 되는 것이 아니라, 오직 자신이 행한 행위로 천한 사람이 되기도 하고 성자가 되기도 한다고 말했다.

이처럼 인간의 출생은 본래 평등하지 않다. 신분의 차별은 물론이거니와 능력도 다르다. 하지만 자기 능력에 따라 높은 위치의 인간이 될 수도 있고, 낮은 위치의 인간이 될 수도 있다. 그렇다고 해서 한번 정해진 인간의 위치가 절대로 변하지 않는 것은 아니다. 자신의 노력 여하에 따라 인간은 점차 향상될 수도 있고 점차 타락할 수도 있는 가변적인 존재이다.

만약 인간이 올바른 길로 나아간다면 부처에까지 이를 수도 있지만, 퇴보를 거듭한다면 점점 더 파멸의 구렁텅이로 빠져들 수도 있다. 밝음에서 어둠으로 갈 것이냐, 어둠에서 밝음으로 갈 것이냐는 오로지 자신에게 달려 있다. 한마디로 인간은 부처가 될 수도 있지만, 악마가 될 수도 있는 불완전하고 가변적인 존재이다. 이 점을 우리는 잠시라도 잊어서는 안 된다.

후회할 일을 만들지 말라

　　　　　사람들은 대부분 자신의 행위로 말미암아 과보 (果報)를 받게 되면 뒤늦게 후회한다. 자신의 잘못된 행위에 대해 뉘우치고 참회하는 사람은 그나마 개선될 확률이 높다. 하지만 그 반대일 경우에는 사실상 구제 불능이다. 자기 잘못을 인정하지 않기 때문이다. 대승불교에서는 몸과 입과 뜻으로 지은 잘못을 참회하는 것을 중요한 수행으로 여긴다. 그러나 참회는 차선일 뿐 최선이 아니다.

　나중에 후회할 일을 처음부터 저지르지 않는 것이 최선이다. 붓다는 잘못을 저질러 놓고 나중에 후회하는 것은 성자의 삶이 아니라고 보았다. 어떤 사람이 상대방에게 폭언을 쏟아놓고 나중에 미안하다고 사과한다고 해서 원래의 상태로 되돌아가지는 않는다. 사과받으면 증오와 원망의 마음은 약간 해소되겠지만, 마음 깊이 상처받은 앙금은 쉽게 해소되지 않는다. 마치 질병과 같이 병에 걸려 치료받고 회복되는 것보다 처음부터 병에 걸리지 않는 것이 건강한 삶이다. 즉 치료보다 예방이 더 중요하다는 의미이다.

한때 아난다 존자가 '비난받을 일이 없는 계', 즉 유익한 계(kusalani-sīlāni)를 지키는 목적과 이익이 무엇이냐고 붓다께 여쭈었다. 이에 대한 붓다의 답변은 대략 다음과 같다.

> 유익한 계들의 목적과 이익은 후회 없음(avippaṭisāra)이고, 후회 없음의 목적과 이익은 환희(pāmujja)이고, 환희의 목적과 이익은 희열(pīti)이고, 희열의 목적과 이익은 편안함(passaddhi)이고, 편안함의 목적과 이익은 행복(sukha)이고, 행복의 목적과 이익은 삼매(samādhi)이고, 삼매의 목적과 이익은 여실지견(如實智見, yathābhūta-ñāṇadassana)이고, 여실지견의 목적과 이익은 염오(厭惡, nibbidā)와 이욕(離欲, virāga)이고, 염오와 이욕의 목적과 이익은 해탈지견(解脱智見, vimutti-ñāṇadassana)이다.(AN.V.1-2)

이 경에 대응하는 『중아함경』 제10권 제1 「하의경(何義經)」에 의하면, "세존이시여, 계(戒)를 지키는 것은 무슨 뜻입니까?" "아난이여, 계를 지키는 것은 사람이 후회하지 않는 데 그 뜻이 있다. 만일 계를 지키면 곧 후회함이 없게 되느니라(世尊! 持戒爲何義? 世尊答曰: 阿難! 持戒者令不悔. 阿難! 若有持戒者, 便得不悔)."(T1, p.485a)라고 했다.

요컨대 계를 지키는 까닭은 나중에 후회하지 않기 위함이다. 세상 사람들은 몸과 입과 뜻으로 나쁜 행위를 저지른다. 그러나 그 행위가 나중에 자신을 얽어매는 족쇄가 된다는 사실을 뒤늦게 깨닫게 된다. 이처럼 나중에 후회하지 않기 위해서는 먼저 계를 지키지 않으면 안 된다.

다른 경(AN10:2)에서는 "비구들이여, 계를 지키고 계를 구족한 자는 '내게 후회가 없기를' 하는 의도적인 생각을 할 필요가 없다. 계를 지키고 계를 구족한 자에게 후회가 없는 것은 당연하기 때문이다. 비구들이여, 후회가 없는 자는 '내게 환희가 생기기를' 하는 의도적인 생각을 할 필요가 없다. 후회가 없는 자에게 환희가 생기는 것은 당연하기 때문이다. … 유익한 계들의 목적과 이익은 후회 없음이다."(AN.V.2–3)라고 했다.

계를 잘 지키고 계를 갖춘 자에게 후회가 없는 것은 너무나 당연하다. 후회할 것이 없기 때문이다. 이 경에서 '당연함'이라고 옮긴 원어는 담마따(dhammatā, 法性)인데, 이것은 법의 고유한 성질(dhamma-sabhāva)을 의미한다. 다시 말해 지계자(持戒者) 혹은 구족계자(具足戒者)가 후회 없기를 바라지 않더라도 후회할 일이 없게 되는 것은 법의 고유한 성질, 즉 법성(法性)이 그렇기 때문이라는 것이다.

불교의 수행론은 계(戒)·정(定)·혜(慧) 삼학(三學)의 체계로 이루어져 있다. 계를 지키고 계를 구족한 자는 후회할 일이 없으며, 환희·희열·편안함·행복·삼매·여실지견·염오(싫어함)와 이욕·해탈지견으로 나아가게 되는 것은 지극히 당연한 일이다.

이 세상에서 겪는 재난과 환란, 즉 비난과 고초를 당하는 것은 계를 지키지 않았기 때문에 생기는 것이다. 출가자이든 재가자이든 자신에게 주어진 계를 잘 지키면 어떠한 비난도 받을 염려가 없다. 계를 잘 지키고 나라에서 제정한 법을 잘 준수한다면 세속의 지옥에 해당하는 교도소에 갈 일은 없다. 이처럼 인간관계에서 일어나는 재난과 환란은 모두 계를 지킴으로써 사전에 차단할 수 있다.

『삼학경(三學經)』에서 붓다는 "보다 높은 계율을 배움이란 무엇인가? 비구가 계목(戒目)인 바라제목차(波羅提木叉)에 머물고, 위의(威儀)를 갖추고 바른 행동의 활동을 갖추어, 작은 허물에도 두려움을 느끼고, 학습 계목을 받아 지닌다고 하자. 이것을 더 높은 계율을 배움이라고 하느니라."(『잡아함경』 제30권 제832경, T2, p.213c)라고 제자들에게 가르쳤다.

이에 해당하는 니까야에서는 "계를 잘 지키고, 빠띠목카(pātimokkha, 戒目)를 수호하고 단속하면서 머문다. 올바른 행위의 경계를 갖추고, 사소한 허물에도 두려움을 느끼고, 학습 계목을 받아 지닌다."(AN.Ⅲ.113)라고 했다. 이것은 출가자가 계를 잘 지키고, 바라제목차에 어긋나지 않게 몸과 마음을 단속하고, 사소한 허물에도 두려움을 느끼고, 배워야 할 계목을 받아 지닌다는 뜻이다.

한편 재가자는 부양할 가족을 거느리고 있어서 비구의 법, 즉 출가 수행자가 지켜야 할 계율을 완벽하게 이행(移行)한다는 것은 불가능하다. 그뿐만 아니라 재가자의 생활은 욕망의 세계에 살면서 수행하는 것이기 때문에 아무리 욕망을 절제하고 마음을 청정하게 한다고 하더라도 거기에는 한계가 있기 마련이다. 그래서 재가 생활의 표준이 될 수 있는 별도의 규정을 정할 필요가 있었다.

이렇게 해서 정해진 재가자의 계율이 바로 오계(五戒)와 팔재계(八齋戒)이다. 오계는 재가자가 평소에 지켜야 할 최소한의 계율이고, 팔재계는 재가자가 특정월(特定月)과 특정일(特定日), 즉 삼장(三長)과 육재일(六齋日)에 지키는 계이다. 오계는 불살생·불투도·불사음·불망어·불음주이다. 이 다섯 가지 계율은 만선(萬善)의 근본이며, 모든 사회악을 제거할 수 있는 묘약이라고 할 수 있다. 『중아함경』 제55권의 「지재경(持齋經)」에 나타난 팔계(八戒)는 오계에 세 가지를 추가한 것이다. 즉 "⑥높고 넓고 큰 평상을 떠나라. ⑦화만과 영락·바르는 향·연지분·노래와 춤·광대놀이를 가서 보거나 듣기를 떠나라. ⑧때가 아닌 때의 음식을 떠나라."(T1, pp.770a~771a) 결론적으로 계를 잘 지키면 나중에 후회할 일이 생기지 않는다. 그러므로 굳이 액난(厄難)을 소멸하겠다고 기원할 필요조차 없다.

게으른 자의 변명

       붓다 시대에 다난자니(Dhānañjāni)라는 바라문이 라자가하에 살고 있었다. 그때 사리뿟따 존자는 어떤 비구로부터 다난자니 바라문이 왕을 빙자하여 바라문 장자들을 수탈하고 장자들을 빙자하여 왕을 수탈하고, 좋은 가문에서 시집온 그의 아내는 죽었고 다른 가문 출신인 새 아내를 맞이했다는 좋지 않은 소식을 듣게 되었다. 그래서 어느 날 사리뿟따 존자가 다난자니 바라문을 찾아가서 이렇게 말했다.

"다난자니여, 그대는 방일하지 않습니까?"

"사리뿟따 존자시여, 어찌 저희가 방일하지 않겠습니까? 저희는 부모를 봉양해야 하고, 처자를 부양해야 하고, 하인과 일꾼들을 거두어야 하고, 친구와 동료들에게 친구와 동료에 대한 도의를 지켜야 하고, 일가친척들에게 일가친척에 대한 도의를 지켜야

하고, 손님들에게 손님에 대한 도의를 지켜야 하고, 조상들에게
는 조상에 대한 예의를 지켜야 하고, 신(神)들에게는 신에 대한 도
의를 지켜야 하고, 왕에게는 왕에 대한 도리를 다해야 합니다. 이
몸도 원기를 돋우어주고 잘 먹여줘야 합니다."

"다난자니여, 이를 어떻게 생각합니까? 여기 어떤 사람이 부모
때문에 비법(非法, 나쁜 행위)을 행하고 잘못하면, 비법을 행하고 잘
못한 이유로 지옥지기가 그를 지옥으로 끌고 갈 것입니다. 그가
'나는 부모 때문에 비법을 행하고 잘못했으니 지옥지기는 나를
지옥으로 끌고 가지 마시오.'라고 하는 것이 통하겠습니까? 혹은
그의 부모가 '이 사람은 우리 때문에 비법을 행하고 잘못했으니
지옥지기는 그를 지옥으로 끌고 가지 마시오'라고 하는 것이 통하
겠습니까?"

"사리뿟따 존자시여, 그렇지 않습니다. 비록 그가 울부짖더라도
지옥지기는 그를 지옥으로 던져버릴 것입니다."

"다난자니여, 이를 어떻게 생각합니까? 여기 어떤 사람이 처자
때문에 비법을 행하고 잘못하면, 비법을 행하고 잘못한 이유로
지옥지기가 그를 지옥으로 끌고 갈 것입니다. 그가 '나는 처자 때
문에 비법을 행하고 잘못했으니 지옥지기는 저를 지옥으로 끌고
가지 마시오'라고 하는 것이 통하겠습니까?"

"사리뿟따 존자시여, 그렇지 않습니다. 비록 그가 울부짖더라도
지옥지기는 그를 지옥으로 던져 버릴 것입니다. 또 하인과 동료들
때문에 … 친구와 동료들 때문에 … 일가친척들 때문에 … 손님
들 때문에 … 조상들 때문에 … 신들 때문에 … 왕 때문에 비법

을 행하고 잘못하면, 그 이유로 지옥지기가 그를 지옥으로 끌고 갈 것입니다."

이어서 사리뿟따 존자는 다난자니 바라문에게 그 반대일 경우에 관해 물었다.

"다난자니여, 이를 어떻게 생각합니까? 부모 때문에 비법을 행하고 잘못을 하는 자와 부모 때문에 법을 따르고 바르게 행하는 자 중에서 어떤 자가 더 낫습니까?"

"사리뿟따 존자시여, 부모 때문에 비법을 행하고 잘못을 하는 자는 더 나은 자가 아닙니다. 사리뿟따 존자시여, 부모 때문에 법을 따르고 바르게 행하는 자가 더 낫습니다. 비법을 행하고 잘못을 하는 자보다 법을 따르고 바르게 행하는 자가 더 낫습니다."

다난자니 바라문은 자신이 비법을 행하고 잘못을 한 것은 부모·하인·친구·친척·손님·조상·신·왕 때문이었다고 변명했다. 그러자 사리뿟따 존자는 그 반대로 부모·하인·친구·친척·손님·조상·신·왕 때문에 법을 따르고 바르게 행하는 자가 되어야 한다고 말했다. 다난자니 바라문은 사리뿟따 존자의 가르침을 인정하지 않을 수 없었다.

세상 사람들은 자신이 잘못을 저지를 수밖에 없었다는 어떤 핑곗거리를 만들어낸다. 사리뿟따 존자는 그 핑계를 반대로 활용하여 비법이 아닌 여법(如法, dhammika), 즉 법답게 실천하라고 충고했다. 이 대화는 「다난자니 숫따(Dhānañjāni-sutta)」(MN97)에 나오는 법담이다.

이 경의 내용과는 약간 다른 경우지만, 사람들은 자신이 세운 목표를 이루지 못하고 중도에 포기할 때도 갖가지 핑계를 늘어놓는다. 그때는 그럴 수밖에 없었다고 하는 핑계는 자신에게 위안이 될지 모르나, 구차한 변명에 불과하다. 자신이 세운 목표를 이루지 못했다는 사실은 자신과의 싸움에서 패배했음을 의미한다. 붓다께서 "누가 전투에서 백만 명의 사람들을 정복할지라도 단 한 명, 즉 자신을 정복한다면 그가 바로 최고의 승리자이다."(Dhp. 103)라고 한 것도 이 때문이다.

붓다는 「싱갈로와다 숫따(Siṅgalovāda-sutta)」(DN31)에서 '게으른 자의 여섯 가지 위험'에 대해 언급한 적이 있다.

> "장자의 아들이여, 게으름에 빠진 자에게는 다음의 여섯 가지 위험이 있다. 너무 춥다면서 일하지 않는다. 너무 덥다면서 일하지 않는다. 너무 이르다면서 일하지 않는다. 너무 늦었다면서 일하지 않는다. 너무 배고프다면서 일하지 않는다. 너무 배부르다면서 일하지 않는다. 그가 이처럼 해야 할 일에 대한 핑계를 많이 가지고 사는 동안 아직 벌지 못한 재산은 벌지 못하며 번 재산은 다 써 버리게 된다. 장자의 아들이여, 이것이 게으름에 빠진 자의 여섯 가지 위험이다."(DN.III.184)

요컨대 게으른 자는 너무 추워서, 너무 더워서, 너무 일러서, 너무 늦어서, 너무 배고파서, 너무 배불러서 일하지 못했다고 변명한다. 일 대신에 수행 혹은 공부를 대입해도 그대로 적용된다. 붓다는 게으르고 나약한 인간들의 속성을 꿰뚫어 보았다.

나는 지금까지 수많은 사람에게 불교를 강의해 왔다. 그러나 지속해서 불교를 공부하고 연구하는 사람은 몇 명 되지 않는다. 대부분 중도에 학업을 포기하고 만다. 그들의 한결같은 핑계는 다난자니 바라문이 사리뿟따 존자에게 한 것과 조금도 다르지 않다. 수행이든 학문이든 어떤 경지에 오르기 위해서는 꾸준한 노력이 요구된다. 노력하지 않고 어떤 경지에 도달하겠다고 하거나 명성을 얻겠다고 하는 것은 헛된 망상에 불과하다.

　만일 노력하지 않고 일이 쉽게 이루어진다면 인과법(因果法)이 거짓이 되고 만다. 왜냐하면 씨앗(因)을 심지 않았음에도 불구하고 결실(果)을 얻을 수 있다는 말이 되기 때문이다. 자신과의 싸움에서 패배한 자는 어떠한 성과도 거둘 수 없다. 자신에게 부끄럽지 않기 위해서는 지금·여기에서 최선을 다해 노력하는 수밖에 없다.

중생에 대한 연민에서 우러난 말

　　한때 붓다는 아바야 왕자(Abhaya rājakumāra)에게 말을 해야 할 때와 말을 해서는 안 되는 때를 가릴 줄 알아야 한다고 가르쳤다. 아바야 왕자는 마가다국의 빔비사라(Bimbisāra) 왕과 웃제니(Ujjeni)의 미인이었던 빠두마와띠(Padumavatī) 사이에서 태어났다. 부왕이었던 빔비사라 왕을 시해하고 왕위를 차지한 아자따삿뚜(Ajātasattu) 왕과는 이복형제였다. 그는 자이나교의 개조 니간타 나따뿟따(Nigaṇtha Nātaputta)의 신도였다. 니간타 나따뿟따는 아바야 왕자에게 사문 고따마를 논파하라고 시켰다. 그는 사문 고따마를 논파하는 것은 불가능하다고 말했다. 그러나 니간타 나따뿟따는 다음과 같이 질문하면 사문 고따마를 논파할 수 있다고 일러주었다.

"존자시여, 여래도 다른 사람들에게 유익하지 않고 마음에 들지 않는 말씀을 하십니까?"라고. 만일 사문 고따마가 이런 질문을 받고 "왕자여, 여래도 다른 사람들에게 사랑스럽지 않고 마음에 들지 않는 말을 합니다"라고 대답하면 그대는 그에게 이렇게 말해야 한다. "존자시여, 그러면 당신과 범부는 무슨 차이가 있습니까? 범부도 역시 다른 사람들에게 유익하지 않고 마음에 들지 않는 말을 하기 때문입니다"라고.(MN. I .392)

만일 사문 고따마가 이런 질문을 받고 "왕자여, 여래는 다른 사람들에게 유익하지 않고 마음에 들지 않는 말을 하지 않습니다"라고 대답하면 그대는 그에게 이렇게 말해야 한다. "존자시여, 그러면 왜 당신은 데와닷따(Devadatta)에 관해 설명하시기를, '데와닷따는 악처에 떨어질 것이다. 데와닷따는 지옥에 떨어질 것이다. 데와닷따는 겁이 다하도록 지옥에 머물 것이다. 데와닷따는 선도될 수가 없다'라고 하십니까? 당신의 말씀 때문에 데와닷따는 화를 내고 불쾌하게 여깁니다"라고.(MN. I .392-393)

"왕자여, 사문 고따마가 이런 양극단을 가진 질문을 받으면 그것을 뱉을 수도 없고 삼킬 수도 없을 것이다. 예를 들면 목에 쇠꼬챙이가 걸리면 그 사람은 그것을 뱉을 수도 없고 삼킬 수도 없는 것과 같다. 왕자여, 그와 같이 사문 고따마가 이런 양극단을 가진 질문을 받으면 그것을 뱉을 수도 없고 삼킬 수도 없을 것이다."(MN. I .393)

아바야 왕자는 붓다를 자기 집으로 초대하여 공양을 올렸다. 공양이 끝나자 아바야 왕자는 붓다께 "세존이시여, 여래도 다른 사람들에게 유익하지 않고 마음에 들지 않는 말씀을 하십니까?"라고 물었다. 그러자 붓다는 "왕자여, 거기에 대해서는 한 가지로 대답할 수 없습니다."라고 대답했다. 그러자 왕자는 "세존이시여, 그렇다면 니간타들이 졌습니다."라고 대답했다. 왕자는 전후 사정을 붓다께 말씀드렸다. 그러자 붓다는 아바야 왕자에게 다음과 같이 설했다.

왕자여, 그와 같습니다. ①여래는 그 말이 사실이 아니고 진실이 아니고 이익을 줄 수 없다고 알고, 또 그 말이 다른 사람들에게 유익하지 않고 마음에 들지도 않는 것이면 여래는 그 말을 하지 않습니다. ②여래는 그 말이 사실이고 진실이지만 이익을 줄 수 없다고 알고, 또 그 말이 다른 사람들에게 유익하지도 않고 마음에 들지도 않는 것이면 여래는 그 말도 하지 않습니다. ③여래는 그 말이 사실이고 진실이고 이익을 줄 수 있다고 알지만, 그 말이 다른 사람들에게 유익하지 않고 마음에 들지 않는 것이면 여래는 그 말을 해 줄 바른 시기를 압니다. ④여래는 그 말이 사실이 아니고 진실이 아니고 이익을 줄 수 없다고 알면, 비록 그 말이 다른 사람들에게 유익하고 마음에 드는 것이라도 여래는 그 말을 하지 않습니다. ⑤여래는 그 말이 사실이고 진실이지만 이익을 줄 수 없다고 알면, 비록 그 말이 다른 사람들에게 유익하고 마음에 드는 것이라도 여래는 그 말을 하지 않습니다. ⑥여래는 그 말이 사실이고 진실이고 이익을 줄 수 있다고 알고, 또 그 말이 다른 사람들에게 유익하고 마음에 드는 것이면 여래는 그 말을 해 줄 바른 시기를 압니다. 그것은 무엇 때문이겠습니까? 왕자여, 여래는 중생들에게 연민이 있기 때문입니다.(MN. I.395)

이 이야기는 「아바야라자꾸마라 숫따(Abhayarājakumāra-sutta, 無畏王子經)」(MN58)에 나온다. 이 경의 핵심은 중생에 대한 연민이 없는 말은 다른 사람들에게 상처만 안겨주고 이익을 줄 수 없지만, 반대로 중생에 대한 연민에서 우러난 말은 다른 사람들에게 감동을 주고 이익을 줄 수 있다는 것이다. 다시 말해 중생에 대한 연민에서 우러난 진실어(眞實語)라야 중생들을 감동하게 하고 이익을 줄 수 있다는 뜻이다.

그러기 위해서는 말이나 글로 표현하기 전에 그것이 중생에 대한 연민에서 우러난 것인지 아니면 상대방에 대한 분노심에서 일어난 것인지 먼저 숙고할 필요가 있다. 그래야 상대방이나 다른 사람들의 마음에 상처를 주지 않고, 유익하고 마음에 드는 말을 하게 된다. 이 붓다의 가르침은 너무나 쉬운 말이지만, 보통 사람들은 그것을 일상생활에서 실현하기 어렵다. 특히 정치인들의 말은 상대방에게 상처를 주는 막말이 대부분이다. 이 때문에 정국(政局)은 더욱 험악해지는 경우가 비일비재하다. 그러나 연민으로 하는 말에 점차 익숙해지면 인격 향상과 더불어 그렇게 될 수도 있다.

사실 지혜와 연민의 마음이 몸에 배어있지 않으면 말을 해야 할 때와 말을 해서는 안 되는 때를 판단하기 어렵다. 늘 깨어있어야 순간적인 충동에 자극받은 악의에서 비롯된 그릇된 언어를 사전에 차단할 수 있다. 또 자신의 의견을 피력함에도 남에게 상처를 주지 않으면서도 자신의 견해를 전달할 수 있는 능력을 갖추어야 한다. 남을 먼저 배려하는 것은 자기 자신을 존중하기 때문이다.

자신의 행위를 늘 살펴라

라훌라(Rāhula) 존자는 붓다의 외아들로 붓다가 출가하던 날 태어났다고 한다. 붓다는 라훌라 존자에게 많은 가르침을 펼쳤다. 붓다가 라훌라 존자에게 설했던 많은 가르침 가운데 일부가 현재까지 남아 있다. 이를 통해 우리는 붓다가 라훌라 존자를 어떻게 가르치고 훈계[教誡]했는가를 알 수 있다.

붓다가 깨달음을 얻은 후, 처음으로 까삘라왓투를 방문했을 때 당시 일곱 살이었던 라훌라는 어머니가 시키는 대로 붓다께 다가가 유산을 물려 달라고 요청했다. 그때 붓다는 사리뿟따 존자에게 부탁하여 그를 제자로 맞이하여 출가시켰다. 그러나 어린 나이에 출가한 라훌라는 장로비구들에게 거짓말하는 것을 좋아했다. 그러면서도 전혀 부끄러워하지 않았다. 붓다는 어린아이들이란 거짓말하는 것을 좋아하여 보지 않은 것도 보았다 하고, 본 것도 보지 않았다고 한다는 사실을 알고, 라훌라의 나쁜 습관을 고쳐주어야겠다고 생각하게 되었다. 그렇게 해서 라훌라에게 설한 가르침이 「암발랏티까-라훌로와다 숫따(Ambalaṭṭhika-Rāhulovāda-sutta, 敎誡羅候羅菴婆藥林經)」(MN61)이다.

붓다는 라훌라가 머물고 있던 암발랏티까로 찾아갔다. 라훌라는 세존께서 오시는 것을 보고 자리를 마련하고 발 씻을 물을 준비했다. 붓다는 발을 씻고 난 뒤 물을 조금 남기고 라훌라에게 물었다. "라훌라야, 너는 이 물그릇에 물이 조금 남아 있는 것을 보느냐?" "그렇습니다. 세존이시여." "라훌라야, 고의로 거짓말하는 것을 전혀 부끄러워하지 않는 자들의 출가수행이라는 것도 이처럼 (발 씻은 물이) 조금 남은 것에 지나지 않는다." 즉 고의로 거짓말을 하면 발 씻은 물과 같이 하찮은 존재가 되고 만다는 뜻이다.

그런 다음 붓다는 라훌라에게 거울을 예로 들어 "계속 돌이켜 살펴보면서[反照] 몸의 행위를 해야 하고, 계속 돌이켜 살펴보면서 말의 행위를 해야 하고, 계속 돌이켜 살펴보면서 마음의 행위를 해야 한다."라고 일러주었다. 이어서 붓다는 다음과 같은 요지의 말씀을 하셨다.

네가 몸과 입과 뜻으로 행위를 하고자 하면, 너는 그 몸과 입과 뜻의 행위를 이렇게 돌이켜 살펴보면서 해야 한다. '나는 지금 몸과 입과 뜻으로 행위를 하려고 한다. 나의 이런 행위가 나를 해치게 되고 다른 사람을 해치게 되고 둘 다를 해치게 되는 것은 아닐까? 이 행위가 해로운 것이어서 괴로움으로 귀결되고 괴로운 과보(果報)를 가져오게 되는 것은 아닐까?'

만일 네가 돌이켜 살펴보고 '내가 지금 몸과 입과 뜻으로 행하고자 하는 행위가 나도 해치게 되고 다른 사람도 해치게 되고 둘다를 해치게 될 것이다. 이 몸과 입과 뜻의 행위는 해로운 것이어서 괴로움으로 귀결되고 괴로운 과보를 가져올 것이다'라고 알게 되면, 너는 그와 같은 행위를 절대로 해서는 안 된다.

만일 네가 돌이켜 살펴보아 '내가 지금 몸과 입과 뜻으로 행하고 있는 행위가 나를 해치지 않을 것이고 다른 사람을 해치지 않을 것이고 둘 다를 해치지 않을 것이다. 이 몸과 입과 뜻의 행위는 유익한 것이어서 즐거움으로 귀결되고 즐거운 과보를 가져올 것이다'라고 알게 되면, 너는 그와 같은 행위를 실천해야 한다.

만일 네가 그렇게 돌이켜 살펴보아 '내가 지금 몸과 입과 뜻으로 행하고 있는 행위가 나도 해치고 다른 사람도 해치고 둘 다를 해치고 있다. 이 행위는 해로운 것이어서 괴로움으로 귀결되고 괴로운 과보를 가져오는 것이다'라고 알게 되면, 너는 그와 같은 행위를 즉각 중지해야 한다. 그 반대일 경우에는 계속해도 좋다.

네가 몸과 입과 뜻으로 행위를 하고 난 뒤에도 너는 그 행위를 돌이켜 살펴보아야 한다. '나는 지금 몸과 입과 뜻으로 행위를 했다. 나의 이런 행위가 나를 해치거나 다른 사람을 해칠 것이거나 둘 다를 해친 것은 아닐까? 이 행위가 해로운 것이어서 괴로움으로 귀결되고 괴로운 과보를 가져온 것은 아닐까?'

만일 네가 그렇게 돌이켜 살펴보아 '내가 지금 몸과 입과 뜻으로 행했던 이 행위는 나도 해친 것이고 다른 사람도 해친 것이고 둘 다를 해친 것이다. 이 행위는 해로운 것이어서 괴로움으로 귀결되고 괴로운 과보를 가져온 것이다'라고 알게 되면, 너는 그와 같은 행위를 스승이나 동료 수행자들에게 드러내고 참회해야 한다. 그런 다음 미래를 위해 단속해야 한다.

만일 네가 돌이켜 살펴보아 '내가 지금 몸과 입과 뜻으로 행했던 이 행위는 나를 해친 것도 아니고 다른 사람을 해친 것도 아니고 둘 다를 해친 것도 아니다. 이 몸의 행위는 유익한 것이어서 즐거움으로 귀결되고 즐거운 과보를 가져온 것이다'라고 알게 되면, 너는 밤낮으로 유익한 법들을 공부하면서 희열과 환희로 머물게 될 것이다.

이처럼 붓다가 라홀라에게 교계한 내용은 크게 세 가지로 요약할 수 있다.

첫째는 몸과 입과 뜻으로 어떤 행위를 하고자 할 때는 반드시 이 행위가 나와 다른 사람을 해치고 둘 다 해치게 되는지를 살펴보아야 한다. 만약 그런 경우라면 절대로 해서는 안 된다. 그 반대일 경우에는 행해야 한다.

둘째는 몸과 입과 뜻으로 어떤 행위를 하는 때에는 그 행위가 나와 다른 사람을 해치고 둘 다를 해치게 되는 행위는 즉각 중지해야 한다. 그 반대일 경우에는 계속해도 좋다.

셋째는 몸과 입과 뜻으로 어떤 행위를 했을 때는 그 행위가 나와 다른 사람을 해친 것이고 둘 다를 해친 행위였다는 것을 알았으면, 스승이나 동료 수행자들에게 드러내고 참회해야 한다. 그 반대일 경우에는 희열과 환희로 머물게 된다.

다시 말해 어떤 행위를 행하기 전이나 하고 있을 때나 하고 난 뒤에도 자신의 행위가 나와 다른 사람과 둘 모두에게 해로운 행위인가 아니면 이로움을 가져다주는 행위인가를 늘 돌이켜 살펴보아야 한다는 것이다. 사회관계망서비스(SNS)에 글이나 사진이나 동영상 등을 올릴 때, 먼저 이 점을 생각해야 한다. 그러면 세상 사람들로부터 비난받지 않을 것이며, 또 세속의 윤리에도 크게 어긋나지 않을 것이다. 그러나 그 반대일 경우에는 나와 남을 해치는 행위가 되어 사회에 나쁜 영향을 미치게 된다.

재가자에게도 설법해야 하는 이유

　　　　　　재가 신자로서 초기불교 교단에 크게 공헌한 인물은 아나타삔디까(Anāthapiṇḍika) 장자이다. 그의 본명은 수닷따(Sudatta)였지만, '아나타삔디까' 즉 '외로운 이를 돕는 자'라는 별명으로 더 널리 알려졌다. 한자 문화권에서는 그를 '급고독장자(給孤獨長者)'라고 부른다.

　그는 꼬살라국에서 제일가는 부호였다. 그가 사업차 마가다국의 수도 라자가하를 방문했을 때, 우연히 붓다에 관한 소문을 듣게 되었다. 그는 붓다를 뵙고 싶은 마음에 밤새 잠도 제대로 이루지 못한 채 성문이 열리기만을 기다렸다가 성문이 열리자 세존이 계신 곳으로 달려가 직접 붓다를 친견하고 재가 신자가 되었다. 그는 꼬살라국의 수도 사왓티에 제따(Jeta) 왕자의 소유였던 동산을 사들여 그곳에 불교사원을 건립하여 승단에 기증했다. 이 사원을 '기수급고독원(祇樹給孤獨園)'이라 하는데, 줄여서 '제따와나(Jetavana)' 혹은 '기원정사(祇園精舍)'라고 부르기도 한다. 붓다는 19년 동안 이곳에 머물면서 많은 사람을 교화시켰다.

아나타삔디까 장자는 평생 붓다와 그 제자들의 후원자가 되었다. 그는 승가에 필요한 모든 필수품을 보시했다. 그뿐만 아니라 그는 가난한 사람들에게도 널리 보시했다. 그의 전 재산은 보시로 소진했다고 해도 과언이 아니다. 그렇게 많은 재물을 승가와 가난한 사람들에게 보시했던 아나타삔디까 장자가 중병에 걸려 극심한 고통에 시달리고 있었다.

그때 그는 사자(使者)를 보내 붓다와 사리뿟따(Sāriputta) 존자에게 자신을 대신해 문안을 드리도록 하고, 또 특별히 사리뿟따 존자에게는 자기의 처소를 방문해 달라고 요청했다. 그는 붓다를 번거롭게 하고 싶지 않아서 붓다에게는 문안 인사만 전하라고 지시했다.

이 소식을 전해 들은 사리뿟따 존자는 아난다 존자와 함께 아나타삔디까 장자의 처소를 방문했다. 사리뿟따 존자는 아나타삔디까 장자에게 "견딜만한가?"라고 물었다. 그러자 그는 "참으로 견디기 어렵고, 고통은 날로 심해져 가라앉질 않으며, 차도가 없다."라고 대답했다.

그러자 사리뿟따 존자는 아나타삔디까 장자에게 극심한 고통에서 벗어날 수 있는 법을 설했다. 그것이 바로 「아나타삔디꼬와다 숫따(Anāthapiṇḍikovāda-sutta, 敎給孤獨經)」(MN143)이다. 이 경의 내용은 심오하여 초보자는 이해하기 어렵다.

요약하면 눈[眼]·귀[耳]·코[鼻]·혀[舌]·몸[身]·뜻[意]에 집착해서는 안 된다. 또 형상[色]·소리[聲]·냄새[香]·맛[味]·감촉[觸]·대상[法]에 집착해서도 안 된다. 또 눈의 앎[眼識]·귀의 앎[耳識]·코의 앎[鼻識]·혀의 앎[舌識]·몸의 앎[身識]·뜻의 앎[意識]에 집착해서도 안 된다. 또 눈의 감각 접촉[眼觸]·귀의 감각 접촉[耳觸]·코의 감각 접촉[鼻觸]·혀의 감각 접촉[舌觸]·몸의 감각 접촉[身觸]·뜻의 감각 접촉[意觸]에 집착해서도 안 된다. 또 눈의 감각 접촉에서 생긴 느낌[眼觸受]·귀의 감각 접촉에서 생긴 느낌[耳觸受]·코의 감각 접촉에서 생긴 느낌[鼻觸受]·혀의 감각 접촉에서 생긴 느낌[舌觸受]·몸의 감각 접촉에서 생긴 느낌[身觸受]·뜻의 감각 접촉에서 생긴 느낌[意觸受]에 집착해서도 안 된다.

또 땅의 요소[地]·물의 요소[水]·불의 요소[火]·바람의 요소[風]·허공의 요소[空]·식의 요소[識]에 집착해서도 안 된다. 또 형상[色]·감각 작용[受]·표상 작용[想]·의지 작용[行]·의식 작용[識]에 집착해서도 안 된다. 또 공무변처(空無邊處)·식무변처(識無邊處)·무소유처(無所有處)·비상비비상처(非想非非想處)에 집착해서도 안 된다. 또 이 세상을 집착해서도 안 되고, 저세상을 집착해서도 안 된다. 또 보고 듣고 생각하고 알고 탐구하고 마음으로 고찰한 것에도 집착해서는 안 된다.

이와 같은 내용을 사리뿟따 존자가 아나타삔디까 장자에게 설했을 때, 그는 흐느끼며 눈물을 흘렸다. 그러자 아난다 존자가 아나타삔디까 장자에게 이렇게 말했다.

"장자여, 그대는 집착이 생기거나 실의에 빠집니까?"

"아난다 존자시여, 저는 집착이 생기거나 실의에 빠지지 않습니다. 저는 오랜 세월을 스승님을 섬기고 마음을 잘 닦은 비구들을 섬겼지만 저는 이러한 법문을 들은 적이 없습니다."

"장자여, 흰옷을 입은 재가자들에게 이러한 법문을 하지 않습니다. 장자여, 출가자들에게 이런 법문을 설합니다."

"사리뿟따 존자시여, 그렇다면 흰옷을 입은 재가자들에게도 이러한 법문을 설해 주십시오. 사리뿟따 존자시여, 눈에 먼지가 적게 들어간 선남자가 있습니다. 법을 듣지 않으면 그들은 타락할 것입니다. 그 법을 이해할 만한 자들이 있을 것입니다."

사리뿟따 존자와 아난다 존자는 아나타삔디까 장자에게 이런 법문으로 가르침을 설한 뒤 자리에서 일어나서 나갔다. 아나타삔디까 장자는 사리뿟따 존자와 아난다 존자가 떠나간 지 얼마 지나지 않아 몸이 무너져 죽은 뒤 도솔천에 태어났다.(MN.Ⅲ.258-263)

이상은 「아나타삔디꼬와다 숫따」에 기록된 내용이다. 사리뿟따 존자가 아나타삔디까 장자에게 설한 가르침의 핵심은 보고 듣고 생각으로 일으킨 모든 현상에 집착해서는 안 된다는 것이다. 아나타삔디까 장자는 사리뿟따 존자의 설법을 듣고 마음을 한곳에 집중하여 극심한 고통에서 벗어났다. 이른바 자신을 얽어매고 있던 갈애와 자만과 사견이라는 세 가지 움켜쥠을 놓아버림으로써 극심한 고통에서 벗어날 수 있었다.

여기서 우리가 주목해야 할 점은 아나타삔디까 장자가 왜 그와 같은 가르침을 예전에 설해 주지 않았느냐고 원망하듯이 말하고 있다. 이것은 아나타삔디까 한 사람에게만 해당하는 것이 아니다. 예나 지금이나 승려들은 재가자들에게 보시의 공덕이나 기도의 중요성을 강조할 뿐, 진작 붓다의 가르침을 설하는 경우는 드물다. 초하루나 보름 법회에서도 불공과 시식 등 의례가 주류를 이루고 설법이 없는 경우가 허다하다.

승려들은 대부분 신도에게 평소에 보시(布施, dāna)를 통해 공덕(功德, puñña)을 쌓아야 한다고 말한다. 특히 승가는 복전(福田, puñña-kkhetta)이기 때문에, 그 공덕이 더 크다고 강조한다. 그러나 승려에게 베푼 것은, 모두 유루(有漏)의 공덕에 지나지 않는다. 따라서 무루(無漏)의 공덕을 짓지 않으면 결코 생사 문제를 해결할 수 없다.

보시나 봉사를 통해 쌓은 공덕으로 내세에 좋은 곳[善處]에 태어날 가능성은 매우 크다. 그러나 보시나 봉사를 통해 지혜를 얻을 수 있는 것은 아니다. 결국 사마타와 위빳사나 수행을 통해 마음의 해탈과 지혜의 해탈을 얻지 못하면 윤회에서 벗어나지 못한다. 지혜를 갖추지 못한 보시나 봉사는 허업(虛業)에 불과하다. 이 점을 간과해서는 안 된다.

돈과 재물에 대한 붓다의 가르침

인간은 누구나 부유하고 풍요로운 삶을 원한다. 붓다는 이 타고난 인간의 본성을 잘 알고 있었다. 인간의 본질적 특성 가운데 하나가 '호모 에코노미쿠스(homo economicus)'다. 라틴어 '호모 에코노미쿠스'는 인간은 '경제적 동물'이라는 뜻이다. 인간은 본능적으로 더 많은 재화(財貨)를 획득하려는 속성을 지니고 있다. 돈과 재물에 대한 인간의 욕망은 끝이 없다. 이러한 인간의 근원적인 욕망으로 인해 오늘날의 자본주의(capitalism)가 비롯되었다고 해도 과언이 아닐 것이다.

이처럼 인간의 욕망에서 비롯된 자본주의는 더 많은 이윤을 추구한다. 따라서 자본주의 사회를 움직이는 핵심 동력은 돈과 재물이다. 개인과 기업은 어떤 대가를 치르더라도 더 많은 재화를 획득하려 한다. 이 때문에 자본주의가 성장하면서 부자와 빈자 사이의 격차가 더 크게 벌어졌으며, 국가 간의 빈부격차도 더욱 커지고 있다. 특히 신자유주의 사회에서는 부익부 빈익빈이라는 경제적 불평등이 더욱더 심화하고 있다. 또한 자본주의는 오직 이윤만을 추구하기 때문에 인간과 환경에 대한 배려는 전혀 없고, 인간의 끝없는 탐욕심을 더욱 조장시켜 인간의 정신을 타락시키기도 한다.

붓다는 인간의 욕망은 끝이 없으므로 가진 자와 못 가진 자의 경제적 불평등이 심화한다는 사실을 잘 알고 있었다. 그래서 붓다는 우선 가진 자가 못 가진 자에게 베풀어주어야 한다고 강조했다. 이것을 불교 용어로 '보시(布施)'라고 한다. 보시의 원어 '다나(dāna)'는 '베풀다', '나누어 주다', '분배한다'라는 뜻이 있다. 붓다는 기회 있을 때마다 보시(布施)·지계(持戒)·생천(生天)을 강조했다. 이것은 베풂과 절제를 통해 진정한 행복을 추구하라는 뜻이다. 이것을 불교에서는 '삼론(三論)'이라고 부른다.

붓다는 가난을 찬양하지 않았다. 가난은 이 세상에서 가장 큰 괴로움이기 때문이다. 붓다는 『금색왕경(金色王經)』에서 "어떤 괴로움이 가장 무서운가 하면, 빈궁의 괴로움이다. 죽는 괴로움과 가난한 괴로움 두 가지가 모두 다름이 없으나 차라리 죽는 괴로움을 받을지언정 빈궁하게 살지는 않으리라."(T3, p.389c)라고 말했다.

또한 붓다는 『전륜성왕사자후경(轉輪聖王獅子吼經)』에서 가난이 범죄와 타락의 근본적인 원인이라고 지적했다.(DN.Ⅲ.65f) 가난은 인류의 적이다. 그래서 붓다는 당시의 통치자였던 왕에게 범죄자를 징계하는 것만으로는 문제를 해결할 수 없다고 조언했다. 그

대신 모든 백성이 각자의 위치에서 생업에 종사할 수 있도록 배려해 주면 범죄는 점차 줄어들고 평화로운 사회가 건설될 것이라고 왕에게 충고했다. 이러한 붓다의 가르침은 오늘날에도 유용한 경제정책이라고 할 수 있다.

붓다는 「꾸따단따 숫따(Kūṭadanta-sutta, 究羅檀頭經)」(DN5)에서 "종자와 다른 농업 설비가 농부와 경작자에게 공급되어야 하고, 자본금이 무역업자나 사업을 하는 사람들에게 제공되어야 하며, 적정한 임금이 고용인들에게 지급되어야만 한다. 이처럼 국민에게 충분한 소득을 올릴 기회가 주어진다면, 그들은 만족하게 될 것이고, 근심과 불안을 느끼지 않을 것이며, 따라서 나라는 평화롭고 범죄로부터 자유로울 것이다."(DN. I.135)라고 했다. 즉 범죄를 근절시키기 위해서는 국민의 경제적 여건이 향상되어야 한다는 것이다. 국민의 경제적 여건이 향상되면 자연적으로 범죄는 줄어들게 된다는 것이 붓다의 생각이다.

또한 붓다는 기회 있을 때마다 재가자들에게 재산이 있어야 자신을 지킬 수 있고, 다른 이웃도 돌볼 수 있다고 강조했다. 붓다는 오늘날의 재벌 총수에 해당하는 아나타삔디까(Anāthapiṇḍika, 給孤獨) 장자에게 이렇게 말했다.

장자여, 여기 성스러운 제자는 열정적인 노력으로 얻었고 팔의 힘으로 모았고 땀으로 획득했으며 법답고 법에 따라서 얻은 재물로 자신을 행복하게 하고 만족하게 하고 바르게 행복을 지키도록 한다. 부모를 행복하게 하고 만족하게 하고 바르게 행복을 지키도록 한다. 아들과 아내와 하인과 일꾼들을 행복하게 하고 만족하게 하고 바르게 행복을 지키도록 한다. 친구와 친척들을 행복하게 하고 만족하게 하고 바르게 행복을 지키도록 한다. 장자여, 이것이 [네 가지 가운데서] 첫 번째이니, 그가 합리적이고 알맞게 재물로써 행한 것이다.(AN.Ⅱ.67-68)

위 경문에서 보듯, 재가자에게 있어서 재물은 자기 행복을 지키는 유일한 수단이다. 재물이 없으면 궁핍의 고통을 면할 수 없다. 재물이 있어야 자기 자신과 친척과 이웃에게 안락을 주고, 성자들을 공양할 수도 있다. 그러므로 재가자는 우선 경제적으로 안정을 이루어야 한다. 경제적으로 안정되어야 마침내 그다음 단계의 목표를 향해 나아갈 수 있게 된다.

붓다는 누구나 부유하고 풍요해지고 싶지만, 그것을 얻기 어렵다고 했다. 한 개인이 부유하고 풍요해지면, 그는 자기 친척들과 스승들에게 널리 알려지고 장수하기를 원한다. 이러한 세 가지 조건만으로는 재생을 믿는 한 개인의 삶을 행복하고 성공적이며 완전하게 만들지 못한다. 재산과 좋은 평판과 장수의 성취와 함께 그는 육신이 스러지면, 저세상에서 행복한 목적지, 하늘 세계[天界]에 이르기를 바란다.(AN.Ⅱ.66)

이처럼 경제적 여건은 완전하고 만족스러운 삶을 위한 가장 근본적이고 중차대한 요소다. 경제적 여건이 튼튼하게 안정되지 못하면, 그 개인은 어떤 희망도 없는 비참한 신세가 되고 만다. 자신의 모든 희망과 전망을 이루기 위한 수단이 바로 자기 재산이다. 평판과 장수 및 사후의 행복한 목적지는 재산의 결과로써 생기는 조건이기 때문에 가난한 사람이 얻기는 어렵다.

한때 디가자누(Dīghajānu)라는 사람이 붓다를 찾아와 다음과 같이 요청했다. "세존이시여, 우리는 처자식과 가정생활을 하는 평범한 사람입니다. 저희에게 현세와 내세에서의 행복에 도움이 될 어떤 가르침을 베풀어주시기를 바랍니다." 붓다는 이 세상에서 인간의 행복에 도움이 되는 네 가지가 있다고 그에게 일러주었다.

첫째, 자신이 종사하는 어떤 직업에서든 능숙하고 효율적이며, 근면하고 활동적(uṭṭāna-sampada, 勤勉具足)이어야 한다. 또한 그것을 잘 알아야 한다.

둘째, 이마에 땀을 흘리며 정당하게 벌어들인 자신의 소득을 보호(ārakkha-sampada, 守護具足)해야 한다. 이것은 도적, 물, 불, 왕으로부터 재산을 보호하는 것을 의미한다. 이 모든 생각은 당시의 사회적 배경을 고려하여 이해해야 한다.

셋째, 믿음직스럽고 학식 있고 덕망이 높고 도량이 넓고 지적인 좋은 친구(kalyāṇa-mitta, 善友)를 사귀어야 한다. 그런 친구는 자신을 악에서 벗어나 바른길로 나아갈 수 있도록 도와줄 것이다.

넷째, 너무 많지도 적지도 않게 자신의 소득과 비례해 합리적으로 소비해야 한다. 즉 너무 탐욕스럽게 축재해서도 안 되며 너무 낭비해도 안 된다. 바꿔 말하면 자신의 분수에 맞게 생활(samajīvitā, 等命)해야 한다.(AN. Ⅳ. 281-283)

위 경전을 통해서 우리는 인간 생활에 있어서 중요한 부분을 차지하는 것이 바로 재산임을 알 수 있다. 실제로 오늘날에도 경제적으로 안정되어 있지 않으면 자신의 어떠한 미래의 꿈도 실현할 수가 없다. 재가자의 삶에 있어서 가장 시급한 선결 과제는 바로 경제적 안정이다. 붓다는 인간 사회에서 재산이 미치는 영향을 잘 알고 있었다. 또한 붓다는 경제적 조건은 개인과 국가의 힘을 판단하는 기준이 된다는 것도 알고 있었다.

「빳따깜마 숫따(Pattakamma-sutta, 適切業經)」(AN4:61)에서 붓다는 출가자가 아닌 재가자는 정당한 방법으로 열심히 노력하여 더 많은 재화를 획득하라고 가르쳤다. 왜냐하면 재물이 있어야 다섯 가지 헌공(獻供)을 할 수 있기 때문이다. 다섯 가지 헌공이란 친지에게 하는 헌공, 손님에게 하는 헌공, 조상신들에게 하는 헌공(pubba-peta-bali), 왕에게 하는 헌공(세금), 신에게 하는 헌공이다.(AN.Ⅱ.68) 빨리어 발리(bali)는 희생(犧牲), 공제(供祭), 공양(供養), 조세(租稅), 공물(供物) 등의 뜻이 있다.

인간은 누구나 부유하고 풍요로운 사람이 되길 원한다. 그렇다고 해서 붓다는 인간의 끝없는 욕망과 집착으로 축재(蓄財)하는 것을 찬양하지도 않았다. 과도하게 부유한 것도 타락의 원인이 될 수 있기 때문이다. 가난이 범죄의 원인이 되기도 하지만, 또한 과도한 부(富)도 타락의 원인이 되기도 한다. 그래서 붓다는 자신의 분수에 맞게 생활하는 중도적 삶을 권장했다. 끝으로 사회의 번영을 위해서는 먼저 가진 자가 못 가진 자에게 베풀어야 한다는 것이 붓다의 가장 기본적인 가르침이다.

특히 오늘날의 자본주의 사회에서는 개인의 능력도 중요하지만, 그보다는 재화(財貨)의 힘이 더 큰 위력을 발휘한다. 아무리

지적으로 뛰어나고 훌륭한 인격을 소유한 자라고 할지라도, 재화를 갖추지 못하면 열등한 사람으로 취급받는다. 세상 사람들은 재물이 있느냐 없느냐에 따라 그 사람을 평가하기 때문이다. 따라서 정신적 계발과 함께 물질적으로도 부족함이 없어야 한다. 그래야 진정한 행복을 구가(謳歌)할 수 있다.

제4장

사회를 위한
붓다의 가르침

붓다의 재난구제 활동

　　　　한때 세존께서는 오백 명의 비구들과 함께 라자가하(Rājagaha, 王舍城)의 가란타죽원(迦蘭陀竹園)에 계셨다. 마가다국의 아자따삿뚜 왕의 요청으로 그곳에서 여름 안거를 보내고 있었다. 그때 왓지국의 수도 웨살리(Vesālī)에 전염병이 창궐하여 많은 사람이 죽어 나가고 있었다. 그 상황을 경에서는 이렇게 묘사하고 있다.

"그때 웨살리에 귀신이 일어나 죽는 사람이 헤아릴 수 없었고, 하루 동안에도 죽는 사람이 백여 명이나 되었다. 그들은 귀신 나찰에게 걸려 얼굴과 눈이 누렇게 되어 3·4일 만에 죽는 자도 있었다. 그래서 웨살리에 사는 사람들은 매우 두려워해 한곳에 모여 의논하였다. 이 큰 성은 너무도 번성했고 토지와 사람이 풍족해 한없이 부유하고 즐거워 저 석제환인(釋提桓因)이 사는 하늘의 궁전 같았다. 그런데 지금은 귀신의 피해를 보아 모조리 죽고 쓸쓸하기가 산이나 들과 같다. 누가 이 재앙을 물리칠 수 있는 신덕(神德)을 가졌겠는가?"(T2, p.725bc)

그때 백성들은 자기들끼리 서로 말하였다.

"우리는 사문 구담(瞿曇)께서 가시는 곳에는 어떤 삿된 귀신도 침범하지 못한다고 들었다. 만일 그 여래께서 이곳으로 오신다면 이 귀신들은 모두 스스로 도망쳐 흩어질 것이다. 그런데 지금 세존께서는 라열성(羅閱城, Rājagaha의 음사)에 머무시며 아사세 왕의 공양을 받고 계시니, 아마도 이곳으로 와 교화하지 않으실 것이다."(T2, p.725c)

경에 묘사된 것과 같이 당시의 사람들은 전염병의 원인을 알지 못했기 때문에 귀신의 소행이라고 믿었다. 이처럼 절박한 상황에서 웨살리 주민들은 붓다께서 이곳을 방문해 주시면 귀신들이 무서워서 달아날 것으로 생각했다. 그들은 세존께서 가는 곳마다 온갖 삿된 귀신이 침범하지 못한다고 들었기 때문이다. 그래서 그들은 붓다께 이곳을 방문해 달라고 요청하기로 의견을 모았다. 그런데 세존께서는 라자가하에서 아자따삿뚜 왕의 요청으로 안거 중이기 때문에 마음대로 움직이지 못한다는 것이 문제였다. 특히 오백 명의 제자들과 함께 다른 나라로 이동하는 것은 적국의 왕이 승낙해 주지 않으면 불가능하다. 그래도 그들은 붓다께 요청하기로 했다.

"여래께서는 큰 자비로 중생을 가엾이 여겨 모든 것을 두루 살펴보아 제도하지 못한 이를 제도하신다. 또 일체중생을 버리지 않으시기를 마치 어머니가 자식을 사랑하듯 하신다. 그러므로 만일 누가 청하면 곧 오실 것이다. 아자따삿뚜 왕도 만류하지 못할 것이다. 누가 저 아자따삿뚜 왕의 나라에 가서 세존께 '지금 우리 성은 큰 재앙을 받고 있나이다. 바라건대 세존께서는 가엾이 여겨 돌보아 주소서'라고 사뢸 수 있겠는가."(T2, p.725c)

그때 '최대(最大)'라는 장자가 그 일을 담당하겠다고 나섰다. 그 장자는 라자가하에 계시는 세존을 찾아뵙고 전후 사정을 말씀드렸다. 그러자 세존께서는 이미 아자따삿뚜 왕으로부터 90일간 공양받기로 약속했기 때문에 어렵지만, 아자따삿뚜 왕이 허락한다면 갈 수 있다는 취지로 말했다. 그리고 그 장자에게 왕이 승낙할 수밖에 없는 묘책을 일러주었다. 그렇게 해서 드디어 붓다는 오백 명의 비구들과 함께 웨살리로 향했다. 웨살리는 라자가하에서 꼬박 여드레가 걸리는 먼 길이었다. 붓다는 제자들과 함께 갠지스강을 건너서 뜨거운 모래바람을 맞으며 부지런히 발길을 재촉해 '재난의 땅' 웨살리에 도착했다.

"그때 세존께서는 비구들을 거느리고 웨살리[毘舍離城]에 도착해

성문에 서서 이런 게송을 말씀하셨다.

'밤이나 낮이나 안온을 얻고/ 괴롭히는 자가 없을 것이니/

이 정성스러운 말을 가지면/

비사리성에 재앙은 없어지리.'

여래께서 이렇게 말씀하시고 나자 나찰 귀신들은 그 자리에 있을 수 없어 제각기 달아나 다시는 비사리성에 들어오지 못했고, 모든 병자의 병이 낫게 되었다."(T2, p.727bc)

이상은『증일아함경』제32권 제11경에 묘사된 내용이다. 한편『숫따니빠따(suttanipāta, 經集)』의「라따나 숫따(Ratana-sutta, 寶經)」에서는 붓다의 위신력과 보경의 독송 공덕을 강조한다. 이를테면 붓다와 비구들이 연민의 마음으로 발우에 담은 물을 뿌리며 삼중으로 된 웨살리 성벽 사이를 돌면서 밤의 삼경 내내 호주(護呪, paritta)인 보경을 암송한 결과 전염병이 사라졌다고 한다. 이러한 인연으로 지금도 테라와다 전통에서는 자연재해나 천재지변과 같은 재난이 생기면 보경을 비롯한 호주를 암송한다.

당시 상황을 상상해 보면, 웨살리는 말이 아니었다. 여기저기서 사람이 죽어가고 시체 썩는 냄새가 코를 찔렀다. 붓다는 우선 제자들과 함께 발우에 물을 담아와 여기저기에 뿌리면서 거리를 깨끗하게 청소했다. 이레 동안 이렇게 행하자 전염병이 사라졌다. 그때 마침 비까지 내려 가뭄도 해갈되었다. 이렇게 해서 웨살리는 다시 평온을 되찾게 되었다.

홍사성이 언급했듯이, "여기서 부처님이 물을 뿌리는 주술적

의례를 행했느냐 안 했느냐를 따지는 것은 무의미하다. 중요한 것은 재난을 당한 이웃을 구호하기 위해 현장으로 달려가 제자들과 함께 헌신적인 방역 활동을 했다는 점이다. 부처님이 무려 일주일이나 제자들과 함께 구호 활동을 펼치는 모습은 상상만 해도 감동적이다."(홍사성, 『정법천하를 기다리며』, 우리출판사, 2010, p.288)

세상 사람들은 인간으로서는 어쩔 수 없는 전염병, 가뭄, 기근과 같은 재앙이 생기면 제일 먼저 두려움을 느껴 어찌할 바를 모른다. 이때 붓다와 같이 연민의 마음이 일며 그들과 함께하는 것만으로도 그들에게는 큰 위안이 된다. 엄격히 말해서 「보배경」을 암송한다고 해서 바이러스나 세균이 사라진다고 믿는 것은 비과학적이다. 그보다는 전염병과 같은 재난으로 사랑하는 가족을 잃고 슬퍼하는 사람들의 마음을 위로해 준다는 데 더 큰 의미가 있다. 세계적으로 재난 현장에 최고 지도자가 찾아가 위로하는 것도 이 때문이다.

중생들의 어려움을 외면하지 않았던 붓다의 재난구제 활동은 참으로 감동적이다. 불교는 개인의 수행과 중생의 구제를 둘로 보지 않는다. 재난 상황에서는 개인의 수행보다는 중생의 구제가 우선되어야 한다. 상처받은 사람들의 마음을 달래고, 그들에게 직접 봉사하거나, 물품을 제공하는 것과 같은 행위도 재난 극복에 도움이 될 것이다.

인류는 운명 공동체

　　　　　　많은 사람이 지구촌 시대 혹은 세계화 시대가 앞당겨졌다고 좋아했다. 인터넷의 발달로 전 세계가 하나의 관계망(network)으로 연결되었을 때이다. 세계의 어느 곳에서나 인터넷을 통해 실시간으로 전 세계의 소식을 접할 수 있기 때문이다. 교통과 통신의 발달로 경제도 점차 세계화의 추세로 치닫고 있다. 그러나 세계화는 역설적으로 팬데믹(Pandemic, 세계적 대유행)과 같은 세계적 대재앙 앞에서는 속수무책이다. 오히려 세계화가 감염병 확산의 주범이기도 하다. 그뿐만 아니라 국경 봉쇄를 통한 방역은 곧 경제적 몰락의 자초를 의미한다. 이처럼 세계화는 장단점을 함께 갖고 있다.

　　그러면 왜 이러한 현상이 생기는가? 이 세상의 현상계는 모두 연기의 법칙에 따라 서로 의존관계로 연결되어 있기 때문이다. "이것이 있으면 저것이 있고, 이것이 일어나면 저것이 일어난다. 이것이 없으면 저것이 없고, 이것이 소멸하면 저것이 소멸한다."라는 연기의 정의는 널리 알려져 있다. 이른바 연기(緣起, paṭiccasamuppāda)는 관계성의 법칙이요, 상의성(相依性)의 법칙이며, 원인과 결과의 법칙이다.

이러한 연기의 원리에 따르면 어떠한 존재도 우연히 생겨나거나 혼자서 존재하는 것은 없다. 모든 존재는 그 존재를 성립시키는 여러 가지 원인이나 조건에 의해 생겨난다. 서로는 서로에게 원인이 되기도 하고, 조건이 되기도 하면서 함께 존재한다. 반대로 존재를 성립시키는 원인이나 조건이 변하거나 없어질 때 존재 또한 변하거나 없어진다. 모든 존재는 전적으로 상대적이고 상호의존적이다. 이 현상계는 공간적으로나 시간적으로나 서로 관계를 맺음으로써 생성·지속·소멸하는 것이다. 그러므로 이 세상에는 홀로 존재하는 것은 있을 수 없고, 영원한 것도 그리고 절대적인 것도 있을 수 없다.

한 개인의 경우만 살펴보아도, 그 사람의 현재는 그가 지금까지 경험해 온 모든 것이 축적된 상태를 말한다. 그 사람이 이 세상에 태어난 이후, 다양한 환경에서 양육되고, 가정·학교·사회로부터 받은 교육, 또 여러 부류의 사람이나 사물과의 접촉으로 얻은 경험이 축적된 것이다.

한 개인의 현존재는 그 사람의 주변 환경과 밀접한 관계가 있다. 한 개인은 끊임없이 외부로부터의 자극과 영향을 받으면서 또 동시에 그 사람의 주위에 영향을 끼친다. 결국 모든 인간은 과거·현재·미래에 걸친 연기 관계에 있을 뿐 아니라, 주위 환경이나 사회와도 끊임없이 밀접한 연기 관계를 유지하고 있다.

예를 들면 학생의 경우, 학우나 선배 혹은 교사로부터 영향을 받아 자신의 인격을 형성해 나간다. 만일 그가 착한 친구와 교제하면 향상하고, 나쁜 친구와 교제하면 타락한다. 인간은 가정·학교·직장 및 마을과 국가라는 주변 환경으로부터 영향을 받음과 동시에 주위 사람들에게도 영향을 미친다. 이러한 주위 환경과의 상호 관계가 곧 상의상자(相依相資)의 연기인 것이다. 이것은 비단 선과 악이라는 윤리 관계는 물론 의식주와 같은 경제 관계에서도 똑같이 작용한다.

세계의 경제는 생산자·운반자·판매자·소비자와의 관계 속에서 유지된다. 쌀 한 톨이나 하나의 스마트폰이 우리의 손에 들어오기까지 얼마나 많은 사람의 손을 거쳤는지, 세계의 많은 사람과 어떻게 관계해 온 것인지 생각해보면 쉽게 알 수 있다. 특히 현대와 같은 세계화 시대에는 세계의 모든 사람의 협력 없이는 우리의 경제생활도 지탱하기 어렵다. 바꾸어 말하면 우리가 생존하면서 소비하기 때문에 세계의 경제도 돌아가게 되는 것이다. 그런데 코로나19 사태로 국경이 폐쇄됨으로써 코로나바이러스보다도 더 무서운 경제적 파탄을 목도하고 있다.

이처럼 인류의 경제생활뿐만 아니라 문화생활도 마찬가지이다. 문학·예술·학문도 모두 과거의 인류로부터 그것을 계승하여 오늘날 사람들의 노력으로 더욱 발전시켜 현재 우리가 향유하고 있다. 즉 우리는 공간적으로는 세계의 모든 문화와 관계를 맺고, 시간상으로는 과거 인류문화의 전 역사와 직접 혹은 간접으로 관계를 맺고 있다.

앞에서 언급했듯이 우리의 현존재는 인격적·도덕적으로도, 정치·경제적으로도, 문화·예술적으로도 우리 자신의 과거 경험의 축적으로 존재할 뿐만 아니라, 전 세계와 시간적·공간적으로 밀접하게 관계를 맺고 있다. 우리의 현존재는 과거 없이 존재할 수 없고, 또 자연환경과 사회환경과의 관계없이 존재할 수 없다. 마찬가지로 우리 자신의 미래를 규정하는 요인임과 동시에 우리의 사회와 역사를 만들어가는 데도 중대한 영향을 미친다. 따라서 우리의 현재 한순간은 자기 및 주변 환경과 모든 미래 운명에도 중대한 책임을 지고 있다.

한 개인은 그 자체로 세계 전체와 통하고, 세계 전체는 또 한 개인과 밀접하게 관계하고 있다. 우주 인생의 모든 현상은 종적으로나 횡적으로, 적극적으로나 소극적으로 밀접하게 관계를 맺고 있다. 이것을 후세의 화엄 철학에서는 중중무진(重重無盡)의 연기라고 부른다. 마치 인드라망의 그물처럼 서로 얽혀 있다. 따라서 인간은 결코 홀로 존재[獨存]할 수 없다. 비록 혼자 숲속에서 수행한다고 할지라도 문명의 혜택을 전혀 받지 않을 수 없다.

우리의 일거수일투족(一擧手一投足)은 우리 자신의 미래를 규정하는 요소일 뿐만 아니라, 주위에 책임을 다해야 한다. 자신의 행위이기 때문에 자기 마음대로 한다는 식의 사고는 허용될 수 없다. 한 개인의 잘못된 생각과 행동은 자신에게만 한정되지 않고, 그의 잘못된 생각과 행동은 어떤 형태로든 사회에 영향을 미친다는 사실이다. 그러므로 우리는 아무렇게나 행동해서는 안 된다. 왜냐하면 이 현상계는 상호의존의 관계로 유지되기 때문이다. 한 개인은 전체 속의 일부라는 시각에서 벗어나서는 개인의 행복도 꾸려나갈 수 없다는 것이 불교적 시각이다.

세상 사람들이 이 연기의 원리를 조금이라도 이해한다면, 코로나19를 조기에 종식할 수 있을 것이다. 세상 사람들은 자신의 행위가 다른 사람들에게 얼마나 큰 피해를 주고 있는지 알지 못한다. 이 세상은 나 혼자 사는 것이 아니다. 타인과의 관계 속에서 '나'라는 존재의 의미를 찾아야 한다. 특히 세계화 시대에는 개인의 역할이 중요하다. 한마디로 인류는 운명 공동체이다.

잘못된 세계관이 미치는 영향

　　　　　잘못된 세계관이 세상에 미치는 영향은 지대하다. 특히 이번 코로나19 사태로 인해 잘못된 세계관이 이 사회에 얼마나 나쁜 영향을 미치는가를 확인하는 계기가 되었다. 세계관이란 세계를 바라보는 시각을 말한다. 사전에서는 세계 전체의 의미와 가치 등에 관해 가지는 철학적 견해라고 풀이하고 있다. 쉽게 말해서 이 세계는 어떻게 형성되었으며, 어떤 원리로 작동하고 있는가에 대한 견해라고 할 수 있다. 이 세계관에 따라 인간의 삶이 달라지기 때문에 인생관이라고도 부른다.

　기원전 6세기 붓다 시대의 종교사상가들은 인간의 길흉화복의 원인을 다섯 가지 종류의 세계관으로 설명했다. 이른바 자재화작인설(自在化作因說), 숙작인설(宿作因說), 결합인설(結合因說), 계급인설(階級因說), 우연기회인설(偶然機會因說) 등이다. 그중에서 자재화작인설, 숙작인설, 우연기회인설이 당시의 사람들에게 가장 큰 영향을 미쳤다. 그러나 붓다는 이들의 주장은 모두 잘못된 견해라고 비판했다.

첫째, 자재화작인설은 '존우화작인설(尊祐化作因說)'이라고도 하는데, 정통 바라문교에서 주장한 것이다. 이 세계와 인간의 운명은 모두 범천(梵天)이나 자재천(自在天) 등의 최고신이 창조했다는 창조론이다. 즉 모든 것은 신(神)의 의지에 좌우된다고 해서 '신의론(神意論)'이라고 부른다. 오늘날 유일신을 믿는 종교에서 주장하는 교리와 거의 같다. 신의론에 따르면 세상의 모든 일은 우리의 의지나 노력으로 좌우되는 것이 아니고, 신의 의지대로 움직이기 때문에, 인간의 자유의지가 인정되지 않는다. 또 거기에는 인간 완성을 위한 교육이나 수행도 불필요하다고 한다. 또 의지의 자유가 없으므로 선악의 행위에 대한 행위자의 책임도 물을 수가 없게 된다. 모든 것은 신의 뜻에 달려 있다고 보기 때문이다.

둘째, 숙작인설은 우리가 이 세상에서 받는 행복이나 불행의 운명은 모두 우리가 과거세에서 행한 선악업(善惡業)의 결과로 얻어진 것이며, 인간의 운명은 전생업(前生業)의 과보로서 우리가 태어날 때 이미 정해져 있다는 것이다. 우리가 이 세상에서 어떻게 선악의 행위를 하고 노력을 기울여도, 그것은 내세의 운명을 규정하는 원인은 될 수 있을지언정 현세의 운명을 변화시킬 수는 없다는 주장이다. 일종의 숙명론(宿命論)이다.

셋째, 우연기회인설은 무인무연설(無因無緣說)이라고도 하는데, 이른바 '우연론(偶然論)'이다. 우연론에 따르면, 인간의 운명은 인과 업보의 법칙에 지배되는 것이 아니며, 또 신의 은총이나 징벌에 의한 것도 아니라는 것이다. 세상에는 선한 일을 해도 불행하게 되고, 악한 일을 해도 행복하게 사는 사람이 있듯이, 인간의 길흉화복(吉凶禍福)은 일정한 원인이나 조건에 따라 일어나는 것이 아니고 우연히 일어나는 일시적인 것에 지나지 않는다는 주장이다.

요컨대 세 가지 견해, 즉 모든 것은 신의 뜻에 의해 좌우된다고 보는 신의론, 모든 것은 과거의 업에 의해 결정된다고 보는 숙명론, 모든 것은 우연의 소산이라고 보는 우연론은 인간의 자유의지나 노력을 부정하는 외도의 세계관이다. 붓다는 이러한 세 가지가 모두 잘못된 견해라고 비판했다. 붓다는 이 세계와 인간의 길흉화복은 원인과 조건에 따라 생성되기도 하고 소멸하기도 한다고 가르쳤다. 이것이 바로 붓다의 연기법(緣起法)이다.

붓다는 그들의 주장이 잘못되었다는 증거로 인간이 겪는 느낌을 예로 들어 설명했다. 즉 사람이 어떤 느낌을 경험하는 것은 신이 창조한 것도 아니고, 전생의 행위에 기인한 것도 아니며, 원인과 조건 없이 생기는 것도 아니다. 현재 인간이 겪고 있는 즐거운 느낌이나 괴로운 느낌이나 괴롭지도 즐겁지도 않은 느낌을 경험하는 것은 신의 뜻도 아니고, 과거의 업 때문도 아니며, 우연히 생긴 것도 아니라는 것이다. 인간이 경험하는 느낌은 어떤 원인과 조건에 의해 일어나기도 하고 사라지기도 한다는 것이다.

붓다가 설한 연기법(paṭiccasamuppāda)이란 모든 존재는 그것을 성립시키는 여러 가지 '원인이나 조건 때문에 생기는 것'이고, '원인이나 조건으로 인해 형성되는 것'을 말한다. 즉 "이것이 있으면 저것이 있고, 이것이 일어나면 저것이 일어난다. 이것이 없으면 저것이 없고, 이것이 소멸하면 저것이 소멸한다."(SN.Ⅱ.28, 65, 70, 78)라는 것이다.

그러나 일부 잘못된 신관(神觀)을 가진 사람들은 코로나바이러스가 창궐한 것은 신의 뜻이라거나 신의 저주라고 주장한다. 이러한 사고는 기원전 6세기 종교인들이 가졌던 생각과 조금도 다르지 않다. 상징 언어로 기록된 성경을 문자 그대로 믿고 과학지식을 외면하는 것은 어리석은 행동이다. 또 이들은 신을 믿는 사람에게는 바이러스가 침입하지도 않고, 설령 침입했더라도 신이 해결해 줄 것이라고 말한다. 그러나 바이러스는 신과 인간도 구별할 줄도 모르고, 신의 뜻도 알지 못한다. 감염병의 창궐은 신의 뜻과는 무관하다. 바이러스의 창궐과 소멸은 오직 자연스러운 생명현상이며 진화의 한 과정일 뿐이다.

한편 일부 불교도 중에서도 바이러스의 창궐을 인간이 저지른 업(業, karma) 때문이라고 주장한다. 물론 인간이 자연을 훼손시킨 영향으로 생태계의 파괴와 기후변화를 가져온 것도 사실이다. 그러나 어떤 사람이 바이러스에 감염된 것을 그 사람의 업 때문이라고 보는 것은 잘못된 견해다. 바이러스는 선인과 악인을 구분할 수 있는 지능을 가진 생명체가 아니다. 바이러스에 감염된 자와 접촉함으로써 감염되기도 하고, 또 감염되었다 할지라도 자신의 면역기능으로 회복되기도 한다. 이러한 현상이 곧 붓다가 설한 연기법이다.

다시 말하거니와, 천재지변이나 자연재해 혹은 감염병 창궐은 인간의 의지와는 전혀 상관이 없다. 이러한 것은 하나의 자연현상일 뿐이다. 코로나바이러스에 감염되지 말라고 신이나 불보살에게 빈다고 해서 예방할 수 있는 것도 아니다. 또 그로 인해 생명을 잃은 사람은 그 사람의 업 때문도 아니다. 바이러스는 의도나 목적의식 없이 진화하기 때문에 인간의 행위, 즉 업과는 아무런 관련이 없다. 그저 하나의 자연현상에 불과하다. 그 사람의 업 때문에 바이러스에 감염되었다고 보는 것은 신의론이나 숙명론과 전혀 다를 바 없다. 바이러스 감염이 업 때문이라는 견해는 붓다의 가르침에 어긋난다.

전 지구적 인류애, 보살의 이타행

　　　　　세계적 대유행(pandemic)인 코로나19 사태로 전 세계적으로 위기에 봉착해 있다. 이 세계적 위기를 극복할 수 있는 철학적 대안은 없는가? 나는 보살의 이타행(利他行)이야말로 이 위기를 극복할 수 있는 철학적 대안이라고 생각한다. 그 근거를 『증일아함경』 제19권 제5경에서 확인할 수 있다. 한때 미륵보살이 붓다께 "보살이 몇 가지 법으로 보시해야 육바라밀(六波羅蜜)을 원만하게 갖추어 위없는 바른 깨달음을 속히 성취할 수 있겠습니까?"라고 여쭈었다. 이 물음에 대해 붓다는 이렇게 대답했다.

　　"보살이 보시할 때는 네 가지 법을 성취해야 한다. 첫째는 보시의 대상인 부처님과 벽지불(辟支佛) 그리고 범부(凡夫)를 구분하여 차별하지 말고 평등하게 베풀어야 한다. 둘째는 자신이 소유한 모든 것, 즉 신체 일부이든 권력이든 아내와 자식이든 애착하는 생각을 내지 말고 베풀어야 한다. 셋째는 보시의 공덕이 전부에 미치게 하고, 자신만의 위없는 바른 깨달음[無上正等覺]을 위한 것이 되어서는 안 된다. 넷째는 보살이 보시할 때는 마땅히 큰 서원(誓願)을 세워 모든 행을 원만하게 갖추도록 해야 한다. 만일 보살이 이 네 가지 법을 행하면 위없는 바른 깨달음을 속히 성취하게 될 것이다."(T2, p.645b)

이 경에서 말하는 보시행, 즉 보살의 이타행은 흔히 말하는 자리이타행(自利利他行)과는 차원이 다르다. 자리이타행은 남의 생명을 지키고 남을 돕는 것이 결국은 자신의 안녕을 증진한다는 것이다. 즉 이타행이 곧 자리행이 된다는 가르침이다. 이것은 '효율적 이타주의(effective altruism)'와 매우 유사하다. 효율적 이타주의란 남을 위하는 행동이 결국 나의 행복으로 이어진다는 것이다. 이 때문에 많은 사람이 봉사활동에 적극적으로 참여한다. 실제로 "이타적으로 행동하면 행복해진다."라는 사실이 실험을 통해 확인되었다.

또한 이 경에서 말하는 보살의 이타행은 진화심리학에서 말하는 '경쟁적 이타주의(competitive altruism)'와는 그 성격이 약간 다르다. 경쟁적 이타주의는 사회적 명성을 얻기 위해 경쟁적으로 이타적 행동을 하는 것을 말한다. 즉 공개적인 기부행위에 동참하는 것 등이 이에 속한다. 이들이 이타적 행위를 하는 것은 명예라는 보상이 뒤따르기 때문이다. 그러나 보살의 이타행은 어떠한 대가도 바라지 않는 순수한 자비심에서 우러나온 것이다. 이른바 조건 없는 이타행이다. 경쟁적 이타주의는 처음부터 의도를 갖고 출발한 것이지만, 보살의 이타행은 의도를 갖고 출발한 것이 아니다. 이 점이 서로 다르다. 그렇다고 해서 경쟁적 이타주의가 나쁘다는 의미는 아니다. 남에게 선행을 베풀되 베풀었다는 상(相)이나 보상을 바라는 마음이 없는 무조건적 행위여야 한다는 뜻이다.

위에서 인용한 경의 내용을 지금의 상황에 적용해 보자. 첫째는 보시의 대상을 구분하지 말고 베풀어야 한다. 부처님에게만 특별히 보시하고 다른 보통 사람에게는 보시하지 않는 것과 같은 차별을 두어서는 안 된다. 누구에게나 평등하게 보시해야 한다. 이 가르침을 오늘날의 복지정책에 대입해 보면 선별적 복지가 아니라 보편적 복지를 실시해야 한다는 것이다. 선별적 복지는 오히려 불만만 증폭시킬 수 있기 때문이다. 이 문제에 대해서는 정계는 물론 정부와 지방자치단체 사이에도 입장을 달리하고 있다. 그러나 우선 모든 사람에게 긴급재난지원금을 지급하고, 경제적으로 여유가 있는 사람들에게 지급한 금액은 나중에 세금으로 다시 환수하면 될 것이다. 이것이 붓다의 가르침에 들어맞는다.

둘째는 자신이 소유한 모든 것을 아까워하지 말고 베풀어야 한다. 이 내용 때문에 보살의 이타행은 경쟁적 이타주의와는 차원이 다르다고 말했다. 사실 보살의 이타행은 아무나 할 수 있는 것이 아니다. 성인의 경지가 아니면 행하기 어렵다. 중생이 원하는 것이면 자기 신체 일부를 떼어서라도 보시하는 것이며, 많은 사람의 이익과 행복을 위해서는 자기 아내와 자식의 생명까지도 포기하는 것이다. 이처럼 차원 높은 이타행을 국가경영에 적용하기는 어렵다. 그러나 만일 붓다라면 자국의 이익을 위해 국경까지 폐쇄하는 극단적인 정책에는 분명히 반대했을 것이다. 왜냐하면 붓다는 오직 일체중생을 사랑하는 자비심뿐이기 때문이다.

대승불교에서는 "모든 중생에게는 불성이 있다(一切衆生 悉有佛性)."라고 말한다. 『대승열반경』에 처음으로 나타나는 이 구절은 '부처가 될 가능성'을 뜻하는 '불성'이 있다는 말이다. 즉 '누구든지 부처가 될 수 있다'라는 말은 '부처가 될 수 없는 중생도 있다'라는 의미를 간접적으로 드러낸 것이다. 이른바 이상론과 현실론의 대립이라고 할 수 있다.

그러나 인간은 근본적으로 자기중심적(ego-centric) 본성을 갖고있다. 여기서 벗어나기는 참으로 어렵다. 특히 인간은 위기 상황에 직면하면 자기만 살겠다는 이기주의가 발동한다. 전 세계적으로 나타나고 있는 생필품 사재기와 같은 행동이 바로 그것이다. 그러나 정반대로 이러한 위기 상황에도 이타행을 실천하는 사람들이 있다. 이들에 의해 사회가 발전하게 된다. 세상에 알려지지 않은 수많은 보살의 이타행으로 말미암아 지금까지 인류가 멸종하지 않고 살아남은 것이다.

생명과학에 의하면 모든 생명현상은 생태계의 균형을 유지하는 방향으로 진행되고 있다. 어떤 종(種)이든 자신의 존속과 번식에 앞서 다른 개체들의 이익을 증가시키는 방향으로 행동한다. 이처럼 생명체에 이타적 행동이 나타난다. 이러한 이타적 행동은 긴

시간에 걸쳐 반복적으로 일어나며, 결국은 이타적으로 행동하는 집단 전체와 더 나아가 다른 집단의 번식을 향상하는 결과를 가져온다. 따라서 이타적 행동이 집단이나 종의 존속과 번식을 위해 지극히 당연한 자연스러운 행동이고, 이기적 행동이 오히려 자연을 거스르는 행동이다. 모든 생명체는 상호의존의 관계에 있기 때문이다.

연기의 원리에 따라 이 세계는 거미줄처럼 서로 얽혀 있다. 이미, 지구는 하나의 생명 공동체다. 자기 나라만 살겠다고 국경 폐쇄하고 방역을 잘한다고 해서 해결되는 것이 아니다. 이런 때일수록 각국이 서로 협조하여 빨리 바이러스를 퇴치하는 게 급선무이다. 남이 잘되어야 나도 잘된다는 대승의 보살 사상이 아니면 이 지구를 구제할 수가 없다. 전 지구적 인류애가 바로 보살의 이타행이다. 종교를 떠나 이타행이야말로 세계적 위기를 극복할 수 있는 철학적 대안이라고 할 수 있다.

남을 배려하는 마음

　　앞에서 세계적 대유행(pandemic)과 같은 전 인류의 위기를 극복할 수 있는 철학적 대안은 '보살의 이타행(利他行)'이라고 말했다. 이번에는 그 연장선상에서 보살의 이타행은 어떻게 형성되는가에 대해 살펴보고자 한다. 결론부터 말하면, 보살의 이타행은 '남을 배려하는 마음'에서 시작된다. 이를테면 처음에는 나의 행동으로 인해 다른 사람에게 피해를 주어서는 안 된다는 자각에서 출발하여 점차 그것이 확대되어 나보다 먼저 남을 배려하는 이타적인 마음으로 발전하게 된다.

　최근 코로나19 사태로 인해 종교와 윤리가 반드시 일치하지 않는다는 사실이 드러나 충격을 안겨주고 있다. 일부 종교계의 형태는 전혀 윤리적이지 않다. 심지어 종교와 사회윤리가 서로 충돌하는 것처럼 보인다. 이 때문에 사람들은 "종교가 사회를 걱정하는 것이 아니라, 사회가 종교를 걱정하는 시대가 되었다."라고 개탄한다. 이러한 현상이 나타나는 근본적 원인은 '남을 배려하는 마음', 즉 이타심(利他心)이 부족하기 때문이다.

불교에서는 궁극의 목적인 열반을 증득하기 위해서는 무엇보다도 먼저 계율을 철저히 지켜야 한다고 강조한다. 도덕적 생활을 꾸려나가지 않으면 결코 궁극의 목적지에 도달할 수 없다고 본다. 다시 말해 자기본위의 이기심을 버려야 마침내 지고선(至高善)으로서의 열반을 터득할 수 있게 되는 것이다.

붓다의 전생 이야기로 전해지고 있는 『본생담(本生譚, Jātaka)』에서는 붓다가 전생에 보살이었을 때, 여러 생을 통해 보살의 이타적·희생적 행위를 닦았기 때문에 마침내 깨달음을 성취하게 되었다고 설해져 있다. 즉 붓다의 깨달음도 희생적·도덕적 생활을 꾸려나간 결과임을 암시한다. 이처럼 불교에서는 도덕적 생활을 종교 생활의 중요한 요소로 보고 있다. 왜냐하면 도덕적 행위가 바로 '남을 배려하는 마음', 즉 이타심에 토대를 두고 있기 때문이다. 붓다가 제정한 바라제목차 가운데 상당수가 다른 동료 비구들에게 피해를 주지 않기 위해 제정된 것이다.

그러면 왜 붓다는 이타심을 장려하는가? 그 근거는 무엇인가? 붓다는 세 가지 입장을 제시하고 있다. 첫째는 공리적(功利的) 입장에서 이타심을 장려했다. 붓다는 선인선과(善因善果) 악인악과(惡因惡果)의 법칙에 의한 공리적 입장에서 악을 끊고 선을 닦으라고 권했다. 악을 행하면 당장에는 자기의 만족을 얻을지 모르나, 오랫동안 그 괴로움의 과보를 받기 때문에 결국에는 손해다. 반면 선을 행하면 당장에는 자기희생이 따를지 모르나, 그 보수로서 오랫동안 행복을 얻기 때문에, 결국에는 이익이 된다는 것이다.

둘째는 삼세인과(三世因果)의 입장에서 이타심을 장려했다. 삼세인과의 측면에서 보면 일체 중생은 과거세의 어느 때에 반드시 나의 부모·형제·처자·친척·스승이나 벗·선지식이었다. 연기법에 따르면, 이 세계는 모두 상호의존의 관계로 성립되어 있어서 자기의 만족을 위해 남을 해쳐서는 안 된다는 것이다. 남을 해치는 것은 곧 자기를 해치는 것이 되며, 남을 돕는 것은 곧 자기를 돕는 것이 된다는 것이다.

셋째는 동정(同情)의 입장에서 이타심을 장려했다. 이른바 인정(人情)에 기초한 이타심을 장려했다. 내가 원하지 않는 것은 남도 원하지 않으며, 내가 원하는 것은 남도 원한다. 『잡아함경』 제37권 제1044경에서 붓다는 무엇 때문에 우리는 살생·투도·사음·망어·악구·기어·양설 등을 피하지 않으면 안 되는가에 대해 다음과 같이 설하고 있다.

"나는 살기를 바라고, 불사(不死)를 바라고, 행복을 바라고, 괴로움 피하기를 바란다. 그러면서 타인의 생명을 파괴해서야 되겠는가. 자기의 불애(不愛)·불쾌(不快)의 법은 남에게 있어서도 또한 불애·불쾌의 법이다. 이렇게 생각함으로써 스스로 살생을 떠나고, 남에게 불살생을 지키게 하며, 항상 불살생계를 찬탄한다. 투도·사음·망어·악구·기어·양설 등도 이와 똑같다."(T2, p.273b) 이 가르침은 '내가 원하지 않는 것을 남에게 행하지 말라'(己所不欲, 勿施於人)는 입장에서 몸과 입으로 짓는 행위를 해서는 안 되는 이유를 제시한 것이다. 다른 말로 표현하면 '자기를 사랑하는 자는 남을 해치지 말라'는 것이다.

이처럼 '남을 배려하는 마음', 즉 이타심은 사회적으로는 네 가지 형태로 나타난다. 이른바 사섭법(四攝法)이 그것이다. 붓다는 한 가정에서부터 전 세계에 이르기까지 하나의 공동체로 단결시키는 데 있어서 필수 불가결의 덕목으로서 가장 중시한 것이 바로 사섭법이라고 강조했다. 사섭법이란 보시(布施)·애어(愛語)·이행(利行)·동사(同事)를 말한다.

첫째, 보시는 부자가 가난한 자에게 재물을 베풀고, 현자가 어리석은 자에게 법을 베푸는 것이다.

둘째, 애어는 따뜻하고 자비스러운 말로써 서로 대화하고 위로하고 격려하는 것이다. 모르는 사람과 마주쳤을 때 서로 인사하는 것도 애어에 포함된다.

셋째, 이행은 단체생활의 이익, 즉 공익을 도모하는 것인데, 지금의 사회봉사가 이에 속한다.

넷째, 동사란 자신을 스스로 단체에 동화(同化)시키는 것이다. 이것이 단체생활의 덕목 중 가장 중요한 것이다. 왜냐하면 이 정신이 없다면 사회가 하나의 집단으로서 성립할 수 없기 때문이다. 그렇다고 해서 나쁜 일에까지 자기를 동화시키라는 의미는 아니다. 그 단체의 규칙이나 관습 등이 법에 어긋나지 않는 한 자기를 거기에 동화시키라는 것이다. 이러한 사섭법도 '남을 배려하는 마음'에서 비롯된다는 것이다.

전염병은 바이러스에 감염된 사람과의 접촉을 통해 감염되기 때문에 물리적 거리 두기를 실천하고, 외출 시에는 반드시 마스크를 착용하고, 손 씻기를 권장하고 있다. 이러한 행위 자체가 나를 보호하는 수단이지만, 또한 다른 사람에 대한 배려다. 자신도 모르는 사이 바이러스에 감염되었을지도 모르기 때문이다. 모든 세계인이 이러한 배려의 마음을 실천한다면 코로나바이러스도 극복할 수 있을 것이다. 그리고 사회관계망서비스(SNS)에 바이러스를 피해 호화별장에서 잘 보내고 있다거나 고급음식을 먹었다거나 좋은 차를 마셨다고 자랑하는 것은 공감 능력이 떨어지는 사람들의 행동이다. 지금 힘든 시기를 보내고 있는 사람들에게 위화감을 줄 수 있는 행동도 가능하면 삼가는 것이 좋다. '남을 배려하는 마음'을 가진 사람이 바로 진정한 붓다의 제자들이다.

크나큰 재난에 대처하는 방법

인간 사회는 자연재해와 인간의 끝없는 탐욕에서 비롯된 전쟁의 연속이었다. 특히 천재지변과 같은 자연재해나 팬데믹(pandemic, 세계적 유행병)과 같은 감염병이 창궐했을 때, 우리는 이 크나큰 재난에 어떻게 대처해야 하는가? 이 물음에 대한 해답을 「빱바뚜빠마 숫따(Pabbatūpama-sutta, 산의 비유경)」(SN3:25)에서 찾을 수 있다. 이 경은 꼬살라국의 빠세나디(Pasenadi, 波斯匿王) 왕과 붓다의 대화로 이루어져 있는데, 대화의 주제는 거대한 석산이 무너져 내리는 것과 같은 큰 재해가 일어났을 때 왕이 무엇을 해야 하며, 늙음과 죽음이 맹렬하게 추격해 올 때 왕이 무엇을 해야 하는가에 관한 것이다.

한때 빠세나디 왕이 한낮에 먼지를 뒤집어쓴 채 붓다를 찾아왔다. 붓다는 "대왕이시여, 어디서 오는 길입니까?"라고 물었다.

그러자 왕은 "광대한 영토를 다스리는 끄샤뜨리야 왕에게는 왕으로서 해야 할 일들이 있습니다. 저는 요즘 그 일에 성심을 다하고 있습니다."라고 대답했다. 주석서에 따르면 왕은 조금 전 반란을 모의한 500명의 반역자를 잡아 극형에 처했다고 한다. 그러나 경에서는 이에 대한 언급이 없다. 다만 붓다는 왕에게 다음과 같이 묻는다.

"대왕이시여, 크나큰 재난이 일어나서 무시무시한 인간의 파멸이 벌어지고 인간으로서 더는 존재하기가 어려워졌을 때 왕은 무엇을 해야 합니까?" 이 물음은 국가적으로 큰 재난, 즉 지진이나 화산 폭발과 같은 천재지변이 일어났을 때 왕은 무엇을 해야 하는가에 관한 질문이다. 경에서는 큰 석산이 모든 것을 쓸어버리고 있다고 묘사하고 있다. 이것은 화산이 폭발하여 용암이 흘러내리는 광경을 묘사한 것으로 보인다.

"세존이시여, 이와 같은 크나큰 재난이 일어나서 무시무시한 인간의 파멸이 벌어지고 인간으로 더는 존재하기가 어려워졌을 때는 법대로 행하고(dhamma-cariyā, 法行) 바르게 행하고(sama-cariyā, 正行 혹은 平等行) 선을 행하고(kusala-kiriyā, 善業) 공덕을 짓는 것 (puñña-kiriyā, 福業) 외에 더 무엇을 할 수 있겠습니까?"(SN. I.101)

왕은 국가적 재난 상황에서는 '법대로 행하고 바르게 행하고 선을 행하고 공덕을 짓는 것' 외에 더 무엇을 할 수 있겠느냐고 반문한다. 영민한 왕의 통찰력이다. 이것은 시사(示唆)하는 바가 크다. 왕이 말한 '법대로 행하고, 바르게 행하고'를 주석서에서는 '열 가지 유익한 업의 길', 즉 십선업도(十善業道)를 실천하는 것이라고 해석한다.

십선업도를 십선(十善) 혹은 십선계(十善戒)라고도 한다. 십선이란 몸과 말과 뜻으로 짓는 열 가지 청정한 일을 말한다. 이른바 ① 불살생(不殺生), ②불투도(不偸盜), ③불사음(不邪婬), ④불망어(不妄語), ⑤불악구(不惡口), ⑥불양설(不兩舌), ⑦불기어(不綺語), ⑧불탐욕(不貪欲), ⑨부진에(不嗔恚), ⑩불사견(不邪見) 등이다.

사실 지진이나 태풍 등 자연재해가 발생했을 때, 인간이 할 수 있는 일은 그리 많지 않다. 국가적으로 크나큰 재난이 닥쳤을 때, 왕으로서 할 수 있는 일은 선정(善政)을 베푸는 것뿐이다. 즉 재난을 당한 사람들을 구제하고 그들에게 필요한 물품을 제공하는 것이 왕이 할 수 있는 일이다. 그것을 다하지 않는다면 훌륭한 통치자라고 할 수 없다.

그러자 다시 붓다는 왕에게 "지금 늙음과 죽음이 그대를 향해 맹렬하게 추격해 오고 있습니다. 대왕이시여, 늙음과 죽음이 그대를 향해 맹렬하게 추격해 오고 있을 때 그대는 무엇을 해야 합니까?"라고 물었다.

"세존이시여, 늙음과 죽음이 저를 향해 맹렬하게 추격해 오고 있을 때는 '법대로 행하고 바르게 행하고 선을 행하고 공덕을 짓는 것' 외에 더 무엇을 할 수 있겠습니까? 광대한 영토를 다스리는 끄샤뜨리야 왕에게는 코끼리 부대[象軍]가 있습니다. 세존이시여, 그러나 그런 코끼리 부대로도(기마부대로도, 전차부대로도, 보병부대로도) 맹렬하게 추격해 오는 늙음과 죽음에 대해서는 어떻게 해볼 도리도 없고, 어떻게 해볼 대책도 없습니다."(SN. I. 101)

또 왕의 곁에는 큰 위력을 가진 대신들이 있고, 왕은 많은 재물을 보관하고 있다. 적들이 쳐들어오면 뛰어난 대신들이 책략으로 적들의 분열을 획책할 수 있고, 재물로 적들을 설득할 수 있다. 그러나 대신과 재물도 맹렬하게 추격해 오는 늙음과 죽음에 대해서는 어떻게 해볼 도리가 없다고 실토한다. 그러자 붓다는 왕에게 이렇게 말한다.

"참으로 그러합니다. 대왕이시여, 참으로 그러합니다. 대왕이시여, 늙음과 죽음이 그대를 향해 맹렬하게 추격해 오고 있을 때는 '법대로 행하고 바르게 행하고 선을 행하고 공덕을 짓는 것' 외에 더 무엇을 할 수 있겠습니까?"(SN.Ⅰ.101)

이것은 코끼리부대, 기마부대, 전차부대, 보병부대와 훌륭한 대신, 그리고 많은 재물을 가진 왕일지라도 맹렬하게 추격해 오는 늙음과 죽음에 대해서는 어떻게 해볼 도리가 없다는 것이다. 다만 그 대안으로 '법대로 행하고 바르게 행하고 선을 행하고 공덕을 짓는 것'뿐임을 강조하고 있다.

한편 이 경에 대응하는 『잡아함경』 제42권 제1147경 「석산경(石山經)」에서는 재난으로 위기에 처했을 때는 "오직 바름을 행하고 법을 행하고 복을 행하며, 오로지 부처님의 가르침에 귀의하는 것일 뿐(唯有行義·行法·行福, 於佛法教專心歸依)"(T2, p.305b)이라고 되어 있다. 또 늙음과 죽음이 추격해 올 때는 "마땅히 바름을 닦고, 법을 닦고, 복을 닦고, 선을 닦고, 자애를 닦고, 부처님의 가르침 안에서 방편으로 노력하는 것일 뿐(正當修義·修法·修福·修善·修慈, 於佛法中精勤方便)"(T2, p.305c)이라고 한다.

이 경의 앞부분에서는 바름을 행하고[行義], 법을 행하고[行法], 복을 행하고[福行]라고 표현하고 있지만, 뒷부분에서는 바름을 닦고[修義], 법을 닦고[修法], 선을 닦고[修善], 자애를 닦고[修慈]로 표현하고 있다. 말만 다를 뿐 그 의미에는 큰 차이가 없다. 마찬가지로 『상윳따 니까야』에 나타난 교설과 한역 『잡아함경』에 나타난 교설이 서로 표현만 다를 뿐 똑같은 내용을 설하고 있다.

지금, 이 순간에도 자연재해와 코로나바이러스와 같은 감염병이 인류의 안전을 위협하고 있다. 또 개인적으로는 늙음과 죽음이 추격해 오고 있다. 이러한 때에 우리가 할 수 있는 일은 '법대로 행하고 바르게 행하고 선을 행하고 공덕을 짓는 것'뿐이다.

불교의 이상적인 통치자, 전륜성왕

　　많은 사람이 정치적 유혹을 뿌리치지 못하듯, 사꺄무니 붓다도 정치에 대한 미련을 완전히 떨쳐버리지 못했던 것으로 보인다. 그 증거를 「랏자 숫따(Rajja-sutta, 統治經)」(SN4:20)에서 확인할 수 있다. 「랏자 숫따」는 신화적 수법을 동원하고 있는 오래된 형태, 즉 고형(古形)의 경전에 속한다. 이 경에 따르면 붓다는 '법답게 통치하는 것이 가능하겠는가?'라는 생각을 일으켰다. 그러자 마라 빠삐만(Māra pāpiman, 魔王波旬)이 등장하여 붓다께서 직접 통치하라고 유혹한다. 그러나 붓다는 마라의 유혹에 넘어가지 않았다는 것이 이 경의 핵심이다.

　　한때 붓다는 히말라야 산기슭의 초암(草庵)에 머물고 있었다. 그때 붓다가 홀로 명상하고 있을 때 이런 생각이 떠올랐다. '살해하지 않고 살해하도록 하지 않고, 정복하지 않고 정복하도록 하지 않고, 슬퍼하지 않고 슬퍼하지 않도록 법답게 통치하는 것이 가능하겠는가?'(SN.I.116) 이 경에 대응하는 『잡아함경』 제39권 제1098경 「작왕경(作王經)」에서는 "'왕이 되어서도 살생하지 않고, 살생하라고 시키지도 않고, 한결같이 법에 따라 행하고, 법 아닌 것을 행하지 않을 수 있을까?'(頗有作王, 能得不殺, 不敎人殺, 一向行法, 不行非法耶)라는 생각이 떠올랐다."(T2, p.288c)라고 한다.

당시 왕들은 법답게 통치하지 않고, 끊임없는 전쟁으로 수많은 사람을 죽였다. 그것을 보고 붓다는 '사람을 죽이지 않고 죽이도록 하지 않고, 정복하지 않고 정복하도록 하지 않' 통치하는 것은 불가능한가에 대해 고심했던 것 같다. 붓다의 마음속에 이런 생각이 떠올랐다는 것은 직접 통치에 대한 미련이 남아 있었다는 증거라고 할 수 있다.

그때 마라 빠삐만이 세존께서 직접 법답게 통치하라고 유혹한다. 이처럼 마라는 붓다를 유혹해서 세속적인 권력을 지향하도록 유도한다. 그러자 붓다는 "빠삐만이여, 그대는 무엇을 보았기에 나에게 그렇게 하라고 말하는가?"(SN.I.116)라고 묻는다. 마라는 그 이유를 다음과 같이 밝히고 있다.

"세존께서는 사여의족(四如意足, cattāri iddhipādā)을 닦고, 많이 익히고, 그것을 바탕으로 삼고, 확립하고, 굳건히 하고, 부지런히 닦습니다. 그러므로 세존께서 원하시면, 산의 왕 히말라야가 황금이 되길 결심만 하시어도 그 산은 바로 황금이 될 것입니다."(SN.I.116)

사여의족을 사신족(四神足)으로 번역하기도 하는데, ①욕여의족(chanda), ②정진여의족(viriya), ③심여의족(citta), ④사유여의족(vīmaṃsa)이다. 즉 올바른 이상에의 욕구와 정진과 마음을 통일한 선정과 사유의 지혜가 뜻대로 자유롭게 작용하는 것을 말한다.

마라는 붓다가 사여의족을 갖추었기 때문에 원하기만 하면 산을 황금으로 바꿀 수도 있지 않겠느냐고 말한다. 마라가 황금의 재물로 붓다를 유혹하는 장면이다. 그러나 붓다는 다음과 같은 게송으로 마라의 유혹을 뿌리친다.

> 황금으로 이루어진 산이 있어
> 그 모든 황금이 두 배가 되어도
> 한 사람에게도 충분하지 않네.
> 이렇게 알고 올바로 살아야 하리.
>
> 괴로움과 그 원인을 본 사람이
> 어떻게 감각적 욕망에 빠지겠는가.
> 애착을 세상의 결박으로 알고,
> 사람은 그것을 끊기 위해 힘써야 하리.(SN. I.117)

이 게송의 핵심은 '괴로움과 괴로움의 원인을 본 사람은 어떠한 세속적 욕망에도 빠지지 않는다'라는 것이다. 그러나 한역에서는 약간 다르게 설명하고 있다.

"세존께서 파순에게 말씀하셨다. 나는 국왕이 되고 싶은 마음이 전혀 없다. 그러니 어떻게 왕이 되겠는가? 나는 또한 설산을 순금으로 변하게 하고 싶은 마음이 전혀 없다. 그런데 어떻게 변하겠는가? 그때 세존께서 곧 게송으로 말씀하셨다."(T2, pp.288c-289a)

> 설령 여기에 저 설산만 한
> 순금 덩어리가 있다고 하자.
> 어떤 사람이 그 금을 얻는다고 해도
> 그래도 만족할 줄 모를 것이다.
> 그러므로 지혜로운 사람은, 금과 돌을 같게 보느니라.(T2, p.289a)

니까야의 「통치경」과 아가마의 「작왕경」에서는 마라가 세존께서 정법으로 직접 통치하라는 유혹을 뿌리쳤다고 한다. 그러나 붓다는 정법 통치에 대한 확신을 포기하지 않았다. 왜냐하면 초기경전의 여러 곳에서 '전륜성왕(轉輪聖王, cakkavattin)'이 통치하는 이상사회에 대해 설하고 있기 때문이다. 붓다는 전륜성왕이 출현하여 중생들의 문제를 해결해 줄 수 있다고 보았다. 그러한 붓다의 생각을 체계화시킨 것이 바로 전륜성왕의 이상적인 통치자상(統治者像)이다.

이 때문에 불교에서는 '전륜성왕'을 이상적인 통치자로 여기며, 그가 다스리는 국가를 이상사회라고 한다. 이러한 전륜성왕의 통치 철학을 실제로 실현하고자 했던 인물이 바로 인도의 아쇼까(Aśoka, B.C. 273-232 재위) 왕이었다. 그는 고대 인도 마우리아(Maurya) 왕조의 세 번째 왕이었다. 그의 통치 기간이 인도에서 가장 번영한 시기였다고 한다. 민주주의 사회에서 전륜성왕을 이상적인 모델로 삼기는 어렵겠지만, 전륜성왕의 정치철학은 오늘날에도 유효하다. 최고 통치자가 갖추어야 할 덕목은 예나 지금이나 다르지 않기 때문이다. 한 나라의 최고 통치자가 되고자 한다면, 무엇보다도 먼저 확고부동한 정치철학이 있어야 한다. 아울러 국정 전반에 대한 풍부한 식견과 경험을 겸비해야 한다. 그리고 사태의 본질을 파악하고 해결할 수 있는 판단력, 통찰력, 결단력을 두루 갖추어야 한다.

사람이나 사물이 가진 속성

　　　　　　　『앙굿따라 니까야』의 「발라 숫따(Bala-sutta, 力經)」
(AN8:27)라는 아주 짧은 경은 '여덟 가지 힘'에 관해 설하고 있다.
이 경의 전문은 다음과 같다.

> 비구들이여, 이러한 여덟 가지 힘이 있다. 여덟 가지란 무엇인
> 가? 어린아이는 울음이 힘이고, 부인은 잔소리가 힘이고, 도둑
> 은 무기가 힘이고, 왕은 권력이 힘이고, 어리석은 자는 불만이
> 힘이고, 지혜로운 자는 성찰이 힘이고, 많이 배운 자는 숙고가
> 힘이고, 사문과 바라문은 인내가 힘이다. 비구들이여, 이러한
> 여덟 가지 힘이 있다.(AN.Ⅳ.223)

　　이 경의 내용이 한역 『증일아함경』과 『잡아함경』에도 나타난다.

이로 미루어 이 경은 경전성립사적(經典成立史的)으로 고층(古層)에 해당하는 것 같다. 그런데 니까야에는 이 경을 설하게 된 배경에 대한 설명이 없다. 그러나 이 경에 대응하는 『증일아함경』 제31권 제1경에서는 세존께서 사왓티의 기수급고독원에서 여러 비구에게 설한 것으로 되어 있다.

필자가 "부인은 잔소리가 힘이다(kodhabalā mātugāmā)"라고 번역했지만, 다른 사람들은 문자 그대로 "여인은 성냄으로 힘을 삼고" 또는 "여자들은 화내는 것이 힘이다."라고 번역했다. 『앙굿따라 니까야』를 영어로 번역한 하레(E.M. Hare)는 "(남편에 대한) 부인의 잔소리"로 번역했다. 문자 그대로 여성은 성냄으로 힘을 삼는다고 번역하면 여성을 비하하는 것이 되기 때문이다.

또 "도둑들은 무기(武器)가 힘이다(āvudhabalā corā)"라고 한 것은 단순히 남의 물건을 훔치는 좀도둑을 의미하는 것이 아닌 듯하다. 여기서 말하는 도둑은 무기로 사람을 살상한 뒤 귀중품을 탈취해 가는 오늘날의 강도나 조직폭력배의 개념에 가깝다. 그래서 하레는 "도둑들의 힘은 싸우는 것"이라고 번역했다.

또 하레는 빨리어 발라(bala)를 문자 그대로 '힘[力]'으로 번역하지 않고, 어떤 사람이나 사물이 가진 '속성(attribute)'이라고 이해했다. 따라서 위 경문을 다시 정리해 보면, 어린아이의 속성은 울음이고, 부인의 속성은 남편에 대한 잔소리이고, 강도의 속성은 싸움이고, 왕의 속성은 권력이고, 어리석은 자의 속성은 남을 헐뜯음[毁訾]이고, 지혜로운 자의 속성은 살피고 깊이 생각하는 심려(審慮)이고, 많이 배운 자의 속성은 철저히 검토하는 것이고, 사문과 바라문의 속성은 인내하는 것이다.

한편 이 경에 대응하는 『증일아함경』 제31권 제1경에서는 여섯 가지 힘을 언급하고 있다.

"여섯 가지란 무엇인가? 어린아이는 울음으로 힘을 삼아 할 말이 있으면 반드시 먼저 운다. 여자는 성냄으로 힘을 삼아 성을 낸 뒤에 말을 한다. 사문과 바라문은 참음으로 힘을 삼아 항상 겸손할 것을 생각하고 남들보다 낮춘 뒤에 자기 말을 한다. 국왕은 권위로 힘을 삼아 그 큰 권력으로 자기 말을 한다. 그리고 아라한은 골똘하고 정밀함으로 힘을 삼아 자기 말을 한다. 모든 불세존께서는 큰 자비를 성취하고 그 큰 자비로 힘을 삼아 중생들에게 널리 이익을 주느니라."(T2, p.717b)

이상에서 보듯, 『앙굿따라 니까야』(AN8:27)와 『증일아함경』(EA38:1)의 내용이 일치하지 않는다. 『앙굿따라 니까야』에서는 어린아이, 도둑, 왕, 어리석은 자, 지혜로운 자, 많이 배운 자, 사문과 바라문의 힘에 대해 언급하고 있지만, 『증일아함경』에서는 어린아이, 여자, 사문과 바라문, 국왕, 아라한, 불세존의 힘에 대해 언급하고 있다. 두 경전에 공통으로 나타나는 것은 어린아이, 여자, 사문과 바라문, 국왕 등 네 가지의 힘이다. 반면 『증일아함경』에서는 도둑과 어리석은 자가 빠지고, 지혜로운 자와 많이 배운 자 대신에 아라한과 불세존이 들어가 있다. 그러나 이 경에서 말하고자 하는 의도에는 큰 차이가 없다.

한편 『잡아함경』 제26권 제692경인 「팔력경(八力經)」과 제693경인 「광설팔력경(廣說八力經)」에서는 약간 다르게 기술되어 있다. 「팔력경」에서는 "이른바 자재왕의 힘(自在王者力), 일을 결단하는 대신의 힘(斷事大臣力), 원한을 맺는 여자의 힘(結恨女人力), 우는 아이의 힘(啼泣嬰兒力), 비방하는 어리석은 이의 힘(毀呰愚人力), 자세하고 명료한 지혜의 힘(審諦黠慧力), 출가하여 인욕하는 힘(忍辱出家力), 많이 들어 깊이 생각하는 힘(計數多聞力)"(T2, p.188b)이라고 간략하게 서술되어 있다.

반면 「광설팔력경」에서는 「팔력경」에서 언급한 '여덟 가지 힘'이 무엇을 의미하는지 보충 설명을 덧붙이고 있다.

"이른바 자재왕의 힘이란 왕이 자유자재로 한 위력을 나타내는 것이다. 일을 결단하는 대신의 힘이란 대신이 일을 결단하는 능력을 나타내는 것이다. 원한을 맺는 여자의 힘이란 여인의 특성상 원한을 맺는 힘을 나타내는 것이다. 우는 아이의 힘이란 아이의 특성상 우는 힘을 나타내는 것이다. 비방하는 어리석은 이의 힘이란 어리석은 이의 특성상 일에 맞닥뜨리면 비방하여 말하는 것이다. 자세하고 명료한 지혜의 힘이란 지혜로운 사람이 언제나 자세하고 명료하게 살피는 것을 나타내는 것이다. 출가하여 인욕하는 힘이란 출가한 사람이 항상 인욕하는 것을 나타내는 것이다. 많이 들어 깊이 생각하는 힘이란 많이 들어 아는 사람은 언제나 생각하고 헤아리는 것을 나타내는 것이니라."(T2, p.188b)

이처럼 상좌부에서 전승한 니까야와 설일체유부에서 전승한 아가마가 일치하지는 않지만, '여덟 가지 힘' 중에서 지혜로운 사람, 출가한 사람, 많이 배운 사람이 갖춘 힘을 본받아야 한다는 것이 이 경을 설한 붓다의 본래 의도인 것 같다.

여기에 하나 더 추가한다면, 오늘날에는 각 개인이 가진 능력과 돈과 재물[財貨]의 힘이다. 특히 자본주의 사회에서는 돈과 재물보다 큰 위력을 발휘하는 것은 없는 것 같다. 비록 남보다 뛰어난 재능과 인격을 갖추었더라도 재화를 획득하지 못하면 열등한 사람으로 취급받는다. 세상 사람들은 재화의 유무에 따라 사람을 평가한다. 이 때문에 돈보다 소중한 정신적 행복이나 수행의 가치가 퇴색되고 있다. 진정한 행복은 물질적 풍요와 함께 정신적 발전이 균형을 이루어야만 가능하다. 다시 말해 물질과 정신의 균형 발전이야말로 진정한 행복이라고 할 수 있다.

중도의 사회적 실천 방법

우리나라의 대법원 청사 정면에는 자유·평등·정의라는 세 단어가 새겨져 있다. 국민의 기본권인 자유·평등·정의를 최종적으로 보장하는 사법기관이 대법원임을 상징하는 듯하다. 그러나 인간 사회(human society)에서 자유·평등·정의가 단 한 번도 실현된 적이 없다. 이것은 하나의 이상일뿐만 아니라 자유·평등·정의는 서로 모순되기도 한다. 즉 '자유'와 '평등'은 서로 대립하는 이념이다. 인간에게 자유를 부여하는 한, 개인의 능력이나 노력의 차이 등으로 인해 오히려 불평등이 심화한다. 정의도 마찬가지다. 어떤 가치에 토대를 두느냐에 따라 정의의 개념이 달라진다. 존 롤스와 마이클 샌델의 정의론이 다른 것도 이 때문이다.

특히 신자유주의 경제체제 하에서 일어나는 사회적 불평등을 줄이기 위해서는 최소한 사회적 차별이 철폐되어야 한다. 사회 각

분야에는 너무나 많은 차별이 현존한다. 그러한 차별을 법적으로 차단하기 위해 국회에서 포괄적 차별금지법 제정을 추진하고 있다.

"차별금지법은 특정 소수자 집단에 대한 차별을 막기 위한 법이다. 여러 국가 및 국제단체에서는 각기 다른 차별금지법을 채택하고 있으며, 보호하는 집단과 금지하는 차별 사유 등에 있어서 서로 차이점들이 있다. 보통 성별, 인종, 종교, 장애, 성 정체성, 성적 지향, 사상, 정치적 의견 등을 이유로 한 정치적·경제적·사회적·문화적 생활영역에 있어서 합리적인 이유 없는 차별과 혐오 표현을 금지하는 법률이 이에 해당한다."[위키백과]

차별금지법은 모든 종류의 차별을 다루는 포괄적 차별금지법과 인종, 성별, 장애 등 특정 차별만 다루는 개별적 차별금지법으로 나뉜다. 우리나라의 차별금지법은 국가인권위원회법에서 일부 내용을 정하고 있으나 중앙 정부에서는 2007년 제17대 국회에서 처음 발의된 이래, 새로 출범하는 국회마다 계속하여 발의되고 있다. 그러나 기독교에서 동성애를 문제 삼아 반대하고 있다.

사회적 차별을 법적으로 차단하는 차별금지법 제정도 중요하지만, 불교에서는 사회적 현상을 이분법적으로 보는 분별과 차별의 시각에서 벗어나야 한다는 중도 사상을 강조하고 있다. 초기불교의 중도 사상은 이론체계이면서 실천체계로 되어 있다. 그러나 이론체계보다는 실천체계에 무게 중심을 두고 있는 것이 사실이다. 불교에서는 개인과 사회에서의 다툼이 없는 완전한 평화[열반]를 위한 실천의 길을 추구하고 있다. 완전한 평화의 길은 바로 양극단의 분별과 차별에서 벗어난 삶을 말한다. 분별과 차별은 고락(苦樂), 자타(自他), 단상(斷常), 유무(有無), 일이(一異), 일다(一多) 등이다. 이러한 두 극단을 극복한 것이 바로 중도이다. 불교의 중도는 사회 실천적 측면에서도 중대한 의미를 지닌다. 붓다는 중도로 이원적이고 이분법적인 입장을 파기(破棄)했다. 이른바 우열, 빈부, 귀천, 미추(美醜), 정(淨)과 부정(不淨), 다소(多少), 고하(高下), 장단(長短) 등과 같은 이분법적 가치관에 사로잡혀 끊임없는 시비(是非)와 싸움의 삶을 떠나는 것이다. 즉 남녀 차별, 인종 차별, 민족차별, 종 차별, 외모 차별, 종교 차별, 빈부 차별, 지역 차별 등의 문제들이다.

「아라나위방가 숫따(Araṇavibhaṅga-sutta, 無諍分別經)」(MN139)에서 붓다는 양극단을 극복할 수 있는 중도를 설하고 있다.

"①저열하고 비천하며 속되고 성스럽지 못하고 이익 없는 감각적 욕망을 추구해서는 안 된다. 괴롭고 성스럽지 못하고 이익 없는 자기 학대에 몰두해서는 안 된다. ②양극단을 떠나 여래는 중도를 완전히 알아차렸다. 그것은 눈을 뜨게 하고 앎을 일으키며 고요함과 최상의 지혜와 바른 깨달음과 열반으로 이끈다. ③ 칭찬해야 할 것을 알아야 하고 비난해야 할 것을 알아야 한다. 칭찬할 것을 알고 비난해야 할 것을 알고는 칭찬도 비난도 하지 말고 오직 법을 설(說)해야 한다. ④즐거움을 판별할 줄 알아야 한다. 즐거움을 판별할 줄 알아서 안으로 즐거움을 추구해야 한다. ⑤비밀스러운 이야기를 해서도 안 되고 공개적으로 비판해서도 안 된다. ⑥침착하게 말해야 하고 다급하게 말해서는 안 된다. ⑦방언을 고집해서도 안 되고 표준어를 무시해서도 안 된다."(MN.Ⅲ.230)

①과 ②는 「전법륜경」에 나오는 중요한 대목이다. 즉 붓다는 고행주의와 쾌락주의 양극단을 떠나 중도(中道, majjhimā paṭipadā)를 완전히 알아차렸다. 즉 중도는 눈을 뜨게 하고 앎을 일으키며 고요함과 최상의 지혜와 바른 깨달음과 열반으로 이끈다. 이것이 팔정도(八正道)이다. 그러나 나머지 부분은 중도의 사회적 실천에 관한 것이다.

이른바 "칭찬해야 할 것을 알고 비난해야 할 것을 알고는 칭찬도 비난도 하지 말고 오직 법을 이야기해야 한다. 비밀스러운 이야기를 해서도 안 되고 공개적으로 비판해서도 안 된다." 이 경구는 타인과의 관계 속에서 마음속에 우열과 옳고 그름을 떠나 분별하지 않고 차별하지 않고 사람을 평등하게 대해야 한다는 것이다. 분별심이란 외모의 아름다움과 추함, 가난함과 부유함이라는 두 극단에 따른 외모 차별과 빈부 차별 등을 말한다. 잘생기고 못생겼다는 우열과 아름다움과 추함의 옳고 그름은 바로 차별로 나타난다. 그러나 평등심으로 상대적이고 대립적인 두 극단의 심리상태에서 벗어나야 한다. 그것이 바로 중도의 사회적 실천이다.

붓다는 비구들이 이 나라 저 나라 국경을 넘나들며 유행할 때, "그 나라의 풍속과 법을 따라 옳거니 그르거니 따지지 말라."고 당부했다. 이것을 출세간과 정교분리의 태도로 설명하기도 한다.

그러나 이 구절은 대단히 적극적인 '사회 실천적 중도'의 의미를 담고 있다. 이 구절은 단순하게 세간의 풍습과 법에 대한 무관심이나 방관을 의미하는 것이 아니다. 이것은 '문화적 상대성'을 적극적으로 인정해야 한다는 사회적 실천을 담고 있는 경구로 해석해야 한다.

인류는 과거에서 현재에 이르기까지 서로 다른 문화와의 차이를 인정하지 못하고 배타적으로 차별하여 대립과 갈등 그리고 충돌을 일으키고 있다. 이로써 집단 간, 국가 간, 문화권 간에 전쟁이라는 극단의 폭력까지도 불사한다. 이 때문에 현재 구조적 폭력은 물론 문화적 폭력으로 확장되기도 한다. 차별은 모든 종류의 폭력을 일으키는 원인이다. 차별금지법 제정보다 마음속의 분별심과 이분법적 사고에서 벗어나는 것이 급선무다. 불교에서 사회적 실천 방법으로써 중도를 강조하는 것도 이 때문이다.

평화의 불교적 의미

　　　　　'평화'에 해당하는 불교 용어는 산띠(santi, Sk. śānti)
와 '닙바나(nibbāna, Sk. nirvāṇa)'이다. 산스끄리뜨 싼띠(śānti)는 어근
쌈(śam)에서 파생된 명사로, '적정(寂靜)', '적멸(寂滅)', 안온(安穩), 지
식(止息), 열반(涅槃) 등으로 번역된다. 빨리어 '닙바나'와 산스끄리
뜨 '니르와나'는 '열반(涅槃)'으로 음사(音寫)된다.

　　『마하닛데사(Mahāniddesa, 大義釋)』에 의하면 산띠(santi)에는 세 가
지 종류가 있다. 즉 앗짠따–산띠(accanta-santi, 究竟寂), 따당가–산
띠(tadaṅga-santi, 彼分寂), 삼무띠–산띠(sammuti-santi, 世俗寂)이다.

　　첫째의 앗짠따–산띠란 번뇌를 완전히 끊어버린 불사(不死)나 열
반(涅槃)의 경지를 말한다. 『상윳따 니까야』에 나오는 다음의 대
목이 이에 해당한다. 즉 "이것은 모든 조건 지어진 것들의 평정,
모든 집착의 포기, 갈애의 소멸, 탐욕에서 벗어남, 적멸, 열반이

다."(SN. I .136)

둘째의 따당가–산띠란 번뇌 일부가 선정(禪定) 때문에 일시적
으로 억눌린 경지를 말한다. 『앙굿따라 니까야』에 나오는 다음의
대목이 이에 해당한다. 즉 "형상을 초월하여 형상을 여읜 고요한
해탈에 몸을 접촉할 수 있지만, 번뇌가 부서지지 않아 번뇌 없는
마음에 의한 해탈과 지혜에 의한 해탈을 현세에서 스스로 곧바
로 알지 못하고 깨닫지 못하고 성취하지 못한다면, 그는 그 연결
고리에서 아직 불완전한 것이다."(AN. IV.316)

셋째의 삼무띠–산띠란 세속에서의 평정한 상태를 말한다. 초
기경전에 나오는 "예순두 가지 악견(惡見)을 소멸시킨 상태이다."

이처럼 『마하닛데사』에서는 산띠(santi)가 세 가지 의미로 해석되
고 있다. 첫째는 불사(不死)나 열반(涅槃)을 의미하는 구경적(究竟寂)
이고, 둘째는 사선사무색정(四禪四無色定)의 각각에 있어서 부분적
으로 멸해지는 경우를 나타내는 피분적(彼分寂)이며, 셋째는 예순
두 가지 사견을 멸하는 경우를 나타내는 세속적(世俗寂)이다. 그런
데 『율장』에서는 승단에서 일어난 쟁사(諍事)를 진정시키는 '아디까
라나–삼마타(adhikaraṇa-samatha, 滅諍)'를 산띠, 즉 평화라고 해석
한다.

여기서는 세 번째 삼무띠–산띠(世俗寂)에 대해 좀 더 자세히 살
펴보고자 한다. 세상에서 말하는 평화는 삼무띠 산띠에 해당한
다. 평화의 반대말은 폭력이다. 지금, 이 순간에도 지구상의 곳곳
에서 폭력과 테러가 자행되고 있다. 폭력을 논할 때 빠지지 않는
단어가 '비폭력'이다. 평화를 파괴하는 주범이 폭력이기 때문이다.

그래서 평화주의자들은 폭력에 맞서 비폭력으로 대항할 것을 주문한다. 그러나 이것은 붓다의 가르침에 어긋난다.

왜냐하면 아힘사(ahiṃsā)는 '불해(不害)', '불살생(不殺生)', '불상해(不傷害)'의 뜻이 있기 때문이다. 아힘사의 원래 의미는 '해친다.' 또는 '죽인다.'라는 뜻인 힘사(hiṃsā)에 아(a)라는 부정사가 붙은 말이다. 즉 '남을 해치지 않음'이라는 것이 원래의 뜻이다. 흔히 비폭력의 원어가 '아힘사(ahiṃsā)'인 것으로 알고 있지만, 이것은 잘못된 해석이다.

아힘사라는 단어가 초기경전에 몇 번 나오지만 모두 '해치지 않음[不害]'의 뜻으로 쓰인다. 이를테면 『법구경』의 제261게에 "오직 네 가지 바른 진리를 깨달아 거기에 머물러, 계를 지켜 남을 해치지 않고, 감각기관을 잘 다스려 모든 번뇌에서 벗어나, 지혜롭게 된 사람을 장로라고 부른다." 또한 제270게에 "그가 아리야(Ariya, 성자)가 아닌 것은, 그가 생명을 해치기 때문이다. 모든 생명을 해치지 않는, 그런 사람을 성자라고 부른다."

또한 『디가 니까야』에 "진리와 법과 길들임과 제어, 청정함과 계와 포살, 보시와 불해(不害)와 비폭력을 좋아하고, 굳건하게 받아 지녀 평등함을 실천한다."(DN.III.147)라는 대목이 나온다. 사실 '불해(不害, ahiṃsā)'와 '비폭력(非暴力, asāhasa)'은 본래 다른 말이다. 후자의 아사하사(asāhasa)는 '난폭하지 않음', 즉 '비폭력'을 뜻한다.

그런데 자이나교(Jainism)에서는 아힘사가 '비폭력(nonviolence)'의 의미로 주로 쓰인다. 특히 '비폭력'이라는 단어는 마하트마 간디(Mahatma Gandhi, 1869-1948)와 미국의 침례교 목사이자 흑인 인권

운동가였던 마틴 루터 킹(Martin Luther King, 1929-1968)이 사용함으로써 널리 알려졌다. 킹 목사가 사용한 비폭력이란 폭력에 대항하여 싸우는 투쟁 수단을 말한다. 따라서 비폭력도 폭력과 마찬가지로 하나의 투쟁에 불과하다.

한편 비폭력과 같은 의미로 '무저항주의(無抵抗主義)'라는 단어를 사용하기도 한다. 그러나 '비폭력'이나 '무저항주의'도 원래의 아힘사(不害)의 의미와는 약간 다르다. 불교에서 말하는 아힘사의 원래 의미는 '상처 입히지 않기(not hurting)'이다.

아힘사라는 단어 속에 남과 다툰다는 의미는 전혀 없다. 불교는 '격분하지 않음', 즉 '무분격(無憤激, asārambha)' 혹은 '격정 없음', '화내지 않음(asāraddha)'을 이상으로 여긴다. 따라서 진정한 평화는 아힘사의 정신에서 찾아야 한다.

모든 사람이 서로 이해관계에 따라 아귀다툼하는 상태를 종식하고, 이 세계를 진정한 평화의 세계로 만들기 위해서는 아힘사(不害)의 덕목이 요청된다. 이 덕목은 내가 나에게 소중하듯이 남들도 저마다 자기가 소중할 것이라는 배려에서 나온 것이다. 이러한 정신에서 사랑과 자비도 생겨나는 것이며, 평화와 번영도 구축된다.

불교는 개인적으로 열반을 실현하는 것을 궁극의 목적으로 삼는다. 또한 불교는 우리가 몸담은 이 땅을 이상적인 사회로 만들고자 염원하고 있다. 전자는 개인 완성이요, 후자는 국토 완성이다. 후자를 다른 말로 정토구현(淨土具現)이라고도 한다. 이른바 불교가 지향하는 이상적인 사회를 이 땅에 건설하겠다는 것이다.

이것이 세속에서 말하는 평화, 즉 '삼무띠−산띠(世俗寂)'임은 말할 나위 없다.

그러면 이러한 이상사회는 어떻게 완성할 것인가? 초기불교에서는 사회고(社會苦)를 제거하고 이상사회를 건설하기 위한 문제 해결의 일차적인 관점은 사회구성원, 즉 개인의 문제로 되돌린다. 왜냐하면 한 개인으로서만 깨달을 수 있으며, 집단으로는 깨달을 수 없기 때문이다. 미얀마의 우 빤디따 사야도는 "우리가 명상하는 것은 온 세상의 평화에 이바지하게 된다."라고 말했다. 이것은 자기 완성이야말로 국토 완성의 토대가 된다는 말이다. 대승불교에서 말하는 "심청정 국토청정(心淸淨 國土淸淨)"과 같은 의미라고 할 수 있다.

제5장

불교 수행에
관한 가르침

불교의 수행 원리

한때 아난다(Ānanda, 阿難) 존자가 웃띠야(Uttiya)라는 유행자(遊行者, paribbājaka)에게 불교의 수행 원리에 대해 이렇게 말했다.

"여래는 '세상으로부터 [열반으로] 인도되었고, 인도되고, 인도될 자들은 모두, 다섯 가지 장애[五蓋]를 제거하고, 지혜로써 마음의 번뇌들을 무력하게 만들고, 네 가지 알아차림의 확립[四念處]에 마음을 잘 확립하고, 일곱 가지 깨달음의 구성 요소[七覺支]를 있는 그대로 닦은 뒤에 마침내 세상으로부터 [열반으로] 인도되었고, 인도되고, 인도될 것이다'라고 압니다."(AN.V.195)

위와 같이 아난다 존자는 이교도에게 불교의 수행 원리를 간단

명료하게 설명했다. 불교의 수행 원리를 이보다 더 잘 설명하기란 쉽지 않다.

붓다 시대의 사문은 대부분 유행하면서 사의법(四依法: 걸식, 분소의, 수하좌, 진기약)에 따라 생활했다. 이 때문에 외형적인 모습이나 생활 방식에 큰 차이가 없었다. 또 그들은 유행 중에 자주 만나 '자기 종교의 스승들이 무엇을 가르치는가?' 등에 대해 서로 토론하기도 했다. 불교의 승려와 외도들이 만나 대화하는 장면이 초기경전의 여러 곳에 나타난다.

당시의 왕들은 이러한 유행자들을 위한 숙소를 여러 곳에 마련해 놓았다고 한다. 지금의 '여행자 숙소'와 같은 곳이다. 당시 여러 교파의 유행자들이 저녁이면 그곳에 모여 자기 종교의 우월성에 관해 주장하거나 토론한 것으로 보인다. 당시 유행자들의 복장은 비슷했기 때문에 외형적인 모습만으로는 그가 어떤 교파에 속한 수행자인지 구분하기 어려웠다. 그래서 그들은 서로 만나면 '당신의 스승은 누구인가?'라고 물어 그가 어느 교파에 속한 수행자인지 확인했다.

앞에서 인용한 「웃띠야 숫따(Uttiya-sutta)」(AN10:95)에 의하면, 웃띠야(Uttiya) 유행자가 세존께 '세상은 영원한가, 영원하지 않은가'와 같은 질문에 대답하지 않은 것, 즉 '무기(無記)'에 대해 왜 답변하지 않았는가에 대해 추궁하는 장면이 나온다. 그리고 웃띠야 유행자가 붓다에게 "그러면 고따마 존자는 무엇을 설하십니까?"(AN.V.194)라고 묻는다. 그러자 붓다는 다음과 같이 답했다.

"웃띠야여, 나는 최상의 지혜로 안 뒤에 제자들에게 법을 설하나니 그것은 중생들을 청정하게 하고, 근심과 탄식을 다 건너게 하며, 육체적 고통과 정신적 고통을 사라지게 하고, 옳은 방법을 터득하게 하고, 열반을 실현하게 하기 위한 것이다."(AN.V.194)

이렇게 자세히 일러 주었음에도, 웃띠야 유행자는 그러면 고따마 붓다는 그 가르침으로 "세상 사람들이 모두 [열반으로] 인도됩니까? 아니면 반입니까? 아니면 삼 분의 일입니까?"(AN.V.194)라고 트집을 잡았다. 그러자 세존께서는 다시는 답변하지 않고 침묵했다.

이때 세존의 곁에서 그 대화를 듣고 있던 아난다 존자가 웃띠야 유행자에게 "세존은 세상 사람들이 모두 [열반으로] 인도되거나, 반 혹은 삼 분의 일이 그렇게 되는 것에는 관심이 없습니다."(AN.V.195)라고 말하며, 위에서 인용한 불교의 수행 원리를 설명해 주었다.

또한 사리뿟따(Sāriputta, 舍利弗) 존자도 「삼빠사다니야 숫따(Sampasadanīya-sutta, 自歡喜經)」(DN28)에서 과거의 모든 정등각자도 같은 수행법을 통해 깨달음을 성취하게 되었다고 했다.

> "과거의 모든 세존·아라한·정등각자께서는 다섯 가지 장애[五蓋]를 제거하고, 지혜로써 마음의 번뇌들을 무력하게 만들고, 네 가지 알아차림의 확립[四念處]에 마음을 잘 확립하고, 일곱 가지 구성 요소[七覺支]를 성취하게 되었다."(DN.Ⅲ.101)

이와 마찬가지로 현재·미래의 정등각자께서도 이와 같은 수행 과정을 거쳐 깨달음을 성취하게 된다. 따라서 모든 수행자도 먼

저 다섯 가지 장애를 제거하고 지혜로써 마음의 번뇌들을 무력화
시키고, 사념처와 칠각지를 닦아 무상정등정각(無上正等正覺)을 성
취하게 된다는 것이다.

사실 불교의 수행에서 가장 중요한 것은 다섯 가지 장애[五蓋]
를 제일 먼저 제거해야 한다는 것이다. 다섯 가지 장애란 감각적
욕망(kāmacchanda, 愛欲), 악의 혹은 분노(vyāpāda, 瞋恚), 해태와 혼
침(thīna-middha, 昏沈睡眠), 들뜸과 후회(uddhacca-kukkucca, 掉擧惡
作), 회의적 의심(vicikicchā, 疑)이다. 이 다섯 가지 장애는 출세간의
수행은 물론 세간의 생활에서도 정신적 발전에 방해가 된다. 세
번째 해태와 혼침은 무기력한 상태를 말하고, 들뜸과 후회는 마
음이 안정되지 못하고 안절부절못한 상태를 말한다.

그러므로 수행자는 무엇보다도 먼저 다섯 가지 장애를 제거해
야 한다. 그런 다음 마음속에서 일어나는 온갖 번뇌들을 지혜로
써 제압해야 한다. 그래서 불교의 수행을 다른 말로 '번뇌의 단절'
이라고 표현하기도 한다. 번뇌를 줄이기 위해서는 간소한 생활과
또 육체적으로도 건강해야 한다. 즉 몸과 마음이 최상의 상태를
유지해야만 번뇌를 줄일 수 있다. 그 외에 바깥세상에 대한 근심
과 걱정도 모두 수행에 장애가 된다.

이와 같은 준비 단계가 완성된 다음에 본격적인 사념처(四念
處) 수행이 가능해진다. 이른바 사마타(samatha, 止) 수행과 위빳
사나(vipassanā, 觀) 수행을 통해 무상(無常)·고(苦)·무아(無我)를 꿰
뚫어 보게 된다. 초기경전에서는 여기에 추가로 칠각지(七覺支,
satta bojjhaṅga)를 성취해야 한다고 설해져 있다. 칠각지는 염각지

(念覺支, sati), 택법각지(擇法覺支, dhamma-vicaya), 정진각지(精進覺支, viriya), 희각지(喜覺支, piti), 경안각지(輕安覺支, passaddhi), 정각지(定覺支, samādhi), 사각지(捨覺支, upekkhā) 등 일곱 항목을 말한다.

칠각지는 깨달음에 이르는 일곱 가지 부분이라는 뜻이다. 이 가운데 택법(擇法)은 진리인 법을 판별 사유하는 지혜를 말한다. 희(喜)는 높은 선정을 얻기 전의 정신의 만족 희열이다. 경안(輕安)은 선정을 얻기 전에 심신이 경쾌하고 명랑한 것이다. 사(捨)는 애증(愛憎)·취사(取捨)의 생각을 버려 어떤 일에도 마음이 치우치거나 마음의 평정이 흔들리지 않는 것이다. 이와 같은 수행의 원리를 모른 상태에서의 수행은, 올바른 수행이라고 볼 수 없다. 따라서 수행의 결과를 기대하기도 어렵다.

사띠(sati)의 중요성

사띠(sati)는 기본적으로 '기억'이나 '주의' 등의 의미를 지니고 있다. 사띠를 동아시아불교에서는 '염(念)'으로 한역하였고, 서구에서는 '마인드풀니스(mindfulness)'로 영역되었다. 요컨대 사띠는 크게 두 가지 의미로 사용된다. 하나는 '기억'한다는 의미이고, 다른 하나는 지금 여기에 나타나는 현상에 '마음을 두어 자세히 살피는 것', 즉 알아차림을 의미한다. 초기경전에서 사띠는 후자의 경우로 자주 나타나며, 불교 수행의 중요한 핵심 기능 가운데 하나임은 틀림없다.

수행에 있어서 사띠의 중요성은 그 어떤 말로도 표현하기 어렵다. 특히 위빳사나 수행(vipassanā bhāvanā)에서 사띠가 차지하는 비중은 매우 높다. 한마디로 사띠 없는 수행이란 존재할 수 없다. 그만큼 사띠가 수행에서 중요하다는 것을 의미한다.

「아난다 숫따(Ānanda-sutta, 阿難經)」(AN10:82)에서 붓다는 열 가지 불가능한 경우와 열 가지 가능한 경우에 대해 언급했다. 그 열 가지 중에 '사띠(sati, 念)'가 포함되어 있다. 이 경에 따르면, '사띠를 놓아버린(muṭṭhasati)' 사문은 이 법(法)과 율(律)에서 향상하고 증장(增長)하고 충만해진다는 것은 있을 수 없다. 반대로 '사띠를 확립하는(upaṭṭhitasati)' 사문은 이 법과 율에서 향상하고 증장하고 충만해진다는 것은 가능하다.(AN.V.152-154)

실제로 붓다는 걷고[行], 서고[住], 앉고[坐], 눕는[臥] 네 동작에 대해서 알아차림을 지녀야 한다고 가르쳤다. 이를테면 걷고 있을 때, 그 동작에 대해 있는 그대로 알아차려야 한다. 서 있을 때, 그 동작에 대해 있는 그대로 알아차려야 한다. 앉아 있을 때, 그 동작에 대해 있는 그대로 알아차려야 한다. 누워 있을 때, 그 동작에 대해 있는 그대로 알아차려야 한다.

「아리야와사 숫따(Ariyavāsā-sutta, 聖居經)」(AN10:20)에서 붓다는 성자들의 '열 가지 성스러운 삶'에 대해 언급하면서 '사띠'의 중요성을 강조하고 있다. 이 경에서 붓다는 '한 가지에 의해 보호되고(ekārakkho)'라고 했다. 이것은 사띠에 의해 보호를 받는 것이 곧 성자의 삶이라는 것이다. 즉 수행자는 걷거나 서 있거나 잠자거나 깨어 있을 때 항상 지견(智見, ñāṇa-dassana)이 눈앞에 나타나야 한다는 뜻이다.

『앙굿따라 니까야』와 『장로게(長老偈)』에 "나가(nāga, 那伽)는 걸어가면서도 선정에 있고, 나가는 서 있으면서도 선정에 있고, 나가는 누워서도 선정에 있고, 나가는 앉아서도 선정에 있다. 나가는 어디에서나 잘 제어하고 있다."(AN.Ⅲ.346-347; Theragāthā 696-697)라고 했다. 나가(nāga, 那伽)는 뱀이나 용, 코끼리 등을 말한다. 여기서는 붓다를 나가에 비유한 것으로, '위대한 영웅'이라는 의미로 쓰였다. 같은 내용이 『중아함경』 제118 「용상경(龍象經)」에도 언급되어 있다. 즉 "용은 걸어갈 때도 선정을 갖추고 있고, 앉아있을 때도 누워있을 때도 선정에 있고, 용은 일체시(一切時)에 선정에 있다. 이것이 이른바 용의 일상 법이다."(T1, p.608c, "龍行止具定, 坐定臥亦定, 龍一切時定, 是爲龍象法.")

위빳사나 수행의 실제는 사띠(念, sati/smṛti)의 확립에 있다고 해도 과언이 아니다. 사띠는 초기불교는 물론 그 이후 모든 불교 수행의 핵심이기 때문이다. 위빳사나의 사념처(四念處)를 비롯하여 사정근(四正勤), 사여의족(四如意足), 오근(五根), 오력(五力), 칠각지(七覺支), 팔정도(八正道)로 구성된 삼십칠조도품(三十七助道品)에서 사띠의 기능은 매우 중요하다. 특히 위빳사나 수행은 사띠 확립을 전제로 하므로, 사띠는 삼십칠조도품을 아우르는 용어로 통용되기도 하고, 초기불교의 실천수행론 전체를 일컫는 용어로 사용되기도 한다. 그러므로 수행에 있어서 사띠에 대한 정확한 이해는 필수적이다. 바꾸어 말하면 사띠에 대한 정확한 이해가 바로 위빳사나 수행의 출발점이라 할 수 있다.

그러나 사띠의 의미와 기능에 대해서는 학자들의 견해가 일치하지 않는다. 2000년대 초반부터 초기불교의 수행법이 국내에 소개되면서 사띠에 대한 논쟁이 치열하게 전개되었다. 이른바 '사띠(sati) 논쟁'이 그것이다. 이 논쟁은 2004년까지 계속되면서 많은 논문이 발표되었고 학계의 주목을 받았다.

그 이후 2009년 12월부터 2010년까지 《법보신문》을 통해 한동안 잠잠했던 사띠 논쟁이 재점화되었다. 아홉 명의 전문가가 14회에 걸쳐 기고하는 형식이었다. 《법보신문》에서는 지면 관계로 사띠의 의미와 해석 문제로 논의를 한정시켰다. 이 논쟁의 포문을 연 사람은 인경 스님이다.

그 결과를 요약하면, 조준호는 사선정(四禪定)의 상태에서 수행자의 노력 여하에 상관없이 자동으로 진행되는 사띠의 역할에 무게를 두어 '수동적 주의집중'이라고 번역했다. 임승택은 육근을 통하여 외부로부터 들어오려는 불선함을 막으려는 문지기 역할을 강조하여 '마음지킴'으로 번역했다. 각묵 스님과 김재성은 대상에 마음을 두어 놓치지 않는다는 의미에서 '마음챙김'이라는 신조어를 만들었다. 그리고 전재성은 사띠 본래의 의미인 '기억'과 '현재와 관련된 주의 깊음'의 의미 모두를 살리기 위해서 '새김'이라고 번역했다. 임승택과 김재성은 사띠가 수동적으로 진행된다는 것을 부정했고, 조준호는 본격적인 사띠가 네 번째 선정 이전에도 진행될 수 있다는 주장을 거부했다.

인경 스님은 불교 수행의 핵심 기능이자 심리치료 치유의 기제로 활용되는 사띠가 '마음챙김'으로 번역되는 것은 그 의미를 심각하게 왜곡시킬 위험이 있다고 지적했다. 그는 사띠를 '마음챙김'으로 번역하는 것은 적절한 술어로 보기 어렵다고 보았다. 그는 사띠는 어떤 판단도 없이 지켜본다는 의미로 '알아차림'이 적절한 역어라고 주장했다. 필자는 인경 스님의 주장에 동의한다.

이 사띠 논쟁에서 번역상의 문제뿐만 아니라 수행의 문제로 자연스럽게 확대되었다. 즉 사띠를 통해 진행되는 사마타(samatha, 止)와 위빳사나(vipassanā, 觀) 수행의 관계에 대한 문제로 확대되는 것은 자연스러운 현상이다.

불교에서 실천을 강조하는 이유

　　　　　붓다가 설한 법은 크게 둘로 구분된다. 하나는 교법으로서의 법(pariyatti-dhamma)이고, 다른 하나는 통찰로서의 법(paṭivedha-dhamma)이다. 전자를 교법(pariyatti)이라 하고, 후자를 수행(paṭipatti)이라 한다. 붓다 시대부터 비구 승가는 교법을 중시하는 그룹과 수행을 중시하는 그룹으로 나누어졌다. 성향이 전혀 다른 두 그룹은 경쟁과 대립의 관계였으며, 간혹 서로 다투기도 했다. 그러나 교법과 수행은 새의 두 날개와 같아서 두 가지를 모두 갖추어야만 소기의 목적을 달성할 수 있다.

　　꼬살라국의 수도 사왓티에 귀족 가문 출신의 절친한 두 친구가 있었다. 그들은 어느 날 제따 숲의 아나타삔디까의 원림(祇樹給孤獨園)을 방문하여 붓다의 설법을 듣고 크게 감동하여 함께 출가하여 비구가 되었다. 출가한 두 친구는 각자 스승을 정해 율장에 정해진 규율대로 5년간 기초과정을 배우고 익혔다. 그런 다음 두 친구 비구는 서로 헤어졌다.

두 비구 중에서 나이가 적은 비구는 교법에 관심이 많았기 때문에 법문(法門, pariyāya)을 배워 교법에 통달한 법의 교사(dhamma-ānussāsaka)가 되었다. 그는 오백 명의 비구들을 가르치는 위치에 올랐으며, 다른 열여덟 가지나 되는 책임을 맡았기 때문에 매우 바쁜 나날을 보내고 있었다.

반면 나이가 많은 비구는 교법보다는 수행에 뜻을 두었기 때문에 붓다로부터 사념처(四念處) 수행법을 자세히 배웠다. 그는 사념처 수행법대로 열심히 정진한 결과 오래지 않아 아라한과를 증득하게 되었다. 그때 한 무리의 비구들이 그에게로 와서 수행법을 배우고자 하였다. 그는 그 비구들에게 수행법을 잘 지도하여 그들도 모두 아라한이 되게 하였다.

한편 헤어진 후 한 번도 만나지 못했던 두 친구는 오랜만에 제따 숲의 아나타삔디까 원림에서 만났다. 그때 교학에 전념한 비구는 수행에 전념한 비구가 아라한이 된 줄을 전혀 알지 못했다. 그는 자신의 학문이 높다는 것을 친구에게 자랑하고 싶었다. 그는 법과 율에 대한 어려운 질문을 친구 비구에게 던져서 그를 당황하게 해주어야겠다고 마음먹었다.

그때 붓다는 천안으로 전후 사정을 살펴본 후, 나이가 적은 비구가 그런 행위를 하지 못하게 막아야겠다고 생각하였다. 그래서 붓다는 두 사람 앞에 모습을 나타내어 두 비구에게 법에 관한 질문을 던졌다. 법문에 자신이 있었던 비구는 대답하지 못했다. 반면 아라한과를 증득한 비구는 정확하게 답변했다. 왜냐하면 나이가 적은 비구는 문자만으로 법문의 의미를 알았을 뿐, 수행의 체험이 전혀 없었기 때문이었다.

붓다는 아라한이 된 나이가 많은 비구를 칭찬하였다. 그 때문에 나이가 적은 비구는 마음속으로 불만을 품고 있었다. 자기와 같은 우수한 제자에 대해서는 칭찬해 주지 않고 아둔한 친구 비구만 칭찬한다고 생각했기 때문이었다. 그러나 붓다는 교법에 관해 공부하되 수행이 없는 사람은 마치 남의 소를 보살펴 주고 삯을 받는 목동과 같으며, 직접 수행하는 사람은 목장의 주인과 같다고 일러주었다. 자기가 목장의 주인이 되어야만 소가 생산해 내는 우유와 치즈 등을 마음대로 누릴 수 있기 때문이다.

법의 교사는 제자들로부터 존경을 받는 것에 빠져서 자칫 진실한 내적 경지를 등한시할 수도 있다. 그러나 비록 문자적인 의미는 잘 모른다고 할지라도 실제 수행을 통해 깨달은 수행자는 근본적인 괴로움으로부터 해탈하였으므로 그런 사람이 오히려 올바른 붓다의 제자라고 할 수 있다. 그런 수행자라야 올바른 수행의 힘으로 탐내는 마음, 성내는 마음, 어리석은 마음을 잘 제어하여 마음의 고요함을 성취하기 마련이다. 그리하여 그는 평화롭고 자비로운 삶을 살아갈 수 있을 뿐만 아니라 윤회의 거센 파도를 안전하게 건널 수 있게 된다. 그런 다음 그는 자신이 터득한 기쁨과 자유로움을 이웃과 더불어 나누게 된다. 이렇게 법을 설한 다음, 붓다는 다음과 같은 게송을 읊었다.

비록 많은 경을 독송할지라도,
게을러 수행하지 않으면,
마치 남의 목장의 소를 세는 목동과 같나니,
수행자로서 아무런 이익이 없다.(Dhp. 19)

비록 경을 적게 독송할지라도 법을 실천 수행하여
탐욕과 성냄과 어리석음을 없애고 진리를 바르게 이해하여
번뇌가 더 자라지 않아 현재와 미래에 집착이 없어지면
이것이야말로 수행자의 참된 이익,
그는 그것을 다른 이들과 나눈다.(Dhp. 20)

위 내용은 『담마빠다(Dhammapada, 法句經)』의 제1장 「대구(對句)의 장(章)」에 나오는 게송에 대한 주석서의 설명이다. 또한 이 게송은 불교에서 실천을 강조하는 이유를 비유적으로 잘 설명하고 있다. 이른바 학문보다 수행이 더 중요하다는 것을 강조한 것이다. 불교 궁극의 목적은 수행을 통해 깨달음을 얻는 데 있기 때문이다.

붓다의 가르침이 아무리 훌륭하더라도 스스로 실천하여 얻는 바가 없다면 아무런 소용이 없다. 마치 종일토록 남의 돈을 세는 것과 같이 자신의 이익이 되지 못한다. 불교에서 일관되게 실천을 강조하는 까닭이 바로 여기에 있다. 붓다의 가르침은 오직 자신의 실천을 통해 스스로 열반을 깨달아 얻을 때 마침내 그 가치가 드러나는 것이다.

붓다의 열 가지 명호[如來十號] 가운데 명행족(明行足, vijjācaraṇa

sampanna)이란 이름이 있다. 빨리어 윗짜(vijjā)는 지혜[明]이고, 짜라나(caraṇa)는 실천[行]이며, 삼빤나(sampanna)는 갖춤[具足]이라는 뜻이다. 그러므로 명행족은 지혜와 실천을 겸비한 분, 즉 앎과 실천을 두루 갖춘 분이라는 의미이다. 붓다는 언제나 언행(言行)이 일치했다. 그러므로 '지혜의 눈과 실천하는 발[智目行足]'을 갖추었을 때, 비로소 진정한 의미의 불교도가 되며, 크나큰 공덕을 성취하게 되는 것이다.

그렇다고 해서 여기서 교학연찬(敎學研鑽)의 무용론을 주장하는 것이 아니다. 교학은 수행을 위한 준비 단계일 뿐, 그 자체가 불교 궁극의 목적은 아니다. 이 점을 간과해서는 안 된다.

교학자와 수행자 간의 갈등

　　「쭌다 숫따(Cunda-sutta)」(AN6:46)는 제목 그대로 마하쭌다(Mahācunda)라는 존자가 동료 비구들에게 설한 법문이다. 이처럼 초기경전에는 붓다의 설법이 아닌 제자들의 설법도 많이 수록되어 있다. 필자가 이 경에 주목하는 까닭은 마하쭌다 존자가 승가 내부의 갈등을 해소할 수 있는 대안을 제시하고 있기 때문이다.

　마하쭌다 존자는 사리뿟따 존자의 동생이었으며 구족계를 받은 후에도 '사미(沙彌)'라는 애칭으로 불렸다. 그는 한때 세존의 시자 소임을 맡기도 했던 인물이다.

　이 경은 마하쭌다 존자가 쩨띠(Ceti)의 사하자띠(Sahajāti)에 머물고 있을 때 동료 비구들에게 설한 것이다. 이 경에 의하면 법상응자(法相應者, dhammayogā)들은 선정자(禪定者, jhāyī)들을 싫어하고,

반대로 선정자들은 법상응자들을 싫어했다. 이것은 붓다 재세 시에 실제로 있었던 교법(pariyatti)을 중시하는 그룹과 수행(paṭipatti)을 중시하는 그룹 간의 갈등을 말한다.

붓다의 설법은 크게 교법(pariyatti)과 수행(paṭipatti) 둘로 구분된다. 붓다 시대부터 승가는 교법을 중시하는 그룹과 수행을 중시하는 그룹으로 나누어져 있었다. 성향이 전혀 다른 두 그룹은 경쟁과 대립의 관계였다. 그러나 교법과 수행은 수레의 두 바퀴와 같아서 두 가지 모두를 갖추어야만 한다. 그런데 두 가지를 다 갖추기란 여간 어려운 일이 아니다. 그래서 일반적으로 어느 하나를 선택할 수밖에 없다.

법상응자란 '교학을 연찬하는 자'라는 뜻인데, 주석서에서는 '가르침을 설하는 자들(dhammakathikā)'이라고 해석하고 있다. 선정자란 '선정을 닦는 자'라는 뜻이다. 이들은 개인이 아니라 집단을 이루고 있어서 경에서는 복수로 나타난다. 두 집단을 현대어로는 '교학자들'과 '수행자들'이라고 할 수 있다. 전자는 강사에 가깝고, 후자는 선사에 가깝다. 두 집단 간의 갈등은 한국불교사에서 있었던 교종과 선종 간의 갈등과 같은 맥락이다. 이처럼 교(敎)와 선(禪)의 갈등은 그 기원이 붓다 시대에까지 거슬러 올라간다.

마하쭌다 존자는 비구들에게 이렇게 말했다.

가르침을 중시하는 비구들은 선정을 닦는 비구들을 비난하고 헐뜯는다. 반대로 선정을 닦는 비구들은 가르침을 중시하는 비구들을 비난하고 헐뜯는다. 그래서 가르침을 중시하는 비구들도 마음이 편치 않고 선정을 닦는 비구들도 마음이 편치 않다. 이것은 많은 사람의 이익과 행복을 위하는 것도 아니며, 신과 인간의 이익과 행복을 위하는 것도 아니다.(AN.Ⅲ.356)

벗들이여, 그러므로 이처럼 '교법을 중시하면서 선정을 닦는 비구들을 칭찬하리라'라고 배워야 한다. … 그것은 무슨 까닭인가? 벗들이여, 세상에 이러한 불사(不死)의 경지를 몸으로 체득하고 있는 놀라운 사람들을 세상에서 만나기 어렵기 때문이다.(AN.Ⅲ.356)

여기서 불사의 경지를 몸으로 체득하여 머문다는 것은 죽음이 없는 열반의 경지를 명상의 주제로 삼아 수행하면서 점차 정신을 수반하는 몸(nāmakāya)으로 체득한다는 뜻이다. 즉 선정자들은 선정의 수행을 통해 불사의 경지인 열반을 체득하게 된다. 이런 사람들은 세상에서 흔히 볼 수 없으므로 마땅히 칭찬해야 한다는 것이다. 다시 말해서 법상응자들은 이론적으로 교법을 연찬하지만, 직접 체험한 것이 아니기 때문에 선정의 수행에 전념하는 자들을 공경하고 존중해야 한다는 뜻이다.

벗들이여, 그러므로 이처럼 '선정을 닦으면서 교법을 중시하는 비구들을 칭찬하리라'라고 배워야 한다. … 그것은 무슨 까닭인가? 벗들이여, 세상에 이러한 심오한 의취(義趣)를 지혜로 꿰뚫고 있는 놀라운 사람들을 세상에서 만나기 어렵기 때문이다.(AN.Ⅲ.356)

심오한 의취를 지혜로 꿰뚫어 본다는 것은 오온(五蘊)·십이처(十二處)·십팔계(十八界) 등의 깊은 이치를 지혜로 꿰뚫어 본다는 뜻이다. 즉 법상응자들은 붓다가 설한 교설을 지혜로 꿰뚫어 보기 때문에 법을 설할 수 있다. 이러한 능력은 선정자들이 갖추지 못한 자질이다. 따라서 자기들이 갖추지 못한 자질을 갖춘 상대편의 법상응자들을 칭찬하고 존경해야 한다는 것이다.

참으로 훌륭한 법문이다. 서로 상대를 비난할 것이 아니라 자신들이 갖추지 못한 부분을 실천하고 있는 상대편을 오히려 칭찬하고 존경해야 한다. 이 가르침이야말로 교(敎)와 선(禪)의 갈등을 해소할 수 있는 유일한 대안이라고 할 수 있다. 이것이 우리가 「쭌다 숫따」에서 얻을 수 있는 교훈이다.

붓다 재세 시에 있었던 최초의 승가 분열은 꼬삼비(Kosambī) 비구들의 다툼이었다. 꼬삼비 비구들은 두 집단으로 나누어져 있었다. 한 무리는 지법자(持法者, dhammadhara)를 따르는 집단이었고, 다른 무리는 지율자(持律者, vinayadhara)를 따르는 집단이었다.

붓다도 두 집단의 대립과 갈등을 막지 못했다. 그래서 붓다는 그들을 버리고 우기 동안 락키따(Rakkhita) 숲에서 홀로 안거(安居)를 보냈다. 꼬삼비의 재가 신자들은 붓다께서 그들의 곁을 떠난 이유를 알고 비구들에게 공양을 올리지 않았다. 재가 신자들은 붓다가 그들의 잘못을 인정하기 전에는 공양을 올리지 않기로 했다. 그러나 붓다는 떠났고 안거 중이었기 때문에 꼬삼비 비구들은 큰 어려움을 겪었다. 그중에는 굶어서 죽는 비구들도 있었다. 안거가 끝난 뒤 꼬삼비 비구들이 붓다를 찾아가서 잘못을 뉘우

침으로써 그들의 다툼은 중지되었다. 이렇게 해서 지법자와 지율자 간의 갈등은 해소되었다. 하지만 교법을 중시하는 그룹과 수행을 중시하는 그룹 간의 갈등과 대립은 붓다 시대에서부터 오늘날까지 계속되고 있다.

승려 상호 간에 서로 비난하고 비방하는 것은 많은 사람의 이익과 행복에 도움이 되지 않는다. 반면 승려 상호 간에 서로 칭찬하고 격려하는 것은 많은 사람에게 이익과 행복을 가져다준다. 굳이 충고할 일이 있으면 개인적으로 할 일이지, 공개적으로 할 일은 아니다. 충고는 개인적으로 하고, 칭찬은 공개적으로 하는 것이 바람직하다.

마하쭌다 존자가 말한 것처럼 교법자는 선정자를 칭찬·존경하며, 선정자도 교법자를 칭찬·존경해야 한다. 이러한 풍토가 승가 내부에서 조성된다면 불교는 더욱 발전하게 될 것이다.

정진(精進)의 참뜻

　　내가 가장 좋아하는 불교 용어는 '정진(精進)'이다. 붓다도 끊임없는 정진을 통해 마침내 깨달음을 이루었다. 정진 없이는 그 누구도 궁극의 목적을 이룰 수 없다.

　　붓다는 입멸 직전 제자들에게 "형성된 것들은 소멸하기 마련이다. 방일하지 말고 해야 할 바를 완수하라(vayadhammā saṅkhārā appamādena sampādetha)."(DN.II.185)고 당부했다. 불교 궁극의 목적인 열반을 이룰 때까지 정진하라는 붓다의 마지막 유훈이다. 초기경전에 나타나는 빨리어 위리야(viriya), 와야마(vāyāma), 빠다나(padhāna) 등은 모두 '정진'을 의미한다.

　　첫째, 위리야(viriya)는 에너지, 근면, 열정, 노력, 끈기, 분투 등으로 번역된다. 위리야의 문자적 의미는 '강인한 인간의 상태' 혹은 '남자다움'이다. 베다 문헌에서 이 용어는 영웅적 행위나 남성

성과 관련된 것으로 자주 나타난다. 그러나 불교에서는 위리야가 일반적으로 수행자의 '에너지' 또는 '실천'을 가리키며, 해탈을 얻는 데 필요한 전제 조건이라고 반복적으로 강조하고 있다. 요컨대 위리야는 건전한 활동에 기꺼이 참여하는 태도로 정의된다. 그 기능은 건전한 행동을 하도록 하는 것이다.

둘째, 와야마(vāyāma)는 팔정도의 여섯 번째 '바른 노력(正精進, sammā-vāyāma)'으로 나타나며, 빠다나(padhāna)는 삼십칠조도품(三十七助道品)의 두 번째 '네 가지 바른 노력(四正勤, sammappadhāna)'으로 나타난다. 이른바 팔정도에 나오는 '바른 노력'의 내용이 곧 '네 가지 바른 노력'이다.

'네 가지 바른 노력'이란 아직 일어나지 않은 해로운 법들을 일어나지 않게 하고, 이미 일어난 해로운 법들을 제거하며, 아직 일어나지 않은 유익한 법들을 일어나게 하고, 이미 일어난 유익한 법들을 증장시키는 것이다. 해로운 법이란 불선법(不善法, akusala-dhamma), 즉 불건전한 행위를 말하고, 유익한 법이란 선법(善法, kusala-dhamma), 즉 건전한 행위를 말한다. 한때 사리뿟따 존자는 스승인 붓다께서 설한 '네 가지 바른 노력'에 대한 법문은 다른 사문이나 바라문이 알지 못하는 위없는 법문이라고 극찬한 바 있다.

만약 우리가 궁극의 목적을 위해 '네 가지 바른 노력'을 실천한다면 반드시 선(善)이 증가하고 악(惡)이 감소하여 향상일로(向上一路)로 나아가게 될 것이다. 어떤 일에 대해서든 이처럼 노력한다면, 개인과 사회는 점차 밝고 선한 세계로 발전하게 될 것이다.

이러한 의미에서 '바른 노력(正精進)'은 개인 생활에서도 사회생활에서도 꼭 필요한 것이다.

이 밖에도 삼십칠조도품의 오근(五根)과 오력(五力)의 두 번째 정진의 기능(精進根)과 정진의 힘(精進力), 일곱 가지 깨달음의 구성 요소(七覺支) 중에서 세 번째 정진의 깨달음의 구성 요소(精進覺支) 등에서 정진이 강조되고 있다. 그만큼 정진이 중요하기 때문이다.

셋째, 압빠마다(appamāda)는 정진이라는 말은 아니지만, 초기경전에서 정진의 의미로 쓰인다. 빠마다(pamāda)는 방심함, 게으름이라는 명사인데, 여기에 부정접두사 아(a)가 덧붙여진 압빠마다는 깨어있음, 성실함이라는 뜻이다. 한자어로는 불방일(不放逸)로 번역된다. 이를테면 "깨어있음은 죽음이 없는 상태이고, 방심함은 죽음의 상태이다. 깨어있는 이들은 죽지 아니하고, 방심한 이들은 죽은 것과 마찬가지이다."(Dhp. 21)

이 게송에서 말하는 '압빠마다'는 육체적으로 게으르지 않고 부지런히 움직이는 것을 의미하는 것이 아니라 정신적으로 깨어 있음을 의미한다. 즉 마음에 불건전한 생각이 일어나면 그것을 알아차리고 제거하려고 노력하고, 마음에 건전한 생각이 일어나면 그것을 알아차리고 더욱 증장시키고자 노력하는 것이다.

흔히 며칠씩 잠을 자지 않고 참선한다든가, 오체투지의 예배를 하는 행위 등을 용맹정진이라고 부른다. 하지만 자신의 마음속에서 일어나는 불건전한 생각이나 악의를 알아차리지 못하고 그것을 제어하지 못한다면 온종일 예배하더라도 그것은 정진이라고 할 수 없다. 정진의 참뜻은 불건전한 생각과 행위를 단속하고 건전한 생각과 행위를 증장시키는 것을 의미하기 때문이다.

우리는 순간순간 해로운 법들과 유익한 법들을 간택하지 않으면 안 된다. 일곱 가지 깨달음의 구성 요소에서 두 번째에 택법각지(擇法覺支)를, 세 번째에 정진각지(精進覺支)를 두고 있는 것은 이 때문이다. 이를테면 유익하거나 해로운 법들, 받들어 행해야 하는 것과 받들어 행하지 말아야 하는 법들이 있다. 그것을 매 순간 알아차리고 유익한 법들을 간택해야 한다. 그것이 바로 정진이다. 이처럼 정진은 깨어있음에 초점을 맞추고 있다.

한때 붓다는 육군비구(六群比丘)로 알려져 있던 앗사지(Assaji)와 뿌납바수까(Punabbasuka) 비구에게 이렇게 설한 적이 있다.

> 비구들이여, 번뇌가 다했고 삶을 완성했고 할 바를 다했고 짐을 내려놓았고 참된 이상을 실현했고 존재의 족쇄를 부수었고 바른 구경(究竟)의 지혜로 해탈한 아라한인 비구들이 있다. 그들에게는 방일하지 않고 해야 할 일이 있다고 말하지 않는다. 그것은 무슨 까닭인가? 그들은 방일하지 않고 해야 할 일을 이미 다 했기 때문이다. 그들은 방일할 수가 없기 때문이다.(MN. Ⅱ.477)

> 비구들이여, 아라한과를 얻지 못했지만 위없는 유가안온(瑜伽安穩)을 원하면서 머무는 유학인 비구들이 있다. 그들에게는 방일하지 않고 해야 할 일이 있다고 나는 말한다. 그것은 무슨 까닭인가? 이 존자들은 적당한 거처를 사용하고 선우들을 섬기면

서 기능들을 조화롭게 유지할 때, 좋은 가문의 아들들이 바르게 집을 나와 출가한 목적인 그 위없는 청정범행의 완성을 바로 '지금·여기'에서 스스로 최상의 지혜로 실현하고 구족하여 머물 수 있을 것이기 때문이다. 비구들이여, 나는 이 비구들의 이런 불방일의 열매를 보기 때문에 방일하지 않고 해야 할 일이 있다고 말한다.(MN.Ⅱ.477)

정진이 필요한 사람과 정진이 필요하지 않은 사람에 대한 법문이다. 다시 말해 유학(有學)은 정진이 필요한 사람이다. 예류자, 일래자, 불환자 등이 이에 속한다. 반면 아라한은 더 닦을 것이 없으므로 무학(無學)이라고 한다. 이른바 아라한은 정진이 필요 없는 사람이다. 그러므로 해야 할 바를 다하지 못한 범부(凡夫)는 정진의 끈을 놓아서는 안 된다.

번뇌를 제어하는 방법

붓다는 「삽바사와 숫따(Sabbāsava-sutta, 一切漏經)」
(MN2)에서 번뇌의 종류에 따라 그것을 제어하는 방법을 자세히
설명하고 있다. 번뇌를 제어하는 것이 곧 수행의 핵심이기 때문
이다. 이 경에서 붓다가 제시한 일곱 가지 번뇌와 그 대처 방안을
요약 정리하면 다음과 같다.

첫째는 봄[見]으로써(dassanā) 없애야 할 번뇌들이다. 이른바 감
각적 욕망에 기인한 번뇌(kāmāsava, 欲漏), 존재에 기인한 번뇌
(bhavāsava, 有漏), 무명에 기인한 번뇌(avijjāsava, 無明漏)가 그것이다.
여기에 '견해에 기인한 번뇌(diṭṭhāsava, 見漏)'를 추가하기도 한다.

이러한 번뇌들은 모두 마음에 새겨야 할 법들[如理作意]과 마음
에 새기지 말아야 할 법들[不如理作意]을 꿰뚫어 알지 못하기 때문
에 일어나는 것이다. 만일 마음에 새기지 말아야 할 법들을 마음

에 새기지 않고, 마음에 새겨야 할 법들을 마음에 새긴다면, 아직 일어나지 않은 번뇌들은 일어나지 않고 이미 일어난 번뇌들은 사라진다. 그래서 붓다는 알고 보는 자만이 번뇌를 소멸시킬 수 있고, 알지 못하고 보지 못하는 자는 번뇌를 소멸시킬 수 없다고 가르쳤다.

둘째는 단속함으로써(saṃvarā) 없애야 할 번뇌들이다. 이것은 눈·귀·코·혀·몸·뜻의 여섯 가지 감각기관[六根]을 단속함으로써 없애야 하는 번뇌들이다. 이를테면 여섯 가지 감각기관을 단속하지 않으면 곧 번뇌와 걱정과 슬픔이 생기고, 여섯 가지 감각기관을 잘 단속하면 곧 번뇌와 걱정과 슬픔이 생기지 않는다.

셋째는 수용함으로써(paṭisevanā) 없애야 하는 번뇌들이다. 이것은 출가자가 의복·음식·거처·약품을 수용함으로써 없애야 하는 번뇌들이다. 이를테면 의복은 뽐내기 위함도 아니고 겉치레를 위함도 아니다. 다만 모기와 벌레로부터 몸을 보호하고, 바람과 비와 추위와 더위를 막기 위함이며, 부끄러움을 감추기 위함이다.

음식은 살찌기 위함도 아니고, 맛을 즐기기 위함도 아니다. 다만 몸을 오랫동안 머무르게 하고, 번뇌와 걱정과 슬픔을 없애기 위함이며, 범행을 닦기 위함이다. 그리하여 배고픔의 오래된 생각은 사라지고, 배부름의 새로운 생각을 일으키지 않는다. 오직 오래 살고 안온하고 병이 없게 하기 위함이다.

처소와 방사는 이익을 위함도 아니고, 뽐내기 위함도 아니며, 겉치레를 위함도 아니다. 다만 피로할 때 쉼을 얻기 위함이며, 고요히 앉기 위함이다. 의약은 이익을 위함도 아니고, 뽐내기 위함도 아니며, 살찌고 맛을 즐기기 위함도 아니다. 다만 병의 괴로움을 없애기 위함이고, 목숨을 거두어 잡기 위함이며, 안온하고 병이 없게 하기 위함이다. 만일 그것들을 쓰지 않으면 번뇌와 걱정과 슬픔이 생기고, 그것을 쓰면 번뇌와 걱정과 슬픔은 생기지 않는다. 이것을 수용함으로써 없애야 할 번뇌라고 한다.

넷째는 인내함으로써(adhivāsanā) 없애야 하는 번뇌들이다. 이것은 인욕하고 견뎌냄으로써 없애야 하는 번뇌들이다. 다시 말해 몸과 마음에서 생긴 여러 가지 괴로운 느낌 등에 기인한 번뇌들이다. 모름지기 비구는 마땅히 주림, 목마름, 추위, 더위, 모기 등 벌레들의 공격을 견디어 참아야 한다. 바람이나 햇볕의 핍박을 받고, 욕설과 매질을 당해도 또한 능히 그것을 참아야 한다. 또한 몸에 병이 생겨 몹시 고통스럽고 목숨이 끊어질 것과 같은 모든 불쾌한 느낌도 다 능히 견디어 참아야 한다. 만일 그것을 참지 못하면 번뇌와 걱정과 슬픔이 생기고, 그것을 참으면 번뇌와 걱정과 슬픔이 생기지 않는다. 이것을 인내함으로써 없애야 할 번뇌라고 한다.

다섯째는 피함으로써(parivajjanā) 없애야 하는 번뇌들이다. 이것은 맹수 혹은 악인은 물론 적합하지 않은 장소 등을 피함으로써 없애야 하는 번뇌들이다. 비구는 마땅히 사나운 코끼리나 말·소·개·독을 가진 뱀을 피해야 하며, 나쁜 길이나 개천, 구덩이와 깊숙한 곳과 같은 위험한 장소를 피해야 한다. 또한 악한 지식, 악한 사람, 악한 이교도(異敎徒)를 피해야 하며, 악한 마을과 악한 처소를 빨리 떠나야 한다. 만약 여의지 않으면 곧 번뇌와 걱정과 슬픔이 생긴다. 그러나 여의면 번뇌와 걱정과 슬픔이 생기지 않는다.

여섯째는 버림으로써(vinodanā) 없애야 하는 번뇌들이다. 이것은 감각적 욕망이나 악의를 버림으로써 없애야 하는 번뇌들이다. 비구는 욕념(欲念)을 끊어 없애고 떠나야 하고, 성내는 생각과 남을 해치려는 생각을 끊어 없애고 떠나야 한다. 만일 그것을 없애지 않으면 번뇌와 걱정과 슬픔이 생기고, 그것을 없애면 번뇌와 걱정과 슬픔이 생기지 않는다. 이것을 버림으로써 없애야 할 번뇌라고 한다.

일곱째는 수행으로써(bhāvanā) 없애야 하는 번뇌들이다. 이것은 칠각지(七覺支)로 대표되는 수행을 통해서 없애야 하는 번뇌들이다. 비구가 염각지(念覺支)를 생각하여 떠남을 의지하고 욕심 없음을 의지하며, 멸해 다함을 의지하여 곧 나고 죽음을 벗어남에 이른다. 택법각지(擇法覺支), 정진각지(精進覺支), 희각지(喜覺支), 경안각지(輕安覺支), 정각지(定覺支), 사각지(捨覺支)를 생각하여 떠남을 의지하고 욕심의 없음을 의지하며, 멸해 다함을 의지하여 곧 나고 죽음을 벗어남에 이른다. 만일 사유하지 않으면 곧 번뇌와 걱정과 슬픔이 생기고, 생각하면 번뇌와 걱정과 슬픔이 생기지 않는다. 이것을 수행함으로써 없애야 할 번뇌라고 한다.

이처럼 자신에게서 일어나는 번뇌가 무엇에서 기인한 것인가를 주도면밀하게 살펴보아서 그것에 맞게 대처해야 번뇌를 없앨 수 있다. 이러한 원리를 알지 못한 상태에서 무조건 밀어붙인다고 번뇌가 없어지는 것이 아니다. 이 일곱 가지 번뇌 가운데 첫 번째인 봄[見]으로써 없애야 할 번뇌를 제외한 나머지 여섯 가지는 『앙굿따라 니까야』의 「번뇌경(煩惱經)」(AN6:58)에도 설해져 있다.(AN. Ⅲ.387-390)

이상에서 살펴본 일곱 가지 번뇌들을 제어하는 방법을 일상생활에서 응용한다면 많은 번뇌들을 줄일 수 있을 것이다. 그러나 이러한 원리와 방법을 알지 못하면, 아무리 오랫동안 수행하더라도 큰 성과를 거두기 어렵다. 왜냐하면 번뇌의 종류에 따라 그것을 제어하는 방법이 각기 다르기 때문이다.

범부와 성자의 차이

　　범부(凡夫)와 성자(聖者)는 어떻게 다른가? 범부의
삶과 성자의 삶에는 어떤 차이가 있는가? 초기경전의 여러 곳에
범부와 성자의 차이에 대해 언급하고 있다. 그중에서 마하깟짜나
(Mahākaccāna, 大迦旃延) 존자가 동료 비구들에서 설한 게 가장 명
료한 것으로 보인다. 「웃데사위방가 숫따(Uddesavibhaṅga-sutta, 總說
分別經)」(MN138)에서는 범부와 성자의 차이에 대해 다음과 같이 설
한다.

　　벗들이여, 여기 배우지 못한 범부는 성자들을 존중하지 않고
　　성스러운 법에 정통하지 않고 성스러운 법으로 인도되지 않고,
　　바른 사람들을 존중하지 않고 바른 법에 정통하지 않고 바른
　　법으로 인도되지 않아서 물질을 자아라고 여기고, 물질을 가진

것을 '자아(自我)'라고 여기고, 자아 안에 물질이 있다고 여기고, 물질 안에 자아가 있다고 여깁니다. 그런 그의 물질은 변하고 달라집니다. 그의 물질이 변하고 달라지기 때문에 앎[識]은 물질의 변화를 따라 무너져버립니다. 물질의 변화를 따라 무너져버림으로 인해 동요와 (해로운) 법이 생겨나서 마음을 압도하여 머뭅니다. 마음이 압도되어 그는 걱정하고 속상해하고 애착하고 집착하여 동요합니다. 수(受) … 상(想) … 행(行) … 식(識)도 이와 같다.

벗들이여, 여기 잘 배운 성스러운 제자는 성자들을 존중하고 성스러운 법에 정통하고 성스러운 법으로 인도되고, 바른 사람들을 존중하고 바른 법에 정통하고 바른 법으로 인도되어 물질을 자아라고 여기지 않고, 물질을 가진 것이 자아라고 여기지 않고, 자아 안에 물질이 있다고 여기지 않고, 물질 안에 자아가 있다고 여기지 않습니다. 그러나 그의 물질은 변하고 달라집니다. 그의 물질이 변하고 달라지더라도 그의 앎[識]은 물질의 변화를 따라 무너지지 않습니다. 그래서 물질의 변화를 따라 무너짐으로 인해 동요와 (해로운) 법이 생겨나지 않아 마음을 압도하여 머물지 않습니다. 마음이 압도되지 않아서 그는 걱정하지 않고 괴로워하지 않고 애착하지 않고 집착하지 않아서 동요하지 않습니다. 수(受) … 상(想) … 행(行) … 식(識)도 이와 같다.(대림 옮김, 『맛지마 니까야』 제4권, 초기불전연구원, 2012, pp.457-459 참조.)

위 인용문에 나타나는 "물질을 자아라고 여기고, 물질을 가진 것이 자아라고 여기고, 자아 안에 물질이 있다고 여기고, 물질 안에 자아가 있다고 여긴다.”라는 대목은 붓다 시대의 외도(外道)들이 주장하던 20종의 아견(我見)을 말한 것이다. 즉 ①색(色)은 아(我)이다. ②색(色)은 아(我)의 소유이다. ③아(我) 가운데 색(色)이 있다. ④색(色) 가운데 아(我)가 있다. 수(受)·상(想)·행(行)·식(識)도 또한 이와 같다. 이렇게 해서 20종의 아견이 생긴다. 이 20종의 아견은 붓다의 무아설에 어긋나는 대표적인 사례로 자주 인용된다.

그런데도 범부들은 육체가 '나'이고, 육체는 나의 소유이며, 자아 안에 육체가 있고, 육체 안에 자아가 있다고 믿는다. 그러다가 육체가 변하면 마음이 그것에 압도되어 걱정하고 괴로워하고 애착하고 집착하여 동요하게 된다. 그 근본 원인은 무아(無我)의 이치를 꿰뚫어 알지 못하기 때문이다.

위 경전의 내용을 요약하면, 범부는 오온(五蘊)을 자아라고 여기고, 오온을 가진 것이 자아라고 여기고, 자아 안에 오온이 있다고 여기고, 오온 안에 자아가 있다고 여긴다. 그러다가 오온이 변하면 동요를 일으켜 마음이 압도되어 걱정하고 괴로워하고 애착하고 집착하여 동요한다.

그러나 성자는 오온을 자아라고 여기지 않고, 오온을 가진 것이 자아라고 여기지 않고, 자아 안에 오온이 있다고 여기지 않고, 오온 안에 자아가 있다고 여기지 않는다. 그러다가 오온이 변하고 달라지더라도 동요를 일으켜 마음이 압도되지 않으며, 걱정하지 않고 괴로워하지 않고 애착하지 않고 집착하지 않아서 동요하지 않는다.

『잡아함경』제5권 제109경에서도 "어리석은 범부는 색(色)이 아(我)라고 보며, 아(我)와 다르다고 본다. 아(我)가 색(色)에 있고, 색(色)이 아(我)에 있다고 본다."(T2, p.34b) 이처럼 범부들은 육체가 자아이고, 자아와 다르다고 보고, 자아에 육체가 있고, 육체에 자아가 있다고 보고 오온에 집착한다. 이것을 오취온(五取蘊)이라고 한다. 이 오취온 때문에 범부들은 괴로움에서 벗어나지 못한다. 그러나 성자는 오온의 무상(無常)·고(苦)·무아(無我)를 꿰뚫어 알기 때문에 괴로움에서 벗어나 해탈하게 된다.

또한 범부는 성자와 바른 사람을 존중하지 않고, 성스러운 법과 바른 법에 정통하지도 못하고 그러한 법으로 인도되지 못한다. 반면 성자는 성자와 바른 사람을 존중하고, 성스러운 법과 바른 법에 정통하고 그러한 법으로 인도된다. 이처럼 범부는 평생 정법을 만나지 못하고 헤매다가 생을 마감하게 된다. 하지만 성자는 정법을 만나 바른길로 나아가 결국에는 윤회를 종식한다. 이것이 범부와 성자의 다른 점이다.

요컨대 범부는 오온을 자아라고 여긴다. 그러다가 그 오온이 변하고 달라지면 동요하고 마음이 압도되어 걱정하고 괴로워하고 애착하고 집착하여 동요한다. 반면 성자는 오온을 자아라고 여기지 않는다. 그러므로 그 오온이 변하고 달라지더라도 동요하지 않고 마음이 압도되지 않아서 걱정하지 않고 괴로워하지 않고 애착하지 않고 집착하지 않아서 동요하지 않는다.

이처럼 범부는 오온을 자아라고 집착하여 괴로움을 스스로 불러들이지만, 성자는 오온을 자아라고 집착하지 않기 때문에 괴로움을 스스로 불러들이지 않는다. 이를테면 괴로움이라는 1차 화살은 범부와 성자 모두 피할 수 없다. 그러나 범부는 1차 화살로 인해 2차 화살을 맞지만, 성자는 2차 화살을 맞지 않는다. 이것이 범부와 성자의 또 다른 점이다.

이처럼 오온의 변화로 인해 마음에 동요를 일으키면 범부요, 오온의 변화로 인해 마음에 동요를 일으키지 않으면 성자이다. 따라서 범부의 삶은 괴로움으로 가득 찬 허망한 것이지만, 성자의 삶은 행복으로 가득 찬 값진 것이다.

범부는 물질적 행복을 추구하지만, 성자는 정신적 행복을 추구한다. 많은 사람이 정신적 행복을 추구하는 것은 물질적 행복과는 차원이 다르기 때문이다. 끝으로 범부의 삶에서 성자의 삶으로 전환하기 위해서는 끊임없는 수행과 정진이 요구된다.

착한 사람과 나쁜 사람의 차이

　　　　빨리어 삽뿌리사(sappurisa)는 착한 사람(善人), 바른 사람(正士) 등으로 번역되고, 그 반대말인 아삽뿌리사(asappurisa)는 나쁜 사람(不善人), 바르지 못한 사람(不正士) 등으로 번역된다. 이 세상에는 착한 사람과 나쁜 사람이 함께 공존하고 있다. 착한 사람과 나쁜 사람은 어떻게 다른가? 「쭐라뿐나마 숫따(Cūḷapuṇṇama-sutta)」(MN110)에서 붓다는 착한 사람과 나쁜 사람의 차이점에 대해 다음과 같이 설했다.

> "비구들이여, 나쁜 사람은 바르지 못한 성품을 가졌고(非法具足), 나쁜 사람과 교제하고, 나쁜 사람의 생각으로 생각하고, 나쁜 사람의 조언으로 조언하고, 나쁜 사람의 말로 말하고, 나쁜 사람의 행위로 행동하고, 나쁜 사람의 견해를 가지고, 나쁜 사

람으로 보시한다. 비구들이여, 나쁜 사람은 어떤 바르지 못한 성품을 가졌는가? 비구들이여, 여기 나쁜 사람은 믿음이 없고, 부끄러움이 없고, 창피함이 없고, 배울 것이 없고, 게으르고, 알아차림을 놓아버리고, 지혜가 없다. 비구들이여, 나쁜 사람은 이러한 바르지 못한 성품을 가졌다."(MN.Ⅲ.21)

이것은 나쁜 사람의 여덟 가지 특징을 나열한 것이다. 첫째, 나쁜 사람은 '바르지 못한 성품'을 가지고 있다. 바르지 못한 성품이란 악한 성품(pāpa-dhamma)을 뜻한다. 둘째, 나쁜 사람은 나쁜 사람과 교제한다. 셋째, 나쁜 사람은 나쁜 사람의 생각으로 생각한다. 즉 자신을 해칠 생각을 하고 남을 해칠 생각을 하고 둘 다 해칠 생각을 한다. 해칠 생각이란 살아 있는 생명을 죽일 생각, 남의 물건을 훔칠 생각, 삿된 음행을 하고자 하는 생각 등 열 가지 나쁜 행위[十不善業道]를 하고자 하는 생각을 일으킨다.

넷째, 나쁜 사람은 나쁜 사람의 조언으로 조언한다. 즉 자신을 해치는 조언을 하거나 남을 해치는 조언을 하거나 둘 다를 해치는 조언을 한다. 다섯째, 나쁜 사람은 나쁜 사람의 말로 말한다. 이른바 네 가지 나쁜 말, 즉 거짓말하고, 이간질하고, 욕설하고, 쓸데없는 잡담을 한다. 여섯째, 나쁜 사람은 나쁜 사람의 행위로 행동한다. 나쁜 사람의 행위란 몸으로 짓는 세 가지 행위, 즉 생명을 죽이고, 주지 않는 것을 가지고, 삿된 음행을 하는 것이다.

일곱째, 나쁜 사람은 나쁜 사람의 견해를 가진다. 나쁜 사람의 견해란 선행과 악행의 업들에 대한 결실도 없고 과보도 없다고 주장하는 것이다. 여덟째, 나쁜 사람은 나쁜 사람으로 보시한다. 나쁜 사람으로 보시한다는 것은 존중함이 없이 보시하고, 자기 손으로 직접 보시하지 않고, 성의 없이 보시하고, 내버리듯이 보시하고, 보시의 과보가 돌아오지 않는다는 견해로 보시하는 것이다. 이러한 나쁜 사람이 죽은 뒤 태어날 곳은 지옥이나 축생의 모태이다.

반대로 착한 사람의 특징에 대해 붓다는 다음과 같이 설했다.

> "비구들이여, 착한 사람은 훌륭한 성품을 가졌고[正法具足], 착한 사람과 교제하고, 착한 사람의 생각으로 생각하고, 착한 사람의 조언으로 조언하고, 착한 사람의 말로 말하고, 착한 사람의 행동으로 행동하고, 착한 사람의 견해를 가지고, 착한 사람으로 보시한다. 비구들이여, 착한 사람은 어떤 훌륭한 성품을 가졌는가? 비구들이여, 여기 착한 사람은 믿음이 있고, 부끄러워하는 마음을 가졌고, 창피함을 아는 마음을 가졌고, 많이 배웠고, 열심히 정진하고, 알아차림을 확립하였고, 지혜를 가졌다. 비구들이여, 착한 사람은 이러한 훌륭한 성품을 가졌다."(MN.Ⅲ.23)

이것은 착한 사람의 여덟 가지 특징을 나열한 것이다. 즉 나쁜 사람의 특징과 완전히 정반대로 나타난다. 그중에서 나쁜 사람은 '바르지 못한 성품'을 가지고 있지만, 착한 사람은 '훌륭한 성품'을 가지고 있다. 또 나쁜 사람은 나쁜 사람의 견해를 가지고 있지만,

좋은 사람은 좋은 사람의 견해를 가지고 있다. 좋은 사람의 견해란 선행과 악행의 업들에 대한 결실도 있고 과보도 있다고 주장하는 것이다.

또 앞에서 나쁜 사람은 나쁜 사람으로 보시한다고 했다. 반대로 착한 사람은 착한 사람으로 보시한다. 착한 사람은 착한 사람으로 보시한다는 것은 존중하면서 보시하고, 자기 손으로 직접 보시하고, 존경하면서 보시하고, 소중히 여기면서 보시하고, 보시의 과보가 돌아온다는 견해로 보시한다. 이러한 착한 사람이 죽은 뒤 태어날 곳은 위대한 천신과 위대한 인간이다.

이상은 「쭐라뿐나마 숫따」에서 붓다가 착한 사람과 나쁜 사람의 차이점에 대해 설한 것이다. 위 내용은 '인간의 심성은 본래 청정하다(心性本淨說)'라는 주장과는 사뭇 다르다. 또 '모든 중생에게는 불성이 있다(一切衆生 悉有佛性)'(T12, p.402c)라는 것과도 차이가 있다. 이 경에서 붓다가 굳이 좋은 사람과 나쁜 사람을 명확히 구분해서 자세히 설한 까닭은 나쁜 사람도 비법(非法)을 버리고 정법(正法)을 갖추면 좋은 사람이 될 수 있음을 암시한 것이다. 왜냐하면 나쁜 사람의 성품과 좋은 사람의 성품이 처음부터 고정된 것이 아니기 때문이다. 인간은 자기 경험과 조건에 따라 언제든지 변화할 수 있는 가변적인 존재다. 또 이 세상에는 전적으로 나쁜 사람도 없고, 전적으로 착한 사람도 찾아보기 어렵다. 범부들은 착한 사람과 나쁜 사람의 속성을 동시에 갖고 있으므로 선과 악을 넘나든다. 어떤 때는 착한 사람이 되기도 하고, 또 어떤 때는 나쁜 사람이 되기도 한다.

그러나 불교에서는 모든 삿된 생각과 나쁜 행위를 뿌리째 뽑아 버리고, 완전한 사람인 아라한이 되는 것을 목표로 삼는다. 그래서 붓다는 다른 여러 경에서 '네 가지 바른 노력(四正勤, cattāro sammappadhāna)'을 닦아야 한다고 강조하고 있다. 네 가지 바른 노력은 수행의 필수 요건이지만, 나쁜 사람을 착한 사람으로 바꾸어주는 묘약이다. 네 가지 바른 노력이란 아직 일어나지 않은 나쁘고 해로운 법들이 일어나지 않도록 하고, 이미 일어난 나쁘고 해로운 법을 제거하고자 하고, 아직 일어나지 않은 유익한 법들은 일어나도록 하고, 이미 일어난 유익한 법들을 더욱 증장시키고자 노력하는 것을 말한다. 이러한 정진을 통해 범부에서 성자로 바뀌게 되는 것이다. 따라서 모름지기 불교도라면 나쁜 사람이 가진 '바르지 못한 성품'을 버리고, 좋은 사람이 가진 '훌륭한 성품'으로 변화시켜 나가야 한다. 그 밖의 다른 일들은 별로 가치가 없다.

열 가지 성스러운 삶

　　　　　「아리야와사 숫따(Ariyavāsā-sutta, 聖居經)」(AN10:20)
에서 붓다는 제자들에게 과거의 성자들도 '열 가지 성스러운 삶'
을 살았고, 현재의 성자들도 '열 가지 성스러운 삶'을 살고 있으
며, 미래의 성자들도 '열 가지 성스러운 삶'을 살 것이라고 했다.
이 경에 대응하는 『증일아함경』 제42권 제2경(T2, p.775c)에서는 성
현들이 사는 곳에 '열 가지 일'이 있다고 설해져 있다. 두 경의 내
용이 일치하지는 않지만 같은 내용을 다루고 있다.

　「아리야와사 숫따」에 의하면, '열 가지 성스러운 삶'이란 "다섯
가지를 끊어버리고, 여섯 가지를 갖추고, 한 가지에 의해 보호되
고, 네 가지에 의존하고, 독단적인 진리를 버리고, 갈망을 아주
포기하고, 깨끗한 사유를 유지하고, 몸의 의도적 행위[身行]가 고
요하고, 마음이 잘 해탈하고, 지혜로써 잘 해탈한다."(AN.V.30)라

는 것이다.

첫째, '다섯 가지를 끊어버리고'란 수행에 방해가 되는 다섯 가지 장애, 즉 오개(五蓋, pañca-nīvaraṇa)를 끊어버렸다는 뜻이다. 다섯 가지 장애란 감각적 욕망, 악의, 해태와 혼침, 들뜸과 후회, 회의적 의심이다. 이 다섯 가지 장애를 극복하지 못하면 첫 번째 선정(初禪定)에 들어갈 수 없다. 『증일아함경』에서는 '다섯 가지 일을 이미 제거했다[五事已除]'로 나타난다. 즉 오결(五結)을 이미 끊어버렸다는 뜻이다. 오결이란 오하분결(五下分結)을 말하는데, 유신견(有身見, 자아가 있다는 견해), 계금취견(戒禁取見, 잘못된 의례와 계율에 집착하는 견해), 회의적 의심(삼보와 계율 등을 의심하는 것), 욕탐(欲貪, 감각적 욕망), 진에(瞋恚, 악의, 노여움) 등이다. 오개(五蓋)와 오결(五結)을 완전하게 제거하지 못했다면 성자라고 할 수 없다.

둘째, '여섯 가지를 갖추고'란 육근(六根)이 육경(六境)을 대할 때 그 어디에도 집착함이 없는 평온(upekkhā)을 유지하는 것을 말한다. 즉 "여기 비구는 눈으로 형상을 볼 때 마음이 즐겁거나 괴롭지 않고 평온하고 알아차리면서 머문다. 귀로 소리를 들을 때 … 코로 냄새를 맡을 때 … 혀로 맛을 볼 때 … 몸으로 감촉을 닿을 때 … 마노로 법을 알 때 마음이 즐겁거나 괴롭지 않고 평온하고 알아차리면서 머문다. 비구들이여, 비구는 이처럼 여섯 가지를 갖춘다."(AN V, 30) 『증일아함경』에서는 '여섯 가지 일을 성취한다[成就六事]'로 되어 있다. 이것은 여섯 가지 중요한 법[六重法]을 성취했다는 뜻이다. 육중법이란 육근(六根)으로 육경(六境)을 인식할 때 기뻐하지도 않고 근심하지도 않고 평정한 마음으로 바른 기억과 바른 앎에 머문다는 뜻이다.

셋째, '한 가지에 의해 보호되고'란 비구가 사띠(sati)에 의해 보호된다는 뜻이다. 즉 수행자는 걷거나 서 있거나 잠자거나 깨어있을 때 항상 지견(智見, ñāṇa-dassana)이 현전(現前, paccupaṭṭhita)해야 한다. 『증일아함경』에서는 '한 가지 일을 늘 보호한다[恒護一事]'로 나타나는데, '마음'에서 번뇌 있음[有漏]과 번뇌 없음[無漏], 함이 있음[有爲]과 함이 없음[無爲]을 항상 보호하여 열반의 문에 이른다고 해석한다. 같은 의미라고 할 수 있다.

넷째, '네 가지에 의존하고'란 어떤 것을 심사숙고한 다음 수용하고, 신중하게 참아내고, 신중하게 피하고, 신중하게 제거한다는 뜻이다. 『증일아함경』에서는 '사부대중을 이끌어 보호한다[將護四部衆]'로 나타난다. 이것은 비구가 사신족(四神足)을 성취하여 사부대중을 이끌어 보호한다는 뜻이다.

다섯째, '독단적인 진리를 버리고'란 사문이나 바라문이 가지고 있던 '세상은 영원하다.' 등과 같은 형이상학적인 견해, 즉 독단적인 진리를 모두 없애고 제거해버렸다는 뜻이다. 『증일아함경』에서는 '약한 이를 보살핀다[觀諸劣弱]'로 나타난다.

여섯째, '갈망을 아주 포기하고'란 감각적 욕망을 제거하고, 존재에 대한 갈망을 제거하고, 청정범행에 대한 갈애를 제거한다는 뜻이다. 『증일아함경』에서는 '평등하게 가까이 지낸다[平等親近]'로 나타난다.

일곱째, '깨끗한 사유를 유지하고'란 감각적 욕망에 대한 사유, 악의에 대한 사유, 남을 해치고자 하는 사유를 제거한다는 뜻이다. 이른바 팔정도(八正道)의 두 번째 올바른 사유(sammā-saṅkappa, 正思惟)가 이에 해당한다. 올바른 사유란 출리(出離)에 대한 사유, 악의 없음에 대한 사유, 남을 해치지 않음[不害]에 대한 사유를 말한다.(MN.III.251) 한편 『증일아함경』에서는 '번뇌가 없는 곳을 향해 바르게 나아간다[正向無漏]'로 되어 있다.

여덟째, '몸의 의도적 행위가 고요하고'란 제4선에 들어 들숨 날숨이 가라앉은 상태를 가리킨다. 즉 "여기 비구는 행복도 버리고 괴로움도 버리고, 아울러 그 이전에 이미 기쁨과 슬픔을 소멸했으므로 괴롭지도 즐겁지도 않으며, 평온으로 인해 알아차림이 청정한 제4선에 들어 머문다." 『증일아함경』에서는 '몸의 행을 고요히 한다[依倚身行]'로 되어 있다. 두 경의 내용이 일치한다.

아홉째, '마음이 잘 해탈하고'란 마음이 탐욕과 성냄과 어리석음으로부터 해탈하는 것을 말한다. 『증일아함경』에서도 '마음이 잘 해탈한다[心善解脫]'라고 되어 있다. 두 경의 내용이 일치한다.

열째, '지혜로써 잘 해탈한다'라는 것은 비구가 "나의 탐욕은 제거되었고 그 뿌리가 잘렸고 줄기만 남은 야자수처럼 되었고 멸절되었고 미래에 다시는 일어나지 않게끔 되었다."라고 꿰뚫어 안다는 뜻이다. 『증일아함경』에서도 '지혜로써 해탈한다[智慧解脫]'로 나타난다. 즉 "비구가 괴로움에 대한 진리, 괴로움의 발생, 괴로움의 소멸, 괴로움의 소멸에 이르는 길에 대한 진리를 사실 그대로 안다."라는 것이다.

위에서 살펴본 열 가지 내용 중에서 넷째, 다섯째, 여섯째, 일곱째는 두 경의 내용이 일치하지 않는다. 『증일아함경』에서는 성현들이 사는 곳에서 일어나는 '열 가지 일'에 초점을 맞추었고, 『앙굿따라 니까야』에서는 성자들이 갖추어야 할 정신적 덕목에 초점을 맞추었다.

이상에 본 바와 같이, 과거의 성자들은 열 가지 성스러운 삶을 살았다. 그리고 미래의 성자들도 열 가지 성스러운 삶을 살 것이다. 또 지금의 성자들도 열 가지 성스러운 삶을 살고 있다. 따라서 어떤 사람이 깨달았다고 말한다면, 붓다가 제시한 '열 가지 성스러운 삶'을 살고 있는가를 살펴보면, 그가 정말로 깨달은 성자인가를 곧바로 확인할 수 있다.

역경(逆境)을 수행의 기회로

       인간 사회(human society)는 위기(危機, crisis)의 연속이다. 인류는 끊임없는 위기 상황 속에서도 죽지 않고 살아왔다. 그런데 지금은 인류가 한 번도 겪어보지 않은 다중의 위기 시대라고 한다. 특히 기후변화는 현생 인류가 당면한 가장 큰 위기다. 오늘날을 인류 문명사적 위기로 진단한다. 주동주는 그의 저서 『위기의 인류, 우리에게 지속 가능한 미래는 있는가?』(바른북스, 2020)라고 의문을 제기하기도 한다.

  이처럼 위기는 전 지구적 위기도 있고, 국가적 위기도 있지만, 한 개인이 겪는 개인적 위기도 있다. 인간은 누구에게나 위기의 순간이 있다. 마크 알렌은 『위기 극복형 인간(불황의 시대를 향해 던지는 마지막 히든카드)』(마음의 숲, 2009)이라는 책에서 다중 위기의 시대에는 '위기 극복형 인간'만이 유일한 생존자가 될 수 있다고 했다.

실제로 "전쟁 속에서도 돈을 버는 사람, 재난과 사건 사고의 상황에서 오히려 더 부자가 되며, 그것을 계기로 슬기롭게 일어서는 사람들이 있다. 이른바 위기 극복형 인간이다." 위기 극복형 인간은 위기를 위기로 생각하지 않는다. 위기를 오히려 기회로 전환한다. 위기란 위험성과 가능성을 동시에 내포하고 있다. 즉, 위기가 바로 기회라는 것이다.

한때 꼬삼비(Kosambī)의 비구들이 둘로 나누어져 서로 다투고 있었다. 붓다가 그들을 찾아가서 세 번이나 싸움을 멈추라고 충고했으나 그들은 붓다의 말도 듣지 않았다. 그래서 붓다는 그들을 그냥 내버려 두고 길을 떠났다. 마침내 붓다가 도착한 곳은 빠찌나왕사다야(Pācīnavaṃsadāya)였다. 그곳에는 아누룻다(Anuruddha), 난디야(Nadiya), 낌빌라(Kimbila)가 사이좋게 화합하여 다투지 않고 머물고 있었다. 그들은 물과 우유가 잘 섞이듯 서로 우정 어린 눈으로 보면서 수행하고 있었다. 「우빡낄레사 숫따(Upakkilesa-sutta, 隨煩惱經)」(MN128)에는 그들의 일상을 이렇게 묘사하고 있다.

"세존이시여, 여기 저희 중에서 먼저 탁발을 마치고 마을에서 돌아온 자는 자리를 마련하고 마실 물과 발 씻을 물을 준비하고 여분의 음식을 담을 통을 준비합니다. 나중에 탁발을 마치고 돌아온 자는 남은 음식이 있으면 그가 원하면 먹고, 원하지 않으면 풀이 없는 곳에 버리거나 생물이 없는 물에 던져 넣습니다. 그는 자리를 치우고 마실 물과 발 씻을 물을 치우고 여분의 음식을 담은 통을 치우고 밥 먹은 곳을 닦아냅니다. … 세존이시여, 이처럼 저희는 방일하지 않고 열심히, 스스로 독려하며 머뭅니다.''(MN.Ⅲ.157)

이처럼 꼬삼비의 비구들이 서로 싸우고 있는 동안에도 석가족 출신의 몇몇 비구들은 서로 도와가면서 열심히 정진하고 있었다. 붓다는 이들을 칭찬하고 격려한 다음 그들에게 꼭 필요한 법을 설했다. 얼마 지나지 않아서 아누룻다는 아라한과를 얻었다.

그러나 게으른 자들은 언제나 핑계를 둘러대며 열심히 일하지 않는다. 이를테면 너무 추워서(ati-sītan ti), 너무 더워서(ati-uṇhan ti), 너무 늦어서(ati-sāyan ti), 너무 일러서(ati-pāto ti), 너무 배고파서(ati-chāto 'smiti), 너무 배불러서(ati-dhāto 'smiti) 일하지 못한다고 변명한다.(DN.Ⅲ.184) 이처럼 자기 삶에 충실하지 못한 자들은 언제나 핑곗거리를 찾는다. 지금, 이 순간에도 해야 할 일은 하지 않고 빈둥거리면서 코로나 때문이라고 변명하는 사람도 있을 것이다.

불교의 위대한 유·무형의 문화유산 가운데 상당수는 불행한 시기에 완성되었다. 기원전 1세기 후반에 스리랑카의 불교사에서 매우 중요한 사건이 일어났다. 로하나의 띳사(Tissa)라는 바라문이 기원전 43년 왓따가마니 아바야(Vaṭṭagāmaṇī-Abhaya, B.C. 43-29) 왕에게 전쟁을 선포했다. 그때 마침 남인도로부터 일곱 명의 타밀들이 마하띳타(Mahātittha)에 상륙하여 강한 무력으로 무장한 채 수도 아누라다뿌라(Anurādhapura)를 향해 진군해왔다. 남쪽으로부터 북쪽에 이르기까지 나라 전체가 전쟁에 휩싸였다. 기원전 43

년부터 14년간 다섯 명의 타밀들이 번갈아 가면서 아누라다뿌라를 지배했다. 이 기간에 왓따가마니 아바야 왕은 멀리 떨어진 곳에서 숨어지냈다.(Mhv. xxxiii. 37-42)

그때 전례 없는 대기근이 들어 나라 전체가 황폐해졌다. 먹을 것이라고는 아무것도 없었다. 그래서 사람들은 다른 사람들을 잡아먹었는데, 그들이 존경하던 비구들의 시신까지 먹었다. 수천 명의 비구와 재가자들이 죽고, 많은 사찰이 황무지로 변했다. 마하위하라(大寺)는 완전히 폐허가 되었고, 마하투빠(Mahāthūpa, 大塔)도 그냥 방치된 상태였다. 많은 비구는 섬을 떠나 인도로 건너갔다. 국가는 그야말로 대혼란 상태였다.

대장로들과 싱할라의 지도자들은 불교의 미래가 매우 위험하다고 판단했다. 불교의 존립 자체가 위태로워졌기 때문이다. 싱할라 왕들도 불교를 지원해 줄 수가 없었다. 스승으로부터 제자로 이어져 온 삼장(三藏)의 구전 전통을 계속 유지할 수 없는 상황이었다. 이 비극적인 시기에 승려들의 주된 관심사는 '어떻게 해야 붓다의 가르침을 보존할 수 있겠는가?' 하는 것이었다. 그래서 미래를 내다본 대장로들은 지역 족장들의 보호를 받아 마딸레(Mātale)의 알루위하라(Aluvihāra)에 모여 '진실한 교법을 유지하기 위해서(ciraṭṭhitatthaṃ dhammassa)' 그때까지 구전으로 전승되어 오던 삼장(三藏)을 문자로 기록하기로 합의했다.(Mhv. xxxiii. 100-101; Dpv. xx. 45) 그렇게 해서 주석서를 포함한 삼장 전체를 역사상 최초로 문자로 기록하게 되었다. 그때 문자로 기록한 패엽경(貝葉經)이 오늘날 현존하는 빨리 성전의 원형이다.

해인사 장경각에 모셔져 있는 팔만대장경도 고려 시대 외침을 불심으로 막아내기 위해 조성되었다는 것은 널리 알려진 사실이다. 이 외에도 천재지변은 물론 국왕에 의한 법난의 시기에도 이를 극복하기 위해 불사(佛事)를 일으킨 사례는 너무나 많다. 현재 우리에게 전해지고 있는 논서들이나 주석서들은 대부분 정치적 탄압이나 박해로 불교가 위기에 처했을 때 붓다의 가르침을 보존하기 위해 저술된 것들이다.

예로부터 "등 따습고 배부르면 수행하지 않는다." 또 "춥고 배고플 때 구도의 마음을 일으킨다."라는 말이 있다. 지금이 바로 춥고 배고픈 시절이다. 극도의 위기 상황 속에서도 정진의 끈을 놓지 않는 자라야 진정한 수행자라고 할 수 있다. 역경을 수행의 기회로 삼아야 한다. 지금까지 단 한 번도 경험해보지 못한 코로나 시대에 재가 신자들도 더욱 신심을 일으켜 정진하는 불자가 되기를 바란다.

명상에 대한 오해

       요즘 명상에 관한 서적들이 봇물 터지듯 쏟아져 나오고, 정체불명의 명상들이 범람하고 있다. 명상에 관심을 두는 사람들이 증가하고 있는 것은 현재의 사회현상과 무관하지 않은 것으로 보인다. 첫째는 기성 종교에서 위안을 얻지 못한 사람들이 탈 종교화 현상으로서 명상 쪽으로 눈을 돌리고 있다. 둘째는 현대인이 겪고 있는 극심한 스트레스와 우울증과 같은 상처받은 마음을 치유하기 위한 수단으로서 명상에 관심을 기울이고 있다. 이른바 기성 종교에서 얻지 못하는 그것을 명상에서 얻을 수 있다는 기대 때문이라고 생각한다.

최근에 유행하고 있는 명상은 불교의 수행법에 기반을 둔 것도 있지만, 전혀 그렇지 않은 것도 있다. 특히 종교와 전혀 상관없이 누구나 실천 가능하다는 것을 강조하고 있다. 또 우울증과 같은 정신질환과 상처받은 마음의 치유를 목적으로 시행하기도 한다. 이처럼 명상하는 목적이 각기 달라서 진위나 우열을 가리기도 쉽지 않다.

결론부터 말하면 초기불교의 수행론에 근거한 이론체계에 바탕을 두지 않은 명상은 불교 명상이라고 할 수 없다. 경전이나 교리에 근거하지 않고, 극히 개인적이고 주관적인 이해와 체험에 바탕을 둔 것은 올바른 불교의 수행법이라고 볼 수 없다. 조준호 박사는 그의 저서 『불교명상: 사마타 위빠사나』(중도, 2020)에서 "불교 명상의 이해는 어느 날 갑자기 명상 센터 몇몇을 경험했다고 수행 이론과 실천 방법이 터득되었다고 보기는 어려울 것이다."(위의 책, p.4)라고 지적한다.

일반적으로 '명상(meditation)'이라고 하면 무언가에 마음을 집중시키는 행위를 말한다. 명상은 단체의 성격이나 집중의 목적과 대상에 따라 다양한 종류의 명상으로 구분된다. 현대적 의미의 명상은 마음을 집중해서 얻게 되는 육체적 혹은 정신적 이득을 목적으로 하는 대체의학 또는 심리치료의 성격이 강하다. 예를 들면 인도의 요가(yoga), 심리치료를 위해 개발된 각종 명상 프로그램, 이른바 존 카밧 진(Jon Kabat-Zinn) 박사가 미국 매사추세츠 대학교 의학센터에서 개발한 '알아차림에 기초한 스트레스 감소(Mindfulness Based Stress Reduction, MBSR)'와 이것을 더욱 발전시킨 '알아차림에 기초한 인지 요법(Mindfulness Based Cognitive Therapy, MBCT)' 프로그램 및 '마인드 컨트롤(Mind Control)' 등이 명상으로 알려져 있다.

이처럼 명상은 그 목적에 따라 다양한 종류가 있다. 특히 최근에는 비불교도들도 명상을 적극적으로 실천하고 있다. 이들이 실천하고 있는 명상과 불교의 수행은 그 차원이 전혀 다르다. 이를 테면 MBSR이나 MBCT는 어떤 특별한 목적, 즉 심리적 치료를 위해 개발한 프로그램이다. 그리고 일반적인 요가의 명상은 육체적 건강이나 정신적 이완을 목적으로 시행되는 경우가 많다. 따라서 '마음의 계발'이나 '정신적 수행'을 목적으로 하는 불교의 수행과 명상은 같다고 말할 수 없다. 그리고 요가의 명상과 불교의 명상도 그 어원(語源)은 물론 지향하는 목적도 다르다.

전통적 요가의 명상은 인도의 파탄잘리(Patañjali, B.C. 2~4세기)가 지은 『요가수뜨라(Yoga Sūtra)』에 나오는 개념이다. 명상은 요가의 여덟 단계 중 제7단계인 '드야나(dhyāna)'를 영어로 'meditation'이라고 번역했다. 이것을 다시 일본 사람들이 '명상(瞑想)'이라고 번역했다. 이것을 우리는 그대로 사용하고 있다. 요가의 명상은 더욱더 높은 차원의 선정을 목표로 삼는다.

불교도 중에서도 빨리어 '바와나(bhāvanā)'를 '명상'으로 번역하는 사람이 있다. 그러나 이것은 올바른 번역이라고 할 수 없다. 바와나(bhāvanā)는 동사 바웨띠(bhāveti)에서 파생된 명사로, 완전한 의미의 '마음의 계발' 혹은 '정신적 수행'을 뜻한다. 그러나 영어로 번역한 'meditation'은 빨리어 바와나의 의미를 완전히 살리지 못하고 있다. 빨리어 바와나에 해당하는 가장 적합한 우리말은 '수행(修行)'이라고 할 수 있다. 따라서 '위빳사나 명상'이 아니라 '위빳사나 수행'이라고 불러야 한다.

불교의 수행은 사마타(samatha, 止)와 위빳사나(vipassanā, 觀)라는 두 축으로 이루어져 있다. 전자를 '평온 수행'이라 하고, 후자를 '통찰 수행'이라 한다. 평온 수행은 평온함의 계발을 목표로 하고, 통찰 수행은 통찰력, 즉 지혜(paññā, 般若)의 계발을 목표로 한다. 둘 중에서 어느 하나라도 결핍되면 올바른 불교 수행법이라고 할 수 없다. 왜냐하면 사마타(止)와 위빳사나(觀)는 불교 수행의 핵심이기 때문이다. 사마타와 위빳사나를 함께 닦는 것을 '지관겸수(止觀兼修)' 혹은 '정혜쌍수(定慧雙修)'라고 부른다. 또한 사마타와 위빳사나를 통해 얻게 되는 결과도 서로 다르다. 현재 유행하고 있는 명상들은 명상을 통해 얻게 되는 이익을 과장한 측면이 강하다. 처음부터 세속적 이익을 목적으로 삼는 명상은 불교 수행이라고 보기 어렵다. 불교 수행의 궁극 목적은 열반 증득에 있기 때문이다.

실제로 수행해보면 사마타와 위빳사나의 경계가 불분명하다. 즉 사마타와 위빳사나가 동시에 이루어진다. 사마타 수행과 위빳사나 수행 두 가지를 동시에 닦을 수 있도록 고안된 수행법이 바로 사념처(四念處, cattāro satipaṭṭhānā)이다. 이른바 몸[身]·느낌[受]·마음[心]·대상[法]이 그것이다. 이 중에서 몸에 대한 지속적인 관찰(身隨觀)과 느낌에 대한 지속적인 관찰(受隨觀)은 사마타 수행에 가깝고, 마음에 대한 지속적인 관찰(心隨觀)과 법에 대한 지속적인 관찰(法隨觀)은 위빳사나 수행에 가깝다. 이처럼 사마타와 위빳사나를 함께 닦아야 한다. 위빳사나 수행에서 가장 중요한 것은 사띠(sati, 正念)와 삼빠잔냐(sampajañña, 正知)의 차이에 대한 이론적 체계가 확립되어야 한다.

　불교에서는 사마타 수행과 위빳사나 수행을 통해 현세(現世)에서 열반을 실현하는 것을 궁극의 목표로 삼는다. 이것을 불교 용어로 '현법열반(現法涅槃, diṭṭhadhamma-nibbāna)'이라고 부른다. 그러나 불교를 제외한 다른 명상은 사마타, 즉 삼매(三昧, samātha)나 선정(禪定, jhāna, Sk. dhyāna)을 얻는 것을 최고의 목적으로 삼는다. 이러한 것이 불교의 수행과 명상의 차이점이다. 끝으로 웃음 요가나 다이어트 요가와 같은 것이 유행하면서 『요가수뜨라』에 나타난 요가의 본래 목적을 잊어버리고, 웃음거리가 되어 버렸다. 명상의 범람은 한때 유행했던 요가와 같은 길을 걷지 않을까 염려스럽다.

제6장

승려를 위한
붓다의 가르침

재물의 상속자와 법의 상속자

　　　　　붓다의 가르침인 법(法)을 따를 것인가? 아니면 재물(財物)을 따를 것인가? 다시 말해 법의 상속자가 될 것인가? 아니면 재물의 상속자가 될 것인가? 출가자라면 자신에게 묻고 또 물어야 한다. 붓다는 「담마다야다 숫따(Dhammadāyāda-sutta, 法嗣經)」(MN3)에서 제자들에게 다음과 같이 당부했다.

　　"비구들이여, 그대들은 내 법의 상속자가 되어야지 재물의 상속자가 되어서는 안 된다. 나는 그대들에 대해 '어떻게 나의 제자들이 재물의 상속자가 아니라 법의 상속자가 될 수 있을까?'라고 불쌍히 여긴다. 비구들이여, 만일 그대들이 내 법의 상속자가 되지 못하고 재물의 상속자가 된다면 그대들은 그 때문에 '스승의 제자들은 재물의 상속자이지 법의 상속자가 아니다.'

라고 비난받을 것이다. 나도 역시 그 때문에 '스승의 제자들은 재물의 상속자이지 법의 상속자가 아니다'라고 비난받을 것이다.”(MN. I.12)

“비구들이여, 만일 그대들이 재물의 상속자가 아니라 내 법의 상속자가 된다면 그 때문에 그대들은 '스승의 제자들은 법의 상속자이지 재물의 상속자가 아니다'라고 비난받지 않을 것이다. 나도 역시 그 때문에 '스승의 제자들은 법의 상속자이지 재물의 상속자가 아니다'라고 비난받지 않을 것이다. 그러므로 그대들은 내 법의 상속자가 되어야지 재물의 상속자가 되어서는 안 된다. 나는 그대들에 대해 '어떻게 나의 제자들이 재물의 상속자가 아니라 법의 상속자가 될 수 있을까?'라고 불쌍히 여긴다.”(MN. I.12)

제자들에 대한 붓다의 한없는 연민을 느낄 수 있다. 위 인용문에서 보듯, “내 법의 상속자가 되어야지 재물의 상속자가 되어서는 안 된다(dhamma-dāyādā me bhavatha, mā āmisa-dāyāda).”는 것이 이 경의 핵심이다. 주석서에 따르면, 많은 비구가 승가에 생겨나는 이득(利得, lābha)과 환대(歡待, sakkāre)에 고무되어 수행을 게을리하는 것을 보고, 붓다께서 이 경을 설하게 되었다고 한다.(MA. I.87-88)

사실 붓다의 명성이 널리 퍼지고, 승가의 규모가 확대됨에 따라 왕과 대신은 물론 부유한 장자들이 승가에 많은 재물을 보시했다. 많은 사람의 보시로 인해 당시 승가에는 재물이 풍부했다. 이 때문에 먹고 살기 위해 출가하는 자들도 있었다. 또 몇몇 비구들은 수행보다는 재물에 더 많은 관심을 기울였다. 그들은 자연적으로 수행에 소홀해질 수밖에 없었다. 붓다는 이러한 현상을 보고, "나의 제자들은 재물의 상속자가 되지 말고 법의 상속자가 되어야 한다."라고 강조했다.

이처럼 간략하게 법을 설하고 붓다는 자리에서 일어나 원림(園林)으로 들어갔다. 세존께서 떠난 뒤 사리뿟따 존자가 여러 비구에게 한거(閑居, pavivitta)에 대해 설했다. 주석서에 의하면 붓다는 세 가지로부터 한거하여 머문다. 세 가지 한거란 몸[身]의 한거(kāya-viveka), 마음[心]의 한거(citta-viveka), 의착(依著)의 한거(upadhi-viveka)를 말한다. 의착의 한거란 갈애와 번뇌의 집착에서 벗어나 머문다는 뜻이다. 즉 갈애와 번뇌가 곧 재생의 원인이기 때문에 '재생의 근거로부터의 한거'라고 번역하기도 한다. 이처럼 스승은 세 가지 한거로 머물면서 정진한다. 사리뿟따 존자는 비구들에게 세 가지 한거 가운데 하나라도 실천해야 하지 않겠느냐고 다그쳤다. 한 가지 한거라도 실천하지 않으면 재물의 상속자가 되기 때문이다.

붓다는 만년에 승가의 칠불쇠퇴법(七不衰退法)을 설했다. 그중에서 여섯 번째, "비구들이 아란야(arañña, 阿蘭若)에 머물기를 바라는 한, 비구들은 퇴보하는 일은 없고 오직 향상이 기대된다."(DN. Ⅱ.77)라고 했다. 이것은 법의 상속과 관련이 있다. 아란야에 머문다는 것은 곧 수행에 전념한다는 것을 의미한다.

또 다른 칠불쇠퇴법에서 붓다는 "비구들이 [잡다한] 일을 즐겨하지 않고 [잡다한] 일을 기뻐하지 않고 [잡다한] 일을 하는 즐거움에 몰입하지 않는 한, 퇴보하는 일은 없고 오직 향상만 기대된다."(DN.Ⅱ.77)라고 했다. 주석서에 의하면 잡다한 일이란 옷을 찾아다니는 것, 옷을 만드는 것, 바늘통, 발우 집, 허리띠, 물거르개, 책상 등을 만드는 것, 혹은 이런 일로 온종일을 보내는 것이라고 해석한다.(DA.Ⅱ.528)

붓다는 제자들에게 생존에 꼭 필요한 네 가지 필수품(음식, 의복, 좌구, 의약)에 만족해야 한다고 가르쳤다. 붓다는 네 가지 필수품 외에 더 많은 물건이나 재물을 갖고자 한다면 나의 제자가 아니라고 잘라 말했다. 붓다는 자기 제자들이 재물의 상속자가 아니라 법의 상속자가 되기를 원했기 때문이다. 붓다의 간절한 소망은 교법이 영구히 지속되는 것이다. 붓다는 그 일을 담당할 자가 바로 출가자인 비구와 비구니라고 여겼다. 또 붓다가 율(律)을 제정한 목적도 정법이 오랫동안 머물게 하기[正法久住] 위함이었다.

법과 재물은 상대적인 개념이다. 재가자는 출가자에게 재시(財施, āmisa-dāna)를 베풀고, 출가자는 재가자에서 법시(法施, dhamma-dāna)를 베푼다. 이 전통은 지금도 그대로 유지되고 있다. 다시 말해 재가자는 재물의 상속자(āmisa-dāyāda)이고, 출가자는 법의 상속자(dhamma-dāyāda)이다. 붓다는 입멸 직전 사후 장례를 재가자에게 위임했다. 붓다의 유신(遺身, sarīra, 舍利)의 상속자는 재가자이기 때문이다. 이러한 전통 때문에 붓다의 사리를 모신 불탑(stūpa)은 재가자의 소유로 되어 있다. 이처럼 붓다는 법의 상속자와 재물의 상속자를 엄격히 구분했다. 이것은 출가자들이 오로지 법의 상속자(계승자)가 되기를 바라는 붓다의 간절한 염원에서 비롯된 것이다.

붓다가 제자들에게 물려준 유산은 무형의 자산인 법과 사방승가(四方僧伽, 미래의 출가자)를 위해 건립한 가람(伽藍)과 토지 등 물질적인 재물이다. 현재의 한국불교 승가에서는 두 가지 붓다의 유산을 공유하고 있다. 2,500여 년을 통해 남긴 유형문화재는 물질적 재물에 속한다. 현재는 이 재물들을 승려들이 관리한다. 이 때문에 법보다 재물을 따를 가능성이 크다. 가능하면 승려들이 재물을 직접 만지지 않는 것이 바람직하다.

만일 출가자가 재물의 관리에만 매달린다면, 그는 재물의 상속자이지 법의 상속자가 아니다. 미래 세대에까지 불교를 전승하기 위해서는 법의 상속자가 많이 배출되어야 한다. 재물의 상속자가 될 것인가 아니면 법의 상속자 혹은 계승자가 될 것인가는 순전히 자신의 의지에 달려 있다. 자기 스스로 결정할 문제이다.

네 가지 무리의 비구

붓다의 입멸에 대해 언급하고 있는 대표적인 경전은 빨리어로 전승되어 온 「마하빠리닙바나 숫따(Mahāparinibbāna-sutta, 大般涅槃經)」이다. 그러나 한역에는 「유행경(遊行經)」과 다른 이역(異譯)들이 전해지고 있다. 그중에 백법조(白法祖)가 번역한 「불반니원경(佛般泥洹經)」에 '네 가지 무리의 비구'에 대한 언급이 수록되어 있다.

이 이야기는 붓다의 마지막 공양으로 알려진 대장장이 쭌다(Cunda)의 공양을 마치고 그의 질문에 붓다가 답변한 것으로 되어 있다. 「불반니원경」에 다음과 같이 기록되어 있다.

부처님께서 공양을 마치고 나자, 쭌다는 작은 의자를 가지고 와서 부처님 앞에 앉아 부처님께 아뢰었다. "제가 한 가지 일을 묻고 싶습니다. 천상 세계와 세상에는 부처님보다 뛰어난 지혜를 가진 이가 없습니다. 세상에는 몇 가지 무리의 비구가 있습니까?"(T1, p.167c)

부처님께서 말씀하셨다.

"네 가지 무리가 있다. 첫째는 도를 닦는 것이 뛰어난 무리[爲道殊勝]요, 둘째는 도를 이해하고 그것을 말로 잘 표현할 수 있는 무리[解道能言]요, 셋째는 도에 의지하여 생활하는 무리[依道生活]요, 넷째는 도를 닦으면서도 더러운 짓을 하는 무리[爲道作穢]이다."(T1, p.167c)

"도를 닦는 것이 뛰어난 무리란 무엇인가? 그가 말하는 도의 뜻을 헤아릴 수 없고 대도(大道: 佛道)를 수행하는 것이 가장 훌륭하여 비교할 것이 없으며, 마음의 욕망[心態]을 조복(調伏)하고 근심과 두려움을 벗어나는 것을 법으로 삼아 세간을 지도하는 사문이니, 이러한 무리의 사문(沙門)을 도를 닦는 뛰어난 무리라고 한다."(T1, p.167c)

"도를 이해하고 그것을 말로 표현할 수 있는 무리란 무엇인가? 부처가 귀하게 여기는 제일설(第一說)을 받들어 행하면서 의심이나 논란이 없고, 또한 다른 사람들을 위하여 법구(法句)를 자세히 말해 주는 사문이니, 이러한 무리의 사문을 도를 이해하고 그것을 말로 표현할 수 있는 무리라고 한다."(T1, p.167c)

"도에 의지하여 생활하는 무리란 무엇인가? 스스로 지키는 것을 염두에 두고 학업을 근본으로 부지런히 닦으며 한결같이 한눈팔지 않고, 부지런히 수행하면서 싫증을 내지 않고 사람과 법을 스스로 덮어 감싸는 사문이니, 이러한 무리의 사문을 도에 의지하여 생활하는 무리라고 한다."(T1, p.167c)

"도를 닦으면서도 더러운 짓을 하는 무리란 무엇인가? 다만 좋아하는 것만 하고 신분[種姓]만 믿고 의지하여 오로지 청정하지 않은 행위[濁行]만 하여 논의의 대상이 되며, 부처의 말을 생각하지 않고 또한 죄를 두려워하지 않으니, 이러한 무리의 사문을 도를 닦으면서도 더러운 짓만 하는 무리라고 한다."(T1, p.168a)

"대부분의 세간 사람들은 '부처의 제자는 청백(清白: 無漏善法)한 지혜를 지니고 있다'고 여기지만 선(善)한 이도 있고 악(惡)한 이도 있으니, 모두 같은 한 무리로 여기지 말아야 한다. 선(善)하지 않은 이는 선(善)한 이들을 비방하고 훼방하니, 비유하면 벼 속에 잡초가 생기면 그 잡초가 쌀을 해치고, 세상 사람 집에 못된 아들이 있으면 그 한 아들이 집을 망치는 것과 같이 한 비구가 악(惡)하면 다른 비구까지 망치게 하니, 사람들이 그 비구 때문에 모든 비구가 나쁘다고 여긴다."(T1, p.168a)

이어서 부처님께서 쭌다에게 말씀하셨다.

"사람은 용모와 의복 때문에 훌륭한 것이 아니요, 수행이 청정하고 뜻이 단정한 자라야 훌륭하니, 사람은 헛되이 모양을 따르지 말아야 한다. 그대가 부처와 비구승들에게 공양하였기 때문에 죽은 후에 마땅히 천상 세계에 태어날 것이다. 경을 아는 이라면 음욕의 마음을 버리고 성내는 마음을 버리고 어리석은 마음을 버려야 하니, 한 사람 때문에 많은 사람이 그르다고 책망하지 말아야 한다."(T1, p.168a)

「불반니원경」에서는 또 다른 부류의 비구에 대해 언급하고 있다. 부처님께서 마지막으로 외도 유행자 수밧다(Subhadda)를 교화한 후, 미래에 출가하여 비구가 되고자 하는 사람은 잘 살펴 승가에 합류하도록 해야 한다고 당부했다. 경에서는 이렇게 설해져 있다.

> "세상에는 네 종류의 사람이 있으니, 한 종류는 가난하여 스스로 살아갈 수 없어서 비구가 되고자 하는 사람이요, 한 종류는 빚을 지고 갚을 길이 없어서 비구가 되고자 하는 사람이요, 한 종류는 노예[役]로 있어서 다음 생[當時]에 다시 태어나지 못하기[無用] 때문에 비구가 되고자 하는 사람이요, 한 종류는 뜻이 높고 지조가 굳은 사람[高士]으로서 수행이 청정하고 더러움이 없으며 셀 수 없이 많은 세상이 지나야 비로소 한 분의 부처님이 계신다는 말을 듣고 부처의 경전을 보고 기뻐하고 마음으로 깨달아 집과 욕심을 버리고 세간의 영화를 탐내지 않아 와서 비구가 되고자 하는 사람이다."(T1, p.172b)

첫째는 세상에서 먹고 살기 어려워서 출가하는 사람이다. 둘째는 세상에서 빚을 지고 갚을 길이 없어서 출가하는 사람이다. 셋째는 노예 신분에서 벗어나고자 출가하는 사람이다. 넷째는 세상의 부귀영화를 버리고 오직 구도의 마음으로 출가하는 사람이다. 넷째 부류의 사람을 제외한 나머지는 불순한 의도를 갖고 출가하려는 사람이다.

이처럼 붓다는 자신이 입멸한 후 비구가 되고자 하는 사람이 있으면 어떤 목적으로 출가하려고 하는지 석 달 동안 자세히 살펴보고 승가에 합류시키라고 간곡히 당부했다. 불순한 의도를 갖고 출가한 자가 한 명이라도 있으면 승가의 명예를 훼손시키기 때문이다.

인도처럼 사성 계급 제도가 없는 한국불교에서는 첫째와 둘째 부류의 출가자들이 가장 많다. 첫째 부류의 출가자를 우리는 '생계형 출가자'라 부르고, 둘째 부류의 출가자를 '도피형 출가자'라 부른다. 한국불교에서 출가자의 수가 감소한다고 해서 불순한 의도를 갖고 출가하는 부적격자를 승단에 받아들여서는 안 된다. 생계형·도피형 출가자들이 많으면 많을수록 승가는 빨리 쇠망할 것이기 때문이다. 따라서 출가자가 감소한다고 크게 염려할 필요가 없다. 왜냐하면 한 명의 훌륭한 수행자가 백 명, 이백 명의 몫을 감당할 수 있기 때문이다.

네 가지 사문에 대한 해석

       쭌다(Cunda)는 말라(Malla) 국의 수도 빠와(Pāvā)에 살았던 금세공인(kammāraputta)이었다. 그를 흔히 '대장장이의 아들'이라고 번역한다. 고대 인도에서는 금속을 다루는 자를 모두 대장장이(kammāra)라고 불렀지만, 금·은·쇠 중에서 무엇을 주로 다루는 장인인가를 구분했다. 쭌다는 금을 주로 다루는 장인이었다. 그래서 필자는 쭌다를 '금세공인'이라고 번역한다.

    붓다는 만년에 꾸시나라(Kusinārā)로 가는 길에 빠와에 도착하여 쭌다의 망고 숲에 잠시 머물렀다. 그때 붓다는 쭌다가 올린 '수까라맛다와(sūkaramaddava, 돼지고기)'라는 음식을 먹고 이질에 걸려 결국 꾸시나라에서 입멸하였다.(DN.Ⅱ.126)

    붓다는 입멸 직전에 아난다 존자에게 쭌다를 찾아가서 그를 격려하고 안심시키라고 당부했다. 다른 사람들이 상한 음식을 붓다에게 올려 이질에 걸려 돌아가시게 했다고 비난하는 것을 중지시키고, 또 쭌다가 죄책감을 느끼지 않도록 한 배려였다. 아난다 존자는 붓다에게 베푼 공양은 큰 공덕을 지은 것이기 때문에 오히려 기뻐해야 할 일이라고 쭌다를 위로했다. 후대의 불교도들은 붓다의 깨달음 직후에 수자따(Sujātā)라는 여인이 올린 최초의 공양과 마지막으로 쭌다가 올린 공양이 최상의 공덕을 지은 것이라고 칭송했다.

『숫따니빠따(Suttanipāta, 經集)』의 주석서에 따르면, 쭌다는 음식을 황금 그릇에 담아 내놓았다. 몇몇 승려들은 그 그릇을 사용했지만, 나머지 승려들은 그 그릇을 사용하지 않았다. 그런데 한 승려가 황금 그릇을 주머니에 넣어 가지고 갔다. 쭌다는 어떤 승려가 황금 그릇을 훔쳐 가는 것을 알았지만 말하지 않았다. 오후에 그는 붓다를 찾아가서 이 세상에는 몇 가지 종류의 사문(沙門, samaṇa)이 있는가에 대해 여쭈었다. 쭌다의 질문에 답변한 것이 곧 「쭌다 숫따(Cunda-sutta)」이다. 이 경은 여덟 수(首)의 게송으로 이루어진 짧은 경이다. 『숫따니빠따』의 제1 「뱀의 품(Uragavagga)」에 수록되어 있다. 「쭌다 숫따」의 내용은 다음과 같다.

> [쭌다] "광대한 지혜를 갖추신 성자, 깨달으신 분, 진리의 주인, 갈애를 여의신 분, 인간 가운데 가장 높으신 분, 사람을 잘 길들이시는 분[調御者]께 여쭙니다. '세상에는 어떤 사문들이 있습니까?' 말씀해 주십시오."(Sn 83)
>
> [세존] "쭌다여, 네 종류의 사문이 있고, 다섯 번째는 없습니

다. 그 물음에 그대에게 답하겠습니다. 길의 승리자, 길을 설하는 자, 길에 의지해 사는 자, 그리고 길을 더럽히는 자가 있습니다."(Sn 84)

[쭌다] "깨달으신 분께서는 누구를 가리켜 '길의 승리자'라 하십니까? 길에 대해 명상하는 자(maggajjhāyin)가 어째서 다른 사람과 견줄 수 없는 스승입니까? '길에 의지해 사는 자'에 대해 설명해 주십시오. 그리고 '길을 더럽히는 자'에 대해서도 말씀해 주십시오."(Sn 85)

"의혹을 벗어났고 고뇌를 여의었고 열반을 즐기며, 탐욕을 버리고 신들을 포함한 세계를 이끄는 자, 이런 사람을 '길의 승리자'라고 깨달은 자는 말합니다."(Sn 86)

"여기 최상의 것을 최상이라고 알고, 그 자리에서 법을 설하고 분별하고, 의혹을 벗어나 욕망이 없는 성자를 비구 중에서 두 번째로 '길을 설하는 자'라 부릅니다."(Sn 87)

"스스로 제어하고 알아차림을 확립하여 허물없는 길을 따르며, 잘 설해진 진리의 말씀인 길에 의지해 살아가는 사람을 비구 중에서 세 번째로 '길에 의지해 사는 자'라 부릅니다."(Sn 88)

"선행자(善行者)인 척하지만, 고집 세고 가문을 더럽히며, 무모하고 오만하며, 자제력이 없고 말이 많으며, 위선적인 사람을 가리켜 '길을 더럽히는 자'라 합니다."(Sn 89)

"이러한 것들을 꿰뚫어 배운 바가 많고 지혜로운 제자라면 그들이 모두 똑같은 사람들이 아니라는 것을 알고, 자신의 믿음을 버리지 않습니다. 어떻게 그가 더럽혀진 자와 더럽혀지지 않

은 자, 깨끗한 자와 깨끗하지 않은 자를 똑같이 볼 수 있겠습니까?"(Sn 90)

어떤 비구가 황금 그릇을 훔쳐 간 사건은 붓다가 마지막 공양 받았을 때 일어난 일이 아니다. 다시 말해 「쭌다 숫따」의 내용은 예전에 붓다가 쭌다의 공양 초대받았을 때 있었던 일이다. 이 경에서 말하는 네 종류의 수행자란 길의 승리자(maggajina), 길을 설하는 자(maggadesaka), 길에 의지해 사는 자(maggajīvī), 길을 더럽히는 자(maggadūsī)이다. 앞의 세 종류의 사문은 훌륭한 수행자이지만, 네 번째 사문은 길을 잘못 가고 있는 나쁜 수행자이다.

첫째, 길의 승리자란 길의 완성자 혹은 길의 정복자라고도 한다. 즉 의혹을 건넜고 고뇌를 극복했으며 열반을 즐기고 탐욕을 버렸으며, 신과 인간의 세계를 이끄는 사람이다. 길의 승리자란 곧 아라한을 의미한다.

둘째, 길을 설하는 자란 최상의 것을 최상이라고 알고, 그 자리에서 법을 설하고 분별하고, 의혹을 벗어나 욕망이 없는 성자를 말한다.

셋째, 길에 의지해 사는 자란 스스로 제어하고 알아차림을 확립하여 허물없는 길을 따르며, 잘 설해진 진리의 말씀인 길에 의지해 살아가는 사람을 일컫는다.

넷째, 길을 더럽히는 자란 계를 지키지 않으면서 지키는 척하는 사람이다. 즉 외형적인 모습만 사문일 뿐, 진정한 수행자가 아닌 자를 말한다. 가문을 더럽힌다는 것은 비구가 속가에서 악행을 저질러 다른 사람의 눈에 띄어 승가의 명예를 실추시키는 것이다. 이른바 황금 그릇을 훔쳐 간 비구가 바로 이에 해당한다.

이처럼 붓다는 수행자 중에는 길을 잘 가고 있는 자도 있지만 그렇지 못한 자도 있음을 쭌다에게 설했다. 주석서에 의하면, 쭌다는 황금 그릇에 대해 붓다에게 말씀드리지 않았지만, 그의 의심이 해결되었다고 덧붙이고 있다. 붓다가 쭌다에게 설한 가르침의 핵심은 모름지기 재가자는 계를 지키지 않는 비구나 비구니를 보더라도 자신의 믿음이 흔들려서는 안 되며, 또 더럽혀진 수행자와 깨끗한 수행자를 구분하지 않으면 안 된다는 것이다. 다시 말해 '길의 승리자', '길을 설하는 자', '길에 의지해 사는 자'에게 예배·공경·공양하는 것이 마땅하지만, '길을 더럽히는 자'를 보더라도 신심이 흔들려서는 안 된다.

네 가지 거룩한 마음가짐

초기불교에서 강조되고 있는 '네 가지 거룩한 마음가짐(四梵住, brahama-vihāra)'은 '범천과 같은 거주처', '신과 같은 삶' 또는 '신성한 거주처' 등으로 번역되는데, 대단히 훌륭한 마음 상태, 고결한 마음 상태, 거룩한 마음 상태라는 뜻을 내포하고 있다. 브라흐마-위하라(brahama-vihāra)의 원래 의미는 '범천의 주처'라는 뜻이지만, '압빠마나(appamāṇa, 無量)' 또는 '압빠만냐(appamaññā, 無量)'라고 부르기도 한다. 실제로 『장아함경』 제23 「구라단두경(究羅檀頭經)」에서는 '사무량심(四無量心)'과 '사범행(四梵行)'으로 번역했다. 대승불교권에서는 사범주보다 '네 가지 한량없는 마음 상태'라는 뜻을 가진 사무량심으로 널리 통용되고 있다.

네 가지 거룩한 마음가짐이란 자애(mettā), 연민(karuṇā), 희열(muditā), 평온(upekhā)이 함께한 마음을 의미한다. 줄여서 자(慈)·

비(悲)·희(喜)·사(捨)라고 부른다. 자애는 사랑과 우애의 마음이고, 연민은 중생을 어여삐 여기는 마음이다. 희열(기쁨)은 남이 성취한 공덕을 자기 일처럼 여기고 함께 기뻐하는 마음이다. 평온은 안팎의 경계에 끌리지 않고 항상 평정한 마음을 유지하는 것이다. 즉 사랑하되 집착에 빠지지 않고, 연민하되 근심과 걱정에 빠지지 않으며, 기뻐하되 홍소(哄笑, 입을 크게 벌리고 웃음, 또는 떠들썩하게 웃어댐)에 빠지지 않는 중정(中正)한 마음 상태를 말한다.

「마카데와 숫따(Makhadeva-sutta)」(MN83)에 의하면, 옛적에 전륜성왕(轉輪聖王)들의 시조였던 마카데와(Makhadeva) 왕이 있었다. 그는 법다웠고 법으로 통치했으며 법에 확고한 대왕이었다. 그는 머리에 흰 머리카락이 생기는 것을 보고, 아들에게 왕위를 물려주고 출가하여 '네 가지 거룩한 마음가짐'을 닦았다.

> "그는 자애가 함께한 마음으로 한 방향을 가득 채우면서 머물렀다. 그처럼 두 번째 방향을, 그처럼 세 번째 방향을, 그처럼 네 번째 방향을 자애가 함께한 마음으로 가득 채우면서 머물렀다. 이처럼 위와 아래와 옆과 모든 것을 빠짐없이 채워서, 광대하고 무량하게 원한 없고 악의 없는 자애가 함께한 마음으로 가득 채우면서 머물렀다. 연민이 함께한 마음으로 … 기쁨이 함께한 마음으로 … 평온이 함께한 마음으로 … ."(MN.Ⅱ.76)

위 경문에서 보듯이, 니까야에서는 네 가지 거룩한 마음가짐에 대해 자애가 함께한 마음, 연민이 함께한 마음, 기쁨이 함께한 마음, 평온이 함께한 마음이라고 표현하고 있다. 즉 자비·연민·기쁨·평온이 '함께한 마음(sahagatena cetasā)'에 방점을 찍고 있다. 이른바 광대하고 무량하게 원한 없고 악의 없는 마음이 곧 성자가 갖추어야 할 거룩한 마음가짐이다. 이러한 네 가지 거룩한 마음가짐을 온전히 갖춘 사람은 비록 세상에 몸담고 있지만, 범천의 세계에 머무는 것과 다를 바 없다는 뜻으로 해석된다. 네 가지 거룩한 마음가짐을 '범천의 주처(住處)'라고 부르는 까닭이 바로 여기에 있다.

네 가지 거룩한 마음가짐 중에서 첫 번째 자애에 대해 별도로 자세히 설한 경전이 바로 『숫따니빠따(Suttanipāta, 經集)』에 나오는 「멧따 숫따(Mettā-sutta, 慈愛經)」이다. 이 경에서 붓다는 "마치 어머니가 목숨을 걸고 외아들을 지키듯이, 모든 살아 있는 것에 대해서 한량없는 자비심을 발하라."(Sn 149) "또한 온 세계에 대해서 무한한 자비를 행하라. 위와 아래로 옆으로 장애도 원한도 적의도 없는 자비를 행하라."(Sn 150) "서 있을 때나 길을 갈 때나 앉아 있을 때나 누워서 잠들지 않는 한, 이 자비심을 굳게 가지라. 이 세상에서는 이러한 상태를 신성한 경지라 부른다."(Sn 151) 자애에 대해 이보다 잘 설명한 경전을 찾을 수 없다.

두 번째 연민에 대해서는 『앙굿따라 니까야(Aṅguttara Nikāya)』의 여러 곳에 설해져 있다. 이를테면 "비구들이여, 한 사람이 세상에 태어날 때, 그는 많은 사람에게 이익이 되고, 많은 사람에게 행복이 되고, 세상에 대한 연민으로 많은 신과 인간들에게 이로움이 되고 이익이 되고 행복이 되기 위해 태어난다. 그 한 사람이 누구인가? 여래·아라한·정등각자이다."(AN. I. 22) 한마디로 붓다는 '세상에 대한 연민' 때문에 이 세상에 태어났다는 것이다.

다른 경에서는 붓다 대신 바른 견해를 가진 사람이 이 세상에 태어나 삿된 견해를 물리치고 정법에 머물게 한다고 설해져 있다. 또 어떤 비구가 "법이 아닌 것은 법이 아니라고 말하고, 범계(犯 戒: 계를 어김)가 아닌 것은 범계가 아니라고 말한다." 이처럼 바르게 말하는 것은 많은 사람의 이익과 행복을 바라는 연민에서부터 비롯된 것이라고 한다.

세 번째 기쁨(喜悅)은 자신의 행위에 대해 기뻐하고 즐거워함이 아니다. 빨리어 무디따(muditā)는 남이 지은 조그마한 공덕이라도 자신이 지은 것처럼 함께 기뻐하는 마음가짐을 말한다. 그래서 무디따를 '함께 기뻐함' 혹은 '더불어 기뻐함'이라고 번역한다. 한자어로는 '수희(隨喜)'라는 단어가 가장 적합하다. 수희란 "불보살이나 다른 사람의 좋은 일을 자기 일처럼 따라서 함께 기뻐함"이라고 사전에서 풀이하고 있다.

성자는 남이 잘되기를 바란다. 그러나 범부는 남이 잘되는 것을 보면 먼저 시기 질투심부터 일으킨다. 겉으로는 축하한다고 말하면서도 속으로는 괴로워하는 것이 보통 사람들이다. 부정적인 생각을 하는 사람은 남이 짓는 공덕을 찬탄하지 않는다. 그런 사람의 눈에는 세상의 온갖 불합리한 모습밖에 보이지 않는다. 매사 부정적인 사람은 불행을 불러들여 자기 삶을 황폐화한다. 반면 긍정적인 생각을 하는 사람은 행운을 불러들이고, 그로 인해 자기 삶을 풍성하게 만든다. 『화엄경』「보현행원품」의 십종대원

(十種大願) 중에서 '수희공덕원(隨喜功德願)'은 무디따의 참뜻을 가장 잘 표현한 것이다.

네 번째 평온은 마음에 동요가 없는 상태를 말한다. 성자는 어떤 경계에 부딪혀도 평정심을 잃지 않고, 어떤 비난과 칭찬에도 흔들리지 않는다. 이른바 첫 번째 화살은 피할 수 없지만, 두 번째 화살은 피할 수 있다. 평온을 유지하기 위해서는 코뿔소의 뿔처럼 혼자서 가지 않으면 안 된다. 마치 "소리에 놀라지 않는 사자처럼, 그물에 걸리지 않는 바람처럼, 진흙에 더럽혀지지 않는 연꽃처럼, 코뿔소의 뿔처럼 혼자서 가라."(Sn 71)는 경구는 평온의 경지를 묘사한 것이다. 모름지기 수행자라면 말과 글이 아닌 실제의 삶에서 이 네 가지 거룩한 마음가짐을 유지하기 위해 심혈을 기울여야 한다.

네 가지를 단정히 하라

        붓다는 입멸 직전에 제자들에게 '네 가지를 단정히 하라'고 당부했다. 『불반니원경(佛般泥洹經)』에 의하면, "네 가지 일이 있다. 몸을 단정히 하고, 마음을 단정히 하고, 뜻을 단정히 하고, 입을 단정히 하라."(T1, p.165c, "有四事, 端身·端心·端志·端口")고 했다. 이것은 출가 수행자가 갖추어야 할 위의(威儀)에 관한 것이다. 즉 몸·마음·뜻·입을 단정히 하라는 평범한 가르침이지만, 결코 가볍게 여길 수 없는 것이다. 불교의 운명은 승려들의 몸가짐에 달려 있기 때문이다.

    첫째, 몸을 단정히 하라는 것이다. 사문은 걷고·서고·앉고·눕는 행위에 있어서 조금도 흐트러짐이 있어서는 안 된다. 사문에 어울리는 위엄을 갖춰야 한다. 세상 사람들은 붓다의 가르침보다 승려의 행위를 보고 불교에 관한 호감이나 반감을 갖기 때문이다.

붓다의 상수 제자였던 사리뿟따(Sāriputta, 舍利弗) 존자는 다섯 비구 중 한 명이었던 앗사지(Assaji, 馬勝) 비구의 탁발하는 거룩한 모습을 보고 불교로 개종하게 되었다. 이처럼 사문의 위의는 포교로 연결된다. 한 승려의 가벼운 처신과 흐트러진 몸가짐으로 인해 불교에 대한 신심을 떨어뜨리고 전체 승가에 나쁜 이미지를 가져다준다.

이러한 이유로 붓다는 승려의 위의와 관련된 것들을 계율로 제정하여 반드시 지키도록 강요했다. 이른바 율장(律藏)의 '중학법(衆學法, sekhiyā dhammā)'이 그것이다. 중학법의 조수(條數)는 율장에 따라 각기 다르다. 『빨리율(Vinaya Piṭaka)』의 중학법은 75조인데, 크게 네 가지로 이루어져 있다. 즉 착의(着衣)와 행도(行道)의 규정(26조), 걸식과 식사의 규정(30조), 설법할 때의 주의 사항(16조), 대소변의 규정(3조) 등이다.

착의란 가사(袈裟)를 수하는 방법과 관련된 규정이다. 행도란 신도의 공양 초대[請食]에 갔을 때 지켜야 할 몸가짐이다. 걸식과 식사의 규정은 걸식과 식사할 때의 자세에 관한 것이다. 설법할 때의 주의 사항은 타인에게 설법할 때 지켜야 할 준수사항을 말한다. 대소변의 규정은 대변과 소변 및 침을 함부로 뱉어서는 안 된다는 준수사항이다. 이처럼 율장에서는 승려의 세세한 행동까지 계율로 제정하여 준수하도록 했다. 붓다는 제자들이 율의(律儀)에 어긋난 행위로 인해 승가의 품위를 떨어뜨리지 않도록 사전에 차단하기 위해 이러한 규정을 제정하게 되었다.

특히 복장을 단정하게 하라는 것은 복장에 따라 마음가짐이 달라지기 때문이다. 단정하지 못한 복장은 그 사람의 정신 상태가 올바르지 않다는 증거일 수 있다. 사문의 몸가짐이 단정하지 못하다면 그 사람의 인격까지 의심해 볼 필요가 있다. 내면의 수행 정도에 따라 몸가짐이 달라지기 때문이다. 다시 말해 위의(威儀)를 갖추지 않은 승려에게 신심을 일으켜 존경할 사람은 아무도 없다.

세속에서도 위험한 직업에 종사하는 사람일수록 복장을 단정하게 하라고 지시한다. 왜냐하면 복장이 단정하지 않으면 마음가짐이 흐트러져 그만큼 사고가 일어날 확률이 높기 때문이다. 몸을 단정히 하라는 가르침에는 개인의 위생도 포함된다. 한 개인의 잘못된 위생 때문에 다른 사람에게 피해를 줄 수도 있기 때문이다.

둘째, 마음을 단정히 하라는 것은 사문이 갖추어야 할 올바른 마음가짐을 말한다. 붓다는 "세상 사람들이 스스로 마음을 바르게 하면 천상 세계에 있는 천신이 모두 기뻐하며 그 사람을 도와 복을 얻도록 할 것"이라고 했다. 이처럼 한 번 일으킨 바른 마음은 행운을 불러들이지만, 반대로 한 번 일으킨 나쁜 마음은 불행을 불러들인다. 붓다도 "선심은 기쁨과 행복을 가져오지만, 악심은 고뇌와 불행을 가져온다."라고 말했다.

왜냐하면 "마음이라는 것은 사람을 그르치게 하고, 마음이 몸을 죽게 하고, 마음이 아라한도 되게 하고, 마음이 천신도 되게 하고, 마음이 사람도 되게 하고, 마음이 축생·벌레·개미·새·짐승도 되게 하고, 마음이 지옥도 되게 하고, 마음이 아귀도 되게" 만들기 때문이다. 이처럼 마음을 잘 다스리는 자가 진정한 의미의 사문이라고 할 수 있다. 만일 번뇌에 물든 마음에 지배당하거나 마라의 유혹에 넘어간다면 결국 패배자가 되고 만다.

『담마빠다(Dhammapada, 法句經)』 제3장 '마음(citta)'에 다음과 같은 대목이 나온다.

"불안정하고 변덕스러우며, 지키기도 어렵고 제어하기도 어려운 마음을 지혜로운 이는 곧게 만든다. 화살을 만드는 이가 화살을 곧게 만들 듯."(Dhp. 33) "제어하기 어렵고 재빠르며, 내키는 것 어디든지 내려앉는 마음의 단련은 좋은 것이다. 단련된 마음은 행복을 가져온다."(Dhp. 35) "아주 보기 어렵고 아주 미묘(微妙)하며 내키는 곳이 어디든지 내려앉는 마음을 지혜로운 이는 지켜야 한다. 보호된 마음은 행복을 가져온다."(Dhp. 36)

셋째, 뜻을 단정히 하라는 것은 올바른 생각을 일으켜야 한다는 것이다. 여기서 말하는 마음과 뜻은 다른 개념이다. 뜻[意]은 의도(cetanā)에 가깝다. 인간의 행위 중에서 가장 중요한 것이 사유다. 사유에서 나온 의도가 업(業)을 짓기 때문이다. 인간은 의도를 갖고 말하고 행동한다. 그래서 구업(口業)과 신업(身業)은 의업(意業)의 지배를 받는다.

그래서 어떤 의도를 갖고 말하고 행동하느냐에 따라 선업이 되기도 하고 악업이 되기도 한다. 올바른 사유란 괴로움에서 벗어나고자 하는 사유, 악의 없음에 대한 사유, 남을 해치지 않음에 대한 사유를 말한다. 그릇된 사유란 감각적 욕망을 사유하고, 악의를 사유하고, 남을 해치고자 하는 사유를 말한다. 사문은 어떤 경우에도 그릇된 생각을 일으켜서는 안 된다. 혹시 그런 생각이 일어났더라도 곧바로 알아차려 올바른 사유로 전환해야 한다.

넷째, 입을 단정히 하라는 것은, 부주의하게 말하지 말라는 뜻이다. 사문으로서 품격에 맞는 언어를 사용해야 한다. 팔정도의 올바른 언어란 거짓말, 중상모략, 욕설, 쓸데없는 잡담을 삼가는 것을 말한다. 일반적으로 올바른 언어란 적극적으로 타인을 올바르게 지도하거나, 다른 사람을 칭찬해 주고 격려해 주거나, 성실한 말로 남을 대하거나, 필요한 때 필요한 말을 하는 것을 의미한다.

세상에서 일어나는 불화나 반목은 대부분 그릇된 언어에서 비롯된다. 올바른 언어로 상대방이 호감을 느끼도록 하거나 남에게 상처를 주지 않으면서 자기 뜻을 정확히 전달하는 것이 중요하다. 이상에서 살펴본 네 가지를 단정하게 하면, 세상 사람으로부터 비난받을 일이 없다. 그 대신 오히려 존경과 공경을 받을 것이다.

나이가 많다고 장로는 아니다

붓다 입멸 후 불교 승가는 '장로비구(thero bhikkhu)'에 의해 유지 전승되었다고 해도 과언이 아니다. 일반 사회에서 말하는 장로(長老)는 나이가 많고 학문과 덕이 높은 사람을 말한다. 그러나 불교에서 말하는 장로란 '승가 지도자(saṅgha-pariṇāyaka)'를 말한다. 승가 지도자란 '불교 지도자'라는 뜻인데, 배움이 많고 나이가 많으며 덕이 높은 승려를 일컫는다.

동남아시아의 테라와다(Theravāda) 전통에서는 먼저 출가한 자가 윗자리(上座)에 앉는다. 이러한 전통을 철저히 지키기 때문에 테라와다를 '상좌부(上座部)'라고 부른다. 이처럼 승가에서 장로가 차지하는 비중은 매우 높다. 새로 승가에 들어온 사람은 먼저 승가에 들어온 장로들을 보고 배운다. 이를테면 승려의 몸가짐인 착의(着衣)의 행의(行儀), 식사의 행의, 걸식의 행의, 설법의 행의 등을 배운다. 그런 다음 나중에 자신이 장로가 되었을 때, 자신이 배운 것을 그대로 후학들에게 바르게 가르친다. 그렇게 해서 2,500여 년 동안 단절되지 않고 승가의 고유한 전통이 유지되었다.

그러나 최근에는 남·북방을 막론하고 장로들로부터 배울 것이 없다는 한탄의 소리가 쏟아지고 있다. 비록 출가한 지 오래되어 나이는 많지만, 장로비구가 갖추어야 할 출가자로서의 덕목을 갖추지 못한 경우가 너무 많기 때문이다. 간혹 어떤 장로는 세상 사람들로부터 비난의 대상이 되기도 한다.

「라자니야 숫따(Rajanīya-sutta)」(AN5:81)에 "탐욕을 일으키는 것이 있어도 탐욕을 일으키지 않고, 성냄을 일으키는 것이 있어도 성냄을 일으키지 않고, 어리석음을 일으키는 것이 있어도 어리석음을 일으키지 않고, 분노를 일으키는 것이 있어도 분노를 일으키지 않고, 교만을 일으키는 것이 있어도 교만을 일으키지 않는다."(AN.Ⅲ.111)라고 했다. 이 경에 언급된 다섯 가지 법은 탐욕(rāga), 성냄(dosa), 어리석음(moha), 분노(kopa), 교만(mada)이다. 이 다섯 가지 법은 장로비구가 갖추어야 할 기본적 자질에 관한 덕목이다.

그러나 장로비구가 갖추어야 할 다섯 가지 법은 경에 따라 각기 다르게 설해져 있다. 어떤 경(AN5:82)에서는 다섯 가지 법이란 "탐욕을 여의고, 성냄을 여의고, 어리석음을 여의고, 위선을 여의고, 악의를 여의는 것이다."(AN.Ⅲ.111)라고 했다. 이 경에 언급된 다섯 가지 법은 탐욕을 여읨, 성냄을 여읨, 어리석음을 여읨, 위선을 여윔, 악의를 여윔이다.

앞의 경(AN5:81)에서는 다섯 가지 법이 탐·진·치·분노·교만으로 되어 있지만, 이 경에서는 분노와 교만이 위선과 악의로 대체되었다. 이것은 장로비구가 갖추어야 할 도덕적 자질에 관한 덕목이다. 모름지기 출가자는 위선과 악의에서 벗어나야 한다.

또 다른 경(AN5:83)에서는 "궤변으로 변명하고, 쓸모없는 말[虛談]을 하지 않고, 점치지 않고, 사기 치지 않고, 이익으로 이익을 구하지 않는 것이다."(AN.Ⅲ.112)라고 했다. 이 경에 언급된 다섯 가지 법은 궤변을 통한 변명[자기 합리화], 쓸모없는 말[虛談], 점치는 행위, 남을 속이는 기만, 부당이익 등으로 해석할 수 있다. 이 중에는 범죄행위에 해당하는 것도 있다. 이 때문에 세속인들도 회피하는 것이다. 이것은 장로비구가 갖추어야 할 도덕적 자질에 관한 덕목이다.

또 다른 경(AN5:84)에서는 "믿음이 있고, 부끄러움이 있고, 창피함이 있고, 열심히 정진함이 있고, 지혜가 있다."(AN.Ⅲ.112)라고 했다. 이 경에 언급된 다섯 가지 법은 믿음(saddha), 부끄러움(hiri), 창피함(ottappa), 정진(viriya), 지혜(paññā)이다. 이 중에서 '히리(hiri)'는 '안으로 부끄러워함'이라는 뜻이고, '옷땁빠(ottappa)'는 '밖으로 부끄러워함'이라는 뜻이다. 두 단어를 합한 '히리-옷땁빠(hiri-ottappa)'는 '참괴(慚愧)'로 번역된다. 이 참괴는 출가자가 갖추어야 할 가장 기본적인 자질에 속한다. 참괴, 즉 부끄러움과 창피함을 모르는 자는 수행자가 될 자격이 없다. 이런 사람은 절대로 승가의 일원이 되어서는 안 된다. 이것은 장로비구가 갖추어야 할 기본적 자질에 관한 덕목이다.

또 다른 경(AN5:85)에서는 "형상을 견디고, 소리를 견디고, 냄새를 견디고, 맛을 견디고, 감촉을 견딘다."(AN.Ⅲ.113)라고 했다. 이경에 언급된 다섯 가지 법은 색(色)·성(聲)·향(香)·미(味)·촉(觸)이다. 수행자는 외부의 대상에 영향을 받으면 안 된다. 만일 장로비구가 외부의 대상에 영향을 받는다면 그는 아직 수행을 완성하지 못한 단계에 있음을 의미한다. 따라서 낮은 단계의 수행도 제대로 체험하지 못한 자가 불교 지도자의 반열에 오르게 되면 많은 부작용을 초래할 가능성이 매우 크다. 이것은 장로비구가 갖추어야 할 정신적 자질에 관한 덕목이다.

또 다른 경(AN5:87)에 장로비구가 갖추어야 할 다섯 가지 법이 설해져 있다. "계를 잘 지키고, 빠띠목카(pātimokkha, 戒目)를 수호하고 단속하면서 머문다. 올바른 행위의 경계를 갖추고, 사소한 허물에도 두려움을 느끼고, 학습계목을 받아 지녀 배운다."(AN.Ⅲ.113) 이것은 지계(持戒)에서 장로비구의 지도력이 나온다는 것을 의미한다. 이른바 지계를 통한 지도력이라고 할 수 있다. 그리고 수행에서 장로비구의 지도력이 나온다.

이처럼 출가자의 기본적 자질에 관한 덕목, 도덕적 자질에 관한 덕목, 정신적 자질에 관한 덕목, 논리적 자질에 관한 덕목, 이타적 자질에 관한 덕목을 갖춘 자를 불교 지도자라고 할 수 있다. 그러기 위해서는 먼저 지계(持戒), 수행(修行), 선정(禪定) 위에 정견(正見)을 갖추어야 한다. 불교 지도자의 지도력은 지계, 수행, 선정, 정견에서 나오기 때문이다. 그러나 이것만으로는 부족하다.

여기에다 정치·경제·사회·문화 등 모든 분야에 대한 지적(知的) 능력이 추가되어야 한다. 급변하는 현대사회에서 불교 지도자는 불교적 관점에서 현대사회의 문제점을 진단하고 그 해결책을 제시해 줄 수 있어야 하기 때문이다.

 젊었을 때 수행에만 전념하던 승려도 노년에 수행자답지 못한 생계 수단으로 살아가는 승려를 볼 수 있다. 노년에는 모든 것을 놓아버려야 함에도 오히려 노욕(老欲)에서 벗어나지 못하는 승려가 있다. 우리는 이들을 진정한 의미의 장로비구로 보지 않으며 존경하지도 않는다. 나이가 많다고 해서 모두 장로는 아니다.

묵언에 대한 붓다의 비판

　　불교 승단은 보름마다 실시하는 포살(布薩, uposatha)과 함께 자자(自恣, pavarana)라는 훌륭한 제도를 채택하고 있다. 자자는 3개월 안거(安居, vassa)의 마지막 날, 전체 대중이 한자리에 모여 법랍이 가장 높은 장로부터 지난 3개월 동안 자신의 허물을 보았거나 들었거나 의심스러운 바가 있으면 지적해 달라고 요청한다. 만일 지적을 받으면 잘못을 참회하거나 해명해야 한다. 이러한 갈마(羯磨)를 통해 자체적으로 승단을 정화하고 승단의 화합을 유지할 수 있었다.

　그러면 '자자건도(自恣犍度)'는 어떻게 제정되었는가? 붓다가 사왓티의 기수급고독원에 머물고 있을 때의 일이다. 그때 안거를 맞이한 비구들이 한곳에 모여 함께 생활하게 되었다. 그들은 승려들 간의 충돌과 불화를 염려하여 '어떻게 하면 함께 서로 화합하여 싸우는 일 없이 즐겁고 안락하게 보낼 수 있을까?'를 의논하게 되었다.

그들이 내린 결론은 '우리는 서로 얘기도 나누지 말고 안부도 묻지 말자. 마을에서 걸식을 끝내고 먼저 정사로 돌아온 자는 묵묵히 자리나 발 씻을 물, 식기 등을 마련해 두자. 나중에 돌아오는 자는 묵묵히 이것들을 정리하여 제자리에 두자. 물병이 비어 있는 것을 보는 자는 묵묵히 채워두고, 만약 스스로 못할 사정이라면 손짓으로 다른 비구를 불러 역시 손짓으로 지시하여 채우게 하자. 그러면 굳이 말하지 않아도 생활할 수 있을 것이다. 이렇게 하면 우리는 서로 충돌하는 일 없이 서로 화합하여 즐겁고 안락하게 안거를 보낼 수 있을 것이다'라고. 그리고 그들은 우기 3개월을 그대로 실천했다.

안거가 끝난 뒤, 이들은 붓다를 찾아뵈었다. 그때 붓다는 그들에게 "비구들이여, 그대들은 안거 기간 동안 서로 화합하며 별 어려움 없이 잘 지냈느냐?"고 물었다. 그들은 붓다에게 앞에서 언급한 것과 같이 묵언(默言)하면서 3개월 동안 생활했다고 대답했다.

그러자 붓다는 그들을 크게 꾸짖었다. "이 어리석은 자들아, 너희들은 안락하게 살지 못했으면서 그것을 안락하게 살았다고 하는구나. 어찌하여 너희들은 외도(外道)나 지니는 언어장애인 계를 지키며 살았단 말인가?" 그런 다음 "안거를 보낸 자는 세 가지 점에 의해 자자(自恣)를 실행해야 한다. 세 가지란 보고·듣고·의심하는 것이다. 이것에 의해 너희들은 서로 허물에서 벗어나 율(律)을 지켜야 한다."라고 가르쳤다.

『사분율(四分律)』 제37권 '자자건도'에서는 이렇게 설해져 있다.

> "어리석은 자들이여, (침묵이) 스스로 즐거움이라 하지만 그것은
> 실로 괴로움이다. 스스로 근심이 없다고 하지만 그것이 실로 근
> 심이다. 원수의 집에서 함께 거주하는 것과 같고, 마치 백양(흰
> 색 양)과 같다. 왜냐하면 내가 수많은 방편으로 이미 설했기 때
> 문이다. 비구들이여, 이쪽과 저쪽이 서로 가르치고 서로 말을
> 들어주고 깨달음을 얻도록 해야 한다. 너희 어리석은 자들은 외
> 도와 같다. 서로 언어장애인 법[瘂法]을 받아들였다. 이와 같은
> 언어장애인 법을 행해서는 안 된다. 만약 언어장애인 법을 행하
> 면 돌길라(突吉羅)이다."(T22, p.836a)

이처럼 붓다는 안거 기간 동안 묵언해서는 안 된다고 가르쳤다. 그 대신 이쪽과 저쪽이 서로 가르치고 남의 말을 들어주고 깨달음을 얻도록 해야 한다고 일러주었다.

한편 말을 전혀 하지 않는 '묵언'과 대중 생활하면서 '침묵'하는 것은 그 의미가 약간 다르다. 담체(曇諦)가 번역한 『갈마(羯磨)』에 '다섯 가지 대중 생활법[五種入衆法]'을 언급하고 있다. 그중에서 "다섯째는 승가 내부에서 옳지 못한 일을 보더라도 마음을 편안하게 인내하면서 마땅히 침묵해야 한다(五若見僧中有不可事, 心安應作默然也)." 그 연장선상에서 다섯 가지 여법한 침묵과 다섯 가지 비법의 침묵을 제시하고 있다.

다섯 가지 여법한 침묵이란 "첫째는 타인의 비법(非法)을 보더라도 침묵한다. 둘째는 (비법자와) 동반자가 되지 않고 침묵한다. 셋째는 중죄(重罪)를 범하더라도 침묵한다. 넷째는 함께 머물며 침묵한다. 다섯째는 (타인과) 함께 지내는 곳에서 침묵한다."(T22, 1064a)

이것은 승가의 화합을 위해 가능하면 타인의 허물을 지적하지 말라는 것이다. 타인의 허물을 지적하는 것을 거죄갈마(擧罪羯磨)라고 한다. 그런데 상대편에서 그것을 인정하지 않으면 다시 불견죄거죄갈마(不見罪擧罪羯磨)를 실시하게 된다. "이 때문에 승가 내부에서 다툼(bhaṇḍana, 訴訟), 쟁론(kalaha), 논쟁(viggaha), 언쟁(vivāda), 승가의 분열(saṅghabheda), 승가의 불화합(saṅgharāji), 승가의 차별(saṅghavavatthāna), 승가의 분리(saṅghanānākaraṇa)가 예상된다." 이러한 이유로 붓다는 타인의 잘못을 보더라도 침묵하라고 했다.

반면 침묵해서는 안 되는 다섯 가지 경우를 제시하고 있다. 이른바 다섯 가지 비법의 침묵[五種非法默然]이 그것이다. "첫째는 여법한 갈마에 마음으로 동의하지 않고 침묵하는 것이다. 둘째는 도반과 뜻을 같이하면서도 침묵하는 것이다. 셋째는 작은 죄[小罪]를 보았더라도 침묵한다. 넷째는 별도로 거주[別住]하면서도 침묵한다. 다섯째는 계장(戒場)에 있으면서 침묵한다."(T22, p.1064a)

이것은 자신의 의견을 표명해야 할 때 침묵해서는 안 된다는 것이다. 첫째, 회의(갈마)에서 어떤 안건이 마음에 들지 않으면 침묵하지 말고, 분명하게 자기의 의견을 피력해야 한다. 안건이 통과된 후에 불평하는 것은 수행자의 올바른 자세가 아니기 때문이다. 둘째, 도반과 뜻을 같이하면 같이 한다고 분명히 말해야 한다. 셋째, 타인의 작은 허물은 그때그때 지적하여 시정할 수 있도록 해야 한다. 넷째, 동주(同住)가 아니고 별주(別住)일 경우에는 반드시 대중에게 알려야 한다. 이런 경우에 침묵하는 것은 승가의 질서를 파괴하는 것이다. 다섯째, 계장(戒場)이란 수계식을 거행하는 계단이나 포살을 실시하는 포살당(布薩堂)을 말한다. 이러한 갈마에서는 갈마사의 물음에 반드시 답해야 한다.

이처럼 공동생활에서 묵언은 바람직하지 않다. 또 대중과 함께 생활할 때는 침묵해야 할 때가 있고, 분명히 자기 의견을 피력해야 할 때가 있다. 그런데 침묵해야 할 때 남의 허물을 들추어내거나, 말해야 할 때 침묵하는 것은 올바른 태도가 아니다. 한마디로 말을 해야 할 때는 말해야 하고, 말하지 말아야 할 때는 침묵을 지켜야 한다.

동료 비구를 모함한 사례

    붓다의 제자 가운데 가장 어린 나이에 아라한과
를 증득(證得)한 사람은 '답바 말라뿟따(Dabba Mallaputta)'이다. 그는
말라 국의 아누삐야(Anupiya)에서 태어났는데, 그가 태어날 때 어
머니가 숨졌다. 그래서 그는 할머니 손에서 자랐다. '말라뿟따'라
는 그의 이름은 '말라 족의 아들'이라는 뜻이다. 그는 일곱 살 때
말라 국을 방문한 붓다를 뵙고, 붓다 곁으로 출가하게 해달라고
할머니에게 간청했다. 할머니가 답바를 데리고 붓다께 가서 삭발
할 때 그는 곧바로 아라한이 되었다.

    그는 붓다와 함께 라자가하(Rājagaha, 王舍城)로 돌아와 그곳에서
붓다의 허락을 받아 승가에 봉사할 수 있는 '지사(知事) 비구'라는
소임을 맡았다. 그는 이미 해야 할 일을 다 마쳤기 때문에 다른
비구들의 수행을 돕는 것이 자신의 의무라고 생각했다. 지사비구

란 오늘날의 사찰 주지나 원주에 해당하는 직책이다.

지사비구의 주된 임무는 방사를 배정하는 일과 청식(請食)의 순서를 정하는 일이다. 당시 비구들은 유행 생활을 하고 있었기 때문에 그곳에 머물고 있던 비구들이 다른 지방으로 떠나고, 다른 지방에 있던 비구들이 도착하기도 한다. 그때 새로 도착한 비구 수와 비어있는 방사 수를 고려하여 한 사람의 비구에게 하나의 방을 배정하기도 하고, 하나의 방에 여러 명의 비구를 배정하기도 한다. 그 기준은 장로 비구에게는 좋은 방을 배정하고, 차례로 신참(新參) 비구에게 허술한 방을 배정하여 불만이 없도록 하는 것이다.

비구들은 걸식으로 식사 문제를 해결하는 것이 원칙이다. 그러나 간혹 재가 신자가 음식을 마련하여 정사로 가져오거나 자기 집으로 비구들을 초대하여 공양을 베푸는 것도 허락되어 있었다. 이것을 청식(請食, nimantana bhatta)이라고 부른다. 청식은 전체 비구가 참여할 수 없으므로 순번을 정해 초대에 참여했다. 그때 부유한 집에 초청받으면 맛있는 음식을 먹을 수 있지만, 가난한 집에 초청받으면 조촐한 음식을 먹을 수밖에 없다.

붓다에 의해 청식이 허락되자 곧바로 부작용이 나타났다. 데와닷따(Devadatta)와 그의 제자들만 별도로 아사세왕의 청식을 받았다. 이 때문에 불공평하다는 불만이 표출되었다. 그래서 한때는 네 명 이상이 단월(檀越)의 청식에 참석해서는 안 된다는 규정이 제정되기도 했다. 세상에서 일어나는 대립과 갈등은 사소한 불만에서 비롯된다. 수행 공동체인 불교 승가라고 해서 예외일 수 없다. 승가 구성원 모두가 의식주 분배에 있어서 차별받지 않아야 한다. 승려 개인의 불평등은 승가 내부의 다툼, 즉 승쟁(僧諍, saṅgha-rāji)의 원인이 되기 때문에 주의를 기울여야 한다.

한때 멧띠야(Mettiya, 慈)와 붐마자까(Bhummajakā, 地)라는 비구가 정사(精舍)에 도착하여 방사의 배정을 요구했다. 그러나 그들은 신참비구였기 때문에 좋지 못한 방을 배정받았고, 마침 침구 등도 낡은 것이었다. 또 별방식(別房食)도 좋지 않았다. 별방식이란 그 방에 묵는 비구에게 베푸는 공양이다. 별방식은 그 방을 만든 단월이 베푸는 경우가 대다수인데, 가난한 단월이 만든 방사일 경우에는 공양도 부실했다. 또한 순번에 따른 청식도 변변치 못했다. 멧띠야와 붐마자까 비구는 자신들이 푸대접받고 있다고 느꼈다.

그런데 라자가하의 깔야나밧띠까(Kayāṇabhattika, 善飯)라는 거사는 여러 비구에게 네 가지 맛있는 음식을 항상 베푼다고 널리 알려져 있었다. 순서에 따라 멧띠야와 붐마자까 비구의 차례가 되었다. 그래서 그들은 이제 맛있는 음식을 마음대로 먹을 수 있을 것이라는 기대로 들떠있었다. 그러나 멧띠야와 붐마자까 비구는 악덕 비구라는 평판이 있었기 때문에 두 비구가 자기 집에 온다는 것을 알게 된 깔야나밧띠까 거사는 맛있는 음식[美食] 대신 조촐한 음식[粗食]을 대접했다.

멧띠야와 붐마자까 비구는 자신들이 좋지 못한 음식을 받게 된 것은 답바 말라뿟따 비구의 지시에 의한 고의적인 소행이라고 오해하고 그를 크게 원망했다. 그때 우연히 멧띠야의 여동생인 멧띠야(Mettiya) 비구니가 찾아왔다. 그들은 멧띠야 비구니에게 붓다께 가서 "답바 말라뿟따 비구가 자기를 범했다."라고 고발하라고 지시했다. 즉 멧띠야와 붐마자까 비구와 멧띠야 비구니가 공모하여 답바 말라뿟따 비구를 모함하는 사건이 발생했다.

붓다는 답바 말라뿟따 비구가 그럴 사람이 아니라는 것을 알고 있었다. 그래도 답바 말라뿟따 비구를 불러 그런 사실이 있었느냐고 추궁했다. 답바 말라뿟따 비구는 "자신에게는 그러한 기억이 전혀 없다."라고 대답했다. 결국 멧띠야 비구니는 멧띠야와 붐마자까 비구의 지시로 거짓으로 말한 것이라고 실토하게 되었다. 이를 계기로 승잔법 제8조 「무근방계(無根謗戒)」, 즉 "근거 없이 바라이죄를 범했다고 다른 비구를 모함해서는 안 된다."라는 계가 제정되었다.

이 사건을 계기로 붓다는 바라이죄를 범했다고 동료 비구를 모함한 멧띠야와 붐마자까 비구를 크게 꾸짖고 훈계했다. 그리고 거짓으로 청정한 비구를 모함한 멧띠야 비구니는 승가에서 추방했다. 이 이야기는 『빨리율』에 나타난 「무근방계(無根謗戒)」의 제계(制戒)에 관한 인연담이다. 『사분율』, 『오분율』, 『십송률』, 『근본유부율』에 언급된 인연담의 내용도 그 골자는 같다. 이 인연담의 골자는 멧띠야와 붐마자까 비구가 청식에서 차별받은 것에 대한 원망에서 지사비구였던 답바 말라뿟따 비구가 멧띠야 비구니를 범했다고 모함한 사건이다.

이 인연담을 통해 붓다 시대에도 이미 아라한과를 얻은 동료 비구를 모함하는 자들이 있었다는 사실이다. 그런데 이 엄청난 범죄가 아주 작은 불만에서 시작되었다는 점에 주의할 필요가 있다. 답바 말라뿟따 비구는 이미 아라한과를 증득했기 때문에 승가에 봉사하되 공정하게 일을 잘 처리했다. 그런데도 자신들에게만 불이익을 준다고 오해하여 불만을 품고 모함하는 일이 생겼다.

따라서 어떤 상황에서도 다른 비구를 모함해서는 안 된다. 승가에서 동료 비구를 모함하는 것은 무거운 죄에 해당한다. 그래서 붓다는 「무근방계(無根謗戒)」, 즉 "근거 없이 바라이죄를 범했다고 다른 비구를 모함해서는 안 된다."라는 계를 제정하게 되었다. 이 계를 범하면 비록 승가에서 추방되지는 않지만, 일시 동안 비구의 자격이 박탈당하는 별주(別住)의 처벌을 받는다.

승가 내부의 보수와 진보의 갈등

　　붓다의 제자 가운데 마하깟사빠(Mahākassapa, 大迦葉) 존자와 아난다(Ānanda, 阿難) 존자는 성향이 전혀 다른 인물이었다. 마하깟사빠가 보수적인 성향을 지닌 엄격 주의자였다면, 아난다는 진보적인 성향을 지닌 온건주의자였다. 붓다 재세시(在世時)에도 두 사람이 몇 차례 부딪친 적이 있었지만, 불멸 후에는 두 사람 간의 갈등이 표면으로 드러났다.

　마하깟사빠를 비롯한 보수적인 비구들은 처음부터 여성의 출가를 반대했다. 그러나 아난다가 붓다에게 여성의 출가를 간청하여 승낙받았다. 아난다의 간청으로 마하빠자빠띠 고따미(Mahāpajāpatī Gotamī)를 비롯한 석가족 여인 500명이 출가하여 비구니 승가를 성립시켰다. 이 때문에 마하깟사빠는 아난다를 무척 싫어했다.

『사분율』 제49권에 의하면, 한때 아난다는 나이 어린 제자 60명을 거느리고 있었다. 그런데 어떤 이유로 이들이 모두 환계(還戒)하고 세속으로 돌아갔다. 마하깟사빠는 아난다에게 너 같은 '소년'은 만족할 줄을 모른다고 질책했다. 아난다는 "내 머리가 이미 백발이 되었는데, 어떻게 '소년'이라고 부르느냐?"고 따졌다. 그러자 마하깟사빠는 "너는 어린 비구들과 함께 모든 감각기관을 절제하지 못하고 밤낮으로 먹고 수행하지 않는다."라고 꾸짖었다.

이 소식을 전해 들은 '투란난타(偸蘭難陀)'라는 비구니가 분노하여 마하깟사빠에게 "원래 외도였던 네가 어떻게 아난다 존자를 '소년'이라고 질타할 수 있느냐?"고 따졌다. 다음 날 아침 투란난타 비구니가 라자가하(Rājagaha)에서 탁발하고 있던 마하깟사빠의 얼굴에 침을 뱉었다.(T22, p.930ab) 『십송률』 제40권에 의하면, 투란난타 비구니가 마하깟사빠 앞에서 고의로 보행을 방해했다. 그때 마하깟사빠는 "자매여! 걸음을 빨리하거나, 아니면 나에게 길을 비켜주시오."라고 말했다. 그러자 투란난타 비구니가 "그대는 본래 외도였던 주제에 무슨 일이 그리 급하다고 천천히 다니지도 못합니까?"라고 욕했다. 그러자 마하깟사빠는 "악녀여! 나는 너를 책망하지 않는다. 나는 아난다를 책망한다."(T23, p.291a)라고 했다. 이것은 여성의 출가를 붓다에게 간청한 아난다를 책망한다는 뜻이다.

붓다는 사후에 승가를 통솔할 후계자를 지명하지 않았다. 이 때문에 승가 내부에 큰 혼란이 있었던 것으로 보인다. 그때 마하깟사빠가 주도권을 쥐고 승가를 통솔하게 되었다. 이것은 승가 내부의 보수파 비구들의 일방적인 승리를 의미한다. 그리하여 보수적이었던 500명의 장로가 참석한 가운데 라자가하에서 제1결집을 단행했다.

율장에 따르면, 아난다의 위상과 지위가 급격하게 하락하는 양상을 보여주고 있다. 즉 힐난하는 마하깟사빠와 변명하는 아난다로 묘사되어 있다. 이를테면 아난다는 소소계(小小戒, khuddānukhuddakāni sikkhāpadāni)에 대해 붓다에게 자세히 질문하지 않았고, 붓다의 가사를 발로 밟았으며, 붓다가 열반에 들 때 여인들의 눈물로 붓다의 몸을 더럽혔으며, 붓다가 이 세상에 더 오래 머물러 달라고 청하지 않았고, 여인들의 출가를 붓다에게 간청했다는 것이다. 또 그는 아직 아라한과를 증득하지 못한 범부에 지나지 않는다고 묘사되어 있다. 이러한 이유로 아난다에 대한 힐난이 주어졌다. 이처럼 아난다는 승가에서 있었던 모든 잘못을 혼자 다 뒤집어쓰고 있다는 느낌을 받는다. 그러나 아난다는 자신이 완전히 결백하지만, 승가의 화합을 위해 잘못을 인정한다고 했다.

반면 「대반열반경(大般涅槃經)」, 「불반니원경(佛般泥洹經)」, 「반니원경(般泥洹經)」에서는 아난다 존자가 네 가지 특별히 훌륭하고 뛰어난 점이 있어서 사부대중이 그를 만나기를 원한다고 기술되어 있다. 「대반열반경」에서 붓다는 입멸 직전 그동안 곁에서 시봉한 아난다 존자에게 다음과 같은 말씀으로 그동안의 노고를 위로하고 격려했다.

"아난다여! 너는 참으로 오랫동안 사려 깊은 행동으로 나에게 이익과 안락을 주었고, 게으름 피우지 않고 일심으로 시봉하였다. 너는 또한 사려 있는 말과 사려 있는 배려로써 나에게 이익과 안락을 주었고, 게으름 피우지 않으면서 일심으로 시봉하였다. 아난다여! 너는 많은 복덕을 지은 것이다. 이제부터는 게으름 피우지 말고 수행에 노력하여 빨리 번뇌 없는 경지에 도달함이 좋으리라."(DN.Ⅱ.144)

이렇게 세존께서는 아난다를 칭찬하고 나서 비구들에게 말씀하셨다.

"비구들이여! 아난다에게는 특별히 네 가지 훌륭하고 뛰어난 점이 있느니라. 그 네 가지 장점이란 무엇이겠느냐? 비구들이여! 비구다운 이들이 아난다를 만나고자 한다. 이 사람은 단지 아난다를 만나는 것만으로 만족해한다. 아난다가 가르침을 설하면 그것을 듣고 더욱더 마음 흡족해한다. 그러나 비구들이여! 아난다가 침묵하면 그들은 만족해하지 않을 것이다. … 비구들이여! 아난다에게는 이와 같은 네 가지 특별히 훌륭하고 남달리 뛰어난 장점이 있느니라."(DN.Ⅱ.145-146)

율장에 묘사된 아난다에 관한 내용과는 정반대로 나타난다.

한편 제1결집을 주도했던 마하깟사빠는 소소계가 무엇인지 구체적으로 붓다에게 여쭈어보지 않았기 때문에, 붓다가 제정한 율

(律)은 절대 고치지 못한다는 '불제불개변(佛制不改變)'의 원칙을 고수하게 되었다. 불멸 후 100여 년 경에 웨살리(Vesālī)라는 도시에서 일어난 '십사비법(十事非法)'이라는 사건도 보수파와 진보파의 대립 갈등이었다. 이 사건은 소소계 논쟁 때 마하깟사빠 존자에 의해 제시된 '불제불개변'의 원칙을 고수하려는 보수파 비구들과 시대의 변화를 수용하여 율도 변화해야 한다는 진보파 비구들 간의 대립 갈등이었다. 이 사건을 계기로 불교 승가에서 최초로 근본 분열이 일어났다. 즉, 기존의 율(律)을 고수하는 비구들은 상좌부(上座部), 십사를 주장하던 왓지족 출신의 비구들과 이들을 지지하는 비구들은 대중부(大衆部)로 나누어졌다. 그 후 상좌부와 대중부 내부에서 다시 분열을 계속하여 20부파가 되었다. 불교교단사(佛敎敎團史) 2,500여 년은 보수와 진보의 대립 갈등의 연속이었고, 지금도 그 연장선상에 놓여있다.

역설적이지만 만일 보수와 진보 중 어느 한쪽으로 치우쳐 있었다면 승가의 명맥은 단절되었을지도 모르겠다. 출세간인 승가에서도 보수와 진보가 서로 대립 갈등하면서 발전해 왔고 앞으로도 서로 대립하면서 발전해 나갈 것이다.

비구들을 가르치고 훈계하기 어려움

　　　　　　붓다의 뛰어난 제자 가운데 한 명이었던 마하깟
사빠(Mahākassapa, 大迦葉) 존자는 스승인 붓다로부터 특별한 대우
를 받았다. 마하깟사빠 존자는 시간 대부분을 혼자 수행에 전념
했다. 그러다가 가끔 스승인 붓다를 찾아뵙고 문안 인사를 드렸
다. 붓다는 그를 높이 평가했고, 자신과 동격으로 여겨 다른 비
구들을 가르치고 훈계하라고 부탁했다.

　「오와다 숫따(Ovāda-sutta, 敎誡經)」(SN16:6)에 의하면, 한때 세존께
서 라자가하의 대나무 숲에 머물고 계셨다. 그때 마하깟사빠 존
자가 세존을 찾아뵈었다. 그때 붓다는 마하깟사빠 존자에게 이렇
게 말했다.

　"깟사빠여, 비구들에게 교계(敎誡: 가르치고 훈계함)하라. 비구들에게

법을 설하라. 깟사빠여, 나 혹은 그대가 비구들을 교계해야 한다. 나 혹은 그대가 비구들에게 법을 설해야 한다."(SN.Ⅱ.203-204)

위 경문에서 보듯이, 붓다는 마하깟사빠 존자를 자신과 동격으로 예우했다. 그 이유에 대해 주석서에서는 "장로를 당신의 위치(thāna)에 놓기 위해서이다. … 그래서 이렇게 말씀하신 것"(SA. Ⅱ.173)이라고 했다. 즉 자신의 후계자로 삼기 위해 그렇게 했다는 것이다. 그러나 붓다는 생전에 자신의 후계자를 지정하지 않았다. 주석서의 해석은 신뢰하기 어렵다.

어쨌든 마하깟사빠 존자는 스승인 붓다의 요청에도 불구하고 비구들에게 교계할 마음이 없었다. 마하깟사빠 존자는 그 이유를 이렇게 말했다.

"세존이시여, 지금의 비구들은 훈계하기 어려운 성품들을 지니고 있고 인욕하지 못하고 가르치고 훈계함[教誡]을 받아들임에 능숙하지 않습니다.(월폴라 라훌라는 이 부분을 "지금의 비구들은 순종하지 않고 완고하게 굴며, 편협하고 충고를 듣고 싶어 하지 않습니다."라고 번역했다) 세존이시여, 여기서 저는 아난다(Ānanda)의 제자 반다(Bhaṇḍa)라는 비구와 아누룻다(Anuruddha)의 제자 아빈지까(Abhiñjika)라는 비구가 서로 '비구여, 누가 더 많이 외울 수 있는가? 누가 더 잘 암송할 수 있는가? 누가 더 오래 암송할 수 있는가?'라고 하는 것을 보았습니다."(SN.Ⅱ.204)

이것이 마하깟사빠 존자가 비구들을 가르치고 훈계하라는 붓다의 요청을 거부한 이유다. 즉 지금의 비구들은 법을 들을 준비가 되어 있지 않다는 것이다. 그 예로 반다와 아빈지까와 같은 비구들은 아직 배움의 단계에 있음에도 자기들이 최고로 많이 알고 있다고 서로 다투고 있다. 이런 사람들에게 법을 설하는 것은 불가능하다는 탄식이다.

마하깟사빠 존자의 처지에서 보면 붓다를 대신해서 가르치고 훈계해야 할 대상에는 그들의 스승인 아난다 존자와 아누룻다 존자도 포함된다. 그런데 그들의 제자들이 자기가 최고로 많이 알고 있다고 시합하자고 한다. 이런 자들에게는 교계가 불가능하다고 판단했다. 붓다는 곧바로 반다와 아빈지까 비구를 불러 크게 꾸짖었다. 그들은 붓다의 꾸지람을 듣고, 자신들의 행위가 잘못된 것임을 뉘우치고 앞으로는 절대 그렇게 하지 않겠다고 다짐했다.

이 일화는 다른 불교 문헌과 학자들의 논문에도 인용되었다. 이 일화를 근거로 한 편의 논문을 작성했던 월폴라 라훌라(Walpola Rahula)는 현재의 승려들에게는 만족하지 못하지만, 붓다 시대의 출가자들은 수행에 매진했을 것으로 생각하기 쉽다고 지적했다. 그러나 수행에는 전혀 관심이 없고 말썽만 일으킨 제자들도 많았다. 이 때문에 계율이 제정되었다. 이른바 먹고 살기 어려워서 승가에 들어온 도피형·생계형 출가자들 때문이었다. 이런 사람들은 현재의 불교 승가에도 있고, 미래의 불교 승가에도 있을 것이다.

또 다른 경(SN16:7)에서는 마하깟사빠 존자가 이렇게 말한다. 즉 유익한 법들에 대한 믿음이 없고(부끄러움이 없고, 창피함이 없고, 정진이 없고), 지혜가 없는 자는 누구든지 날이 갈수록 유익한 법들에 있어서 퇴보가 기대되고 향상이 기대되지 않는다. 유익한 법들에 대한 믿음이 없는 사람(부끄러움이 없는 사람, 게으른 사람, 지혜가 없는 사람, 분노하는 사람, 원한을 품은 사람)이 있다는 것이 바로 퇴보이다. 교계해 주는 비구들이 없다는 것이 바로 퇴보이다.

반대로 유익한 법들에 대한 믿음이 있고(부끄러움이 있고, 창피함이 있고, 정진이 있고), 지혜가 있는 자는 누구든지 밤과 낮이 갈수록 유익한 법들에 있어서 향상이 기대되고 쇠퇴가 기대되지 않는다. 유익한 법들에 대한 믿음을 가진 사람(창피함이 있는 사람, 열심히 정진하는 사람, 지혜가 있는 사람, 분노하지 않는 사람, 원한을 품지 않는 사람)이 바로 향상이다. 교계해 주는 비구들이 있다는 것이 바로 향상이다.

마하깟사빠 존자가 이렇게 말한 것은 지금의 비구들은 스스로 고귀한 삶을 살겠다는 열의가 부족하다는 것이다. 이 때문에 비구들에게 교계하는 것을 꺼린다고 간접적으로 표현했다. 붓다는 마하깟사빠 존자의 지적이 옳다고 동의한다. 이른바 "교계해 주는 비구들이 없다는 것이 바로 퇴보요, 교계해 주는 비구들이 있다는 것이 바로 향상"(SN.Ⅱ.205-210)이라는 것이 이 경의 핵심이다.

또 다른 경(SN16:8)에서는 마하깟사빠 존자가 이렇게 말한다. "예전에 장로비구들은 숲에 머무는 자였고, 탁발 음식만 수용하는 자였고, 분소의를 입는 자였고, 삼의(三衣)만 입는 자였다. 그들은 원하는 것이 적었고[少慾], 만족하였고[知足] 한거(閑居)하였다.

또 [재가자들과] 교제하지 않았고 열심히 정진하였다. 이러한 좋은 자질을 가진 사람들은 그 당시에 인기가 있었고 존경받았다. 그러나 지금의 젊은 비구들은 이러한 좋은 덕목을 갖고 있지 않다."라고 붓다께 말씀드렸다. 그러자 붓다는 마하깟사빠 존자의 말에 전적으로 동의하였다.

> "그러하다. 깟사빠여, 예전에 장로비구들은 숲에 머무는 자였고 숲에 머무는 삶을 칭송하였다. 탁발 음식만 수용하는 자였고 탁발 음식만 수용하는 삶을 칭송하였다. … 삼의만 수용하는 자였고 삼의만 수용하는 삶을 칭송하였다. 원하는 것이 적었고 원하는 것이 적은 삶을 칭송하였다. … 열심히 정진하였고 열심히 정진하는 사람을 칭송하였다."(SN.II.208–209; 각묵 옮김, 『상윳따니까야』 제2권, p.493)

예나 지금이나 열심히 정진하는 수행자는 적고, 적당히 살아가는 승려들은 많다. 그러나 열심히 정진하는 수행자가 존경받는 교단의 분위기라야 훌륭한 수행자들이 많이 배출된다.

비구니를 위한 아난다 존자의 설법

　　　　　현존하는 초기경전은 두 가지 종류가 있다. 하나는 빨리어로 전승된 니까야(Nikāya, 部集)이고, 다른 하나는 각 부파에서 전승한 아가마(Āgama, 阿含)이다. 니까야는 전체 오부(五部)로 구성되어 있고, 아가마는 한역 장(長)·중(中)·잡(雜)·증일(增一) 등 사아함(四阿含)으로 이루어져 있다. 따라서 '오부사아함(五部四阿含)'을 통틀어 초기경전이라 한다.

　초기경전에는 비구니를 위한 붓다의 교설은 거의 없다. 그 이유에 대해 학자들은 두 가지로 추정하고 있다. 첫째는 제1결집과 관련이 있다. 제1결집은 불멸 직후 라자가하(Rājagaha, 王舍城)에서 오백 명의 장로들이 모여 법(法)과 율(律)을 송출했다. 이때 비구니와 재가자는 배제되었다. 이 때문에 처음부터 비구니와 재가자에 대한 붓다의 교설이 송출되지 않았다는 것이다. 둘째는 결집에서는 비구니와 재가자를 위한 교설이 송출되었지만, 전승 과정에서 비구들이 비구니와 재가자를 위한 교설을 전승하지 않았기 때문이라는 것이다. 둘 다 추론에 불과할 뿐, 현재로서는 그것을 증명할 방법이 없다.

어쨌든 현존하는 초기경전에는 비구니를 위한 교설은 극히 일부만 남아 있다. 그중에서 비구니를 위해 특별히 설해진 아난다 존자의 법문이 전해지고 있다. 이른바 『잡아함경』 제21권 제564경 「비구니경」이다. 이 경에 대응하는 니까야는 『앙굿따라 니까야』의 「비구니 숫따(Bhikkhunī-sutta)」(AN4:159)이다. 한역의 내용은 대략 다음과 같다.

한때 어떤 비구니가 아난다 존자를 연정으로 사모했다. 그 비구니는 중병(重病)을 핑계로 다른 사람을 시켜 아난다 존자에게 문병을 요청했다. 아난다 존자는 그 요청을 받아들여 비구니의 처소를 방문하게 되었다. 그런데 그 비구니는 아난다 존자를 유혹하기 위해 알몸을 드러낸 채 침상에 누워있었다. 아난다 존자는 비구니가 자신을 유혹하기 위해 꾸민 거짓임을 알고 그녀를 위해 이 경을 설하게 되었다.(T2, p.148a)

아난다 존자는 그 비구니에게 "누이여, 이 몸은 더러운 음식으로 자라났고, 교만으로 자라났으며, 갈애로 자라났고, 음욕으로 자라난 것이오. 누이여, 더러운 음식을 의지해 더러운 음식을 끊어야 하고, 교만을 의지해 교만을 끊어야 하며, 갈애를 의지해 갈애를 끊어야 하고, 음욕은 행하지 않으므로 끊어야 하오."(T2, p.148a)라고 설했다. 즉 "이 몸은 음식(āhāra), 교만(māna), 갈애(taṇhā), 음욕(methuna)으로 자라난 것이다. 그러므로 음식을 의지해 음식을 끊어야 하고, 교만을 의지해 교만을 끊어야 하며, 갈애를 의지해 갈애를 끊어야 하고, 음욕은 행하지 않으므로 끊어야 한다."(T2, p.148a)라는 것이다. 이것이 이 경의 핵심이다.

'음식을 의지해 음식을 끊는다'라는 것은 음식에 대해 바른 생각으로 관찰하는 것을 말한다. 이른바 "음식은 맛을 즐기기 위함도 아니요, 배부르게 먹기 위함도 아니요, 몸을 살찌우기 위함도 아니요, 몸을 장식하기 위함도 아니다. 다만 이 몸을 유지하고 건강을 지키며, 몸이 상하는 것을 방지하고 청정범행을 지키기 위함이다. 그래서 '나는 배고픔의 오래된 느낌은 제거하고 배부름의 새로운 느낌은 일으키지 않으면서, 건강하고 비난받지 않고 평온하게 머물 것이다'라고 생각해야 한다."(AN.Ⅱ.145)라는 것이다. 이것은 현재 상좌불교에서 공양게(供養偈)로 암송되고 있다.

'교만을 의지해 교만을 끊는다'라는 것은 다른 사람이 모든 번뇌를 끊고 현법열반(現法涅槃)을 증득했다는 소리를 들으면, '나는 어째서 아직 모든 번뇌를 끊지 못하고 현법열반을 증득하지 못했는가?'라는 분발심을 일으켜 더욱 정진하여 모든 번뇌를 끊고 현법열반을 증득하게 된다는 것이다. 이와 똑같은 원리로 '갈애를 의지해 갈애를 끊는다'라는 것이다.

"누이여, '갈애를 의지해 갈애를 끊는다'라는 것은 무엇인가? 이른바 성스러운 제자는 아무 존자와 아무 존자 제자는 모든 번뇌를 다하여, 번뇌 없이 심해탈(心解脫)·혜해탈(慧解脫)하고, 현세에서 스스로 자신이 증득한 줄을 알아 '나의 생은 이미 다하고, 범행은 이미 섰으며, 할 일은 이미 마쳐, 후세의 몸을 받지 않는다고 스스로 안다'라는 말을 들으면, '저 성스러운 제자는 모든 번뇌가 다하여 …… 후세의 몸을 받지 않는다고 아는데, 나는 지금 어째서 모든 번뇌를 다하지 못했을까?'라고 생각하게 되오. 그러면 그는 그때 곧 모든 번뇌를 끊고 …… 후세의 몸을 받지 않는다고 스스로 알 수 있는 것이오. 누이여, 이것이 이른바 '갈애를 의지해 갈애를 끊는다'라는 것이오."(AN.Ⅱ.146)

그러나 음욕은 행하지 않으면 끊어진다. 한역에서는 "행하는 바가 없으면 음욕과 화합하는 다리[교량]도 끊어진다."라고 했다. 니까야에서는 "이 몸은 음욕에 의해 생겨난다. 음욕[성교]을 세존께서는 '다리[橋]의 파괴'라고 말씀하셨다."(AN.Ⅱ.145)라고 했다. 이처럼 경에서는 성교를 '다리의 파괴(setughāta)'로 표현했다. 왜냐하면 성교는 빠라지까(pārājika, 波羅夷)에 해당하기 때문이다.

아난다 존자가 이렇게 설법하자, 그 비구니는 티끌과 때를 멀리 여의고 법안(法眼)이 깨끗해졌다. 그 비구니는 법을 보아 법을 얻고 법을 깨달아 법에 들어갔으며, 의심을 벗어나 남을 의지하지 않고도 바른 법과 율에서 마음에 두려움이 없게 되었다. 그래서 아난다 존자의 발에 예배하고 아난다 존자에게 말하였다.

"저는 이제 잘못을 고백하고 참회합니다. 어리석고 착하지 못해 어쩌다 이와 같은 씻지 못할 종류의 일을 저지르고 말았습니다. 이제 아난다 존자님이 계신 곳에서 스스로 잘못을 보고 스스로 잘못을 알아 고백하고 참회하오니 가엾게 여겨 주십시오."(T2, p.148c)

"그대는 스스로 알았고, 그대는 이제 스스로 알고 스스로 보고서 잘못을 뉘우쳤으니, 미래 세상에서는 구족계(具足戒)를 받을 것이오. 나는 이제 가엾게 여겨 그대의 잘못에 대한 참회를 받아들이겠소. … 아난다 존자는 이렇게 그 비구니를 위해 갖가지로 설법하여, 가르쳐 보이고, 기쁘게 한 뒤에, 자리에서 일어나 떠나갔다."(T2, p.148c)

이상에서 보듯, 그 비구니는 아난다 존자의 가르침을 듣고 법안이 열렸으며 또 자기 잘못을 진심으로 참회했다. 그리하여 그 비구니는 다시 태어났다. 누구나 잘못을 저지를 수 있다. 고뇌의 강을 건너야 비로소 피안에 이를 수 있듯, 보통 사람[凡夫]에서 성자가 되는 것이 어찌 쉬운 일이겠는가. 실수하면서 성숙해 가는 것이 곧 수행이다.

이상적인 과거는 존재하지 않았다

　　많은 사람은 과거가 가장 살기 좋은 상태였다고 믿는다. 사람들은 현재 상태는 불만족스럽고, 미래는 더욱 나쁠 것이라고 믿는 경향이 있다. 참으로 기이한 현상이다. 이러한 과거 지향적 현상을 '과거 지상주의(至上主義)'라고 부른다. 특히 종교인 가운데 과거 지상주의자들이 많다. 과거 지상주의는 종말론 혹은 말세론과 관련이 있다. 인류는 처음 지상낙원에서 살았는데, 점차 타락하여 결국에는 종말을 맞이하게 된다는 것이다.

　불교도들도 성자나 아라한은 과거에 많았고, 현재는 부패하고 타락했으며, 미래는 지금보다 더 나빠질 것이라고 믿는다. 그러나 이상적인 과거는 존재하지 않았다. 신기루에 불과한 '이상적인 과거'에 빠져 있는 사람들이 많다. 그러나 과거에 살았던 사람들의 삶을 추적해보면, 그들은 지금의 우리보다 더 비참한 삶을 살았고, 자기 삶에 만족하지 못했으며, 그들도 '이상적인 과거'를 동경했다는 사실을 발견하게 된다.

중국인들은 고대 전설상의 임금이었던 요순(堯舜) 시대는 태평성대(太平聖代)였다고 믿고 있다. 요순 시대는 이상적인 정치가 베풀어져 백성들이 평화롭게 살았다고 한다. 중국인들은 요임금과 순임금을 가장 이상적인 군주로 숭앙하고 있다. 특히 폭군을 만나 폭정에 시달릴 때 더욱더 요순 시대를 동경하며 위안으로 삼았다. 현실의 고통에서 벗어나고자 하는 보상 심리에서 비롯된 '과거 지상주의'이다.

5세기경에 저술된 빨리 주석서에서도 과거에 살았던 장로(長老)들을 칭찬하고, 동시대의 승려들은 수행자답지 못하다고 간접적으로 비판하고 있다. 마찬가지로 현재의 승려들도 과거의 승려들에 비해 신심과 근기가 낮다고 비판한다. 승가의 이상적인 모델을 과거에서 찾고자 하는 경향은 남방불교나 북방불교나 매한가지다.

특히 불교 근본주의자들은 붓다 시대의 불교를 이상으로 삼는다. 그러나 붓다 시대에도 붓다가 제정한 계를 지키지 않고, 승가 내부에서 계속해서 문제를 일으킨 비구와 비구니들이 있었다. 비구와 비구니들이 사문에게 어울리지 않는 행위를 저지름으로 말미암아 세상 사람들로부터 비난을 받았기 때문에 율장의 바라제목차(波羅提木叉, pātimokkha, 戒目)가 제정되었다. 빨리 율장의 비구 227계와 비구니 311계는 모두 사문답지 못한 행위를 저지른 승려가 있었기 때문에, 재발을 방지하기 위해 제정되었다.

더욱이 붓다가 제정한 계를 지키지 못하겠다고 공공연히 반대한 비구도 있었다. 이를테면 「밧달리 숫따(Bhaddali-sutta, 跋陀利經)」(MN65)에 나타난 사례가 그 대표적이다. 한때 세존께서는 열세 가지 두타행(頭陀行, dhutaṅga) 가운데 하나인 '한 곳에서만 먹는 것(ekāsana-bhojana)'을 실천하라고 비구들에게 당부했다.

> 비구들이여, 나는 한 자리에서만 먹는다. 비구들이여, 나는 한 자리에서만 먹을 때 병이 없고 고통이 없고 가볍고 생기 있고 편안하게 머무는 것을 인식한다. 오라, 비구들이여. 그대들도 한자리에서만 먹도록 하라. 그대들도 한자리에서만 먹을 때 병이 없고 고통이 없고 가볍고 생기 있고 편안하게 머무는 것을 인식할 것이다.(MN. I.437)

그러나 밧달리(Bhaddāli) 존자는 "세존이시여, 저는 한 자리에서만 먹는 수행을 할 용기가 없습니다. 세존이시여, 한 자리에서만 먹을 때 제게 걱정이 앞서고 염려가 되기 때문입니다."(MN. I.437)

"밧달리여, 그렇다면 그대가 초청받은 곳에서 일부는 먹고 일부는 가져가서 먹도록 하라. 밧달리여, 이처럼 먹을 때 그대는 자신을 지탱할 수 있을 것이다."(MN. I.437)

"세존이시여, 이처럼 먹는 것도 행할 용기가 없습니다. 이처럼 먹더라도 제게 걱정이 앞서고 염려가 되기 때문입니다."(MN. I.438)

그때 세존께서는 이것을 학습계목(sikkāpada)으로 제정하여 공포하셨고, 밧달리 존자는 이 학습계목을 받아 지닐 수 없다고 비구 승가에 선언했다. 그리고 밧달리 존자는 안거의 석 달 동안을 세존의 얼굴 앞에 나타나지 않았다. 스승의 교법에서 이 학습계목을 실천하지 못했기 때문이었다.(MN.I.438)

또 「끼따기리 숫따(Kīṭagiri-sutta)」(MN70)에 의하면, 세존께서 오후 불식의 계를 제정했다. 그러나 끼따기리에 거주하고 있던 앗사지(Assaji)와 뿌납바수까(Punabbasuka)라는 두 비구는 동료 비구들에게 "우리는 저녁에 먹고 아침에 먹고 오후에 아무 때나 먹을 것입니다."(MN.I.474)라고 선언했다.

그러면 이처럼 승가 내부에서 말썽을 일으키는 비구·비구니들이 나타나게 된 근본 원인은 무엇인가? 그것은 자의에 의해 비구·비구니가 된 것이 아니고, 어쩔 수 없이 비구·비구니가 된 자들이 많이 포함되어 있었기 때문이다.

붓다는 당시 마가다국의 빔비사라 왕으로부터 존경받던 깟사빠(Kassapa, 迦葉) 삼 형제를 개종시켰다. 이것은 종교사에서 그 유례를 찾아볼 수 없는 획기적인 사건이었다. 이때 1,000명의 배화교도(拜火敎徒)가 자기들의 스승과 함께 불교로 개종했다. 또 당시 회의론자였던 산자야 벨라띠뿟따(Sañjaya Belaṭṭhiputta)의 제자였던 사리뿟따(Sāriputta, 舍利弗)와 목갈라나(Moggallāna, 目犍連)가 붓다께 귀의할 때 250명이 함께 불교로 개종했다. 또 붓다의 양모였던 마하빠자빠띠 고따미(Mahāpajāpatī Gotamī)가 석가족의 여인 500명을 데리고 출가하여 비구니 승가를 성립시켰다.

이러한 사례에서 보듯이, 초기불교 승가는 자의에 의해 비구·비구니가 된 자도 있지만, 그렇지 않은 자도 많았다. 이를테면 개종한 자 중에는 수행에 전혀 관심이 없는 자도 있었다. 이들 때문에 승가에서는 크고 작은 잡음이 끊이지 않았다. 이들은 자기가 모시고 있던 윗사람이 개종하거나 출가함으로써 어쩔 수 없이 개종하거나 출가하게 되었다. 이들이 끊임없이 말썽을 일으켰다.

요컨대 과거에도 계를 지키지 않고 말썽을 일으킨 비구·비구니가 있었고, 지금도 있으며, 미래에도 있을 것이다. 그러나 바르게 수행하는 붓다의 훌륭한 제자들에 의해 승가는 유지되었고 앞으로도 유지될 것이다. 과거로의 회귀만이 최선은 아니다. 시대에 맞는 새로운 불교를 만들어가야 한다. 왜냐하면 인간의 삶은 끊임없이 변화하기 때문이다.

하찮은 이야기에 몰두하지 말라

       붓다는 제자들에게 사문이나 바라문은 '하찮은 이야기(tiracchāna-kathā)'에 몰두해서는 안 된다고 가르쳤다. '띠랏차나-까타(tiracchāna-kathā)'는 글자 그대로 '축생론(畜生論, animal talk)'으로 번역된다. 그러나 이것은 '축생에 관한 담론'을 의미하는 것이 아니다. 이 단어는 '하천(下賤)한 이야기'나 '보잘것없는 이야기' 혹은 '어린애 같은 유치한 이야기(childish talk)'라는 뜻이다. '띠랏차나-까타'를 국내에서는 '쓸데없는 이야기' 혹은 '저속한 이야기'로 번역하고 있다. 그러나 필자는 이것을 '하찮은 이야기'로 번역했다. 왜냐하면 '띠랏차나-까타'는 목적과 방향을 잃은(aimless) 쓸모없는 이야기라는 뜻을 함축하고 있기 때문이다.

    주석서에서는 "하찮은 이야기(tiracchāna-kathā)란 [해탈의] 출구가 되지 못하기 때문에 천상과 해탈의 길(sagga-mokkha-magga)과는 평행선을 긋게 되는 이야기이다."(SA.Ⅲ.294)라고 해석하고 있다. 이 '하찮은 이야기'는 『빨리율』, 『디가 니까야』, 『맛지마 니까야』는 물론 『청정도론』에도 언급되어있다. 그만큼 중요하기 때문일 것이다. 『빨리율』과 니까야에 나타난 스물일곱 가지 '하찮은 이야기'는 다음과 같다.

1) 국왕에 관한 이야기(rāja-kathā, 國王論),

2) 도적에 관한 이야기(cora-kathā, 盜賊論),

3) 대신에 관한 이야기(mahāmatta-kathā, 大臣論),

4) 군대에 관한 이야기(senā-kathā, 軍事論),

5) 공포에 관한 이야기(bhaya-kathā, 怖畏論),

6) 전쟁에 관한 이야기(yuddha-kathā, 戰爭論),

7) 음식에 관한 이야기(anna-kathā, 飮食論),

8) 음료에 관한 이야기(pāna-kathā, 飮料論),

9) 의복에 관한 이야기(vattha-kathā, 衣服論),

10) 침상에 관한 이야기(sayana-kathā, 臥床論, 臥具論),

11) 화환에 관한 이야기(mālā-kathā, 華鬘論),

12) 향료에 관한 이야기(gandha-kathā, 香料論),

13) 친족에 관한 이야기(ñāti-kathā, 親族論),

14) 탈것에 관한 이야기(yāna-kathā, 車乘論),

15) 마을에 관한 이야기(gāma-kathā, 村落論),

16) 도읍에 관한 이야기(nigama-kathā, 都邑論),

17) 도시에 관한 이야기(nagara-kathā, 都市論),

18) 지방에 관한 이야기(janapada-kathā, 地方論),

19) 여자에 관한 이야기(itthi-kathā, 女人論),

20) 영웅에 관한 이야기(sūra-kathā, 英雄論),

21) 도로에 관한 이야기(visikhā-kathā, 道傍論, 港中論),

22) 우물에 관한 이야기(kumbhaṭṭhāna-kathā, 井戶端論),

23) 전에 죽은 자에 관한 이야기(pubbapeta-kathā, 先亡論, 先祖論),

24) 잡다한 이야기(nānatta-kathā, 種種論, 雜論),

25) 세계에 관한 이야기(lokakkhāyika-kathā, 世界論, 世界起源論),

26) 해양에 관한 이야기(samuddakkhāyika-kathā, 海洋論, 海洋起源論),

27) 이렇다거나 이렇지 않다는 이야기(itibhavābhava-kathā, 如是 有無論)이다.(Vin.I.188; DN.I.7-8; I.178-179; Ⅲ. 54; MN.I.523- 514; Ⅱ.1-2; Ⅱ.23; Ⅲ.113; Vism.Ⅳ.38.)

위에서 열거한 '하찮은 이야기' 중에서 1)과 3)은 국왕과 대신에 관한 이야기다. 이것은 오늘날의 정치인에 관한 칭찬이나 비난이 라고 할 수 있다. 출가자가 정치인에 대해 이러쿵저러쿵하는 것은 사문의 본분에 어긋난다. 원래 출가란 세속적인 정치(政治)로부터 멀리 떠난다는 뜻이다. 그런데 출가자가 정치문제에 관여하는 것 은 바람직하지 못한 행위에 속한다. 어떤 한 개인의 정치적 성향 때문에 승단 전체가 불이익을 당할 수도 있기 때문이다. 그래서 붓다는 제자들에게 세속적인 정치문제에 관여하지 말라고 당부 했다.

2) 도적에 관한 이야기, 4) 군대에 관한 이야기, 5) 공포에 관한

이야기, 6) 전쟁에 관한 이야기는 전형적인 세속적 담론들이다. 모름지기 출가자는 궁극적인 가르침, 즉 승의제(勝義諦, paramatha-desanā, 眞諦)를 추구하기 위해 출가했다. 그런데 출가자가 세속적인 가르침, 즉 세속제(世俗諦, sammuti-desanā, 俗諦)를 추구해서야 되겠는가.

7) 음식에 관한 이야기, 8) 음료에 관한 이야기, 9) 의복에 관한 이야기, 10) 침상에 관한 이야기는 사사공양(四事供養)과 관련이 있다. 이를테면 사문이나 바라문은 재가 신자로부터 음식·의복·좌구·의약품 등을 보시받아 생활한다. 그런데 음식·음료·의복·침상 등이 좋다거나 나쁘다거나 하는 따위를 입에 올리는 것은 사문답지 못한 행동이다.

『맛지마 니까야』의 「삽바사와 숫따(Sabbāsava-sutta, 一切漏經)」(MN2)에서는 출가자가 의복·음식·거처·약품 등을 수용함으로써 없애야 하는 번뇌들이라고 규정하고 있다. 이를테면 ① 의복은 뽐내기 위함도 아니고, 겉치레를 위함도 아니다. 다만 모기와 벌레로부터 몸을 보호하고, 바람과 비와 추위와 더위를 막기 위함이며, 부끄러움을 감추기 위함이다. ② 음식은 살찌기 위함도 아니고, 맛을 즐기기 위함도 아니다. 다만 몸을 오랫동안 머무르게 하고, 번뇌와 걱정과 슬픔을 없애기 위함이며, 범행을 닦기 위함이다. 그리하여 배고픔의 오래된 생각은 사라지고, 배부름의 새로운 생각을 일으키지 않는다. 오직 오래 살고 안온하고 병이 없기를 위함이다. ③ 처소와 방사는 이익을 위함도 아니고, 뽐내기 위함도 아니며, 겉치레를 위함도 아니다. 다만 피로할 때 쉼을 얻기 위함이며, 고요히 앉기 위함이다. ④ 의약은 이익을 위함도 아니고, 뽐내기 위함도 아니며, 살찌고 맛을 즐기기 위함도 아니다. 다만 병의 괴로움을 없애기 위함이고, 목숨을 거두어 잡기 위함이며, 안온하고 병이 없게 하기 위함이다. 만일 그것들을 쓰지 않으면 번뇌와 걱정과 슬픔이 생기고, 그것을 쓰면 번뇌와 걱정과 슬픔은 생기지 않는다. 이것을 수용함으로써 없애야 할 번뇌라고 한다.

그런데 출가자가 어떤 음식과 음료수는 맛이 있고 어떤 음식과 음료수는 맛이 없다는 등등 먹고 마시는 것에 관한 이야기는 사문에게 어울리지 않는다. 사문이나 바라문은 단월의 시주에 의해 살아가기 때문에 맛에 탐닉해서는 안 된다.

11) 화환에 관한 이야기, 12) 향료에 관한 이야기도 세속 사람들이 입에 올릴 말이지, 출가자가 입에 담아서는 안 되는 사치스러운 이야기다.

13) 친족에 관한 이야기는 가문에 대한 자랑인데, 출가자는 속가의 가문을 떠났기 때문에 친족이나 종족 혹은 가문에 관한 이야기는 그야말로 쓸데없는 잡담에 불과하다.

14) 탈것에 관한 이야기는 수레에 관한 것이다. 즉 어떤 수레(지금의 자동차)가 훌륭하고 좋다거나 나쁘다거나 하는 것을 의미한다. 오늘날의 승려들은 포교를 위해 부득이 차를 소유하고 운전하지 않을 수 없는 상황이다. 하지만 좋은 차를 타고 다닌다고 자랑할 일은 아니다. 수행자에게 좋은 차는 고슴도치의 바늘과 같은 것임을 명심해야 한다.

15) 마을에 관한 이야기, 16) 도읍에 관한 이야기, 17) 도시에 관한 이야기, 18) 지방에 관한 이야기는 모두 지리에 관한 정보들이다. 붓다 시대에는 사문이나 바라문을 비롯한 유행자(paribbājaka)들이 여러 나라를 유행하면서 수행하거나 교화하였다. 그런데 당시 유행자들은 이 나라에서 보고 들었던 이야기를 저 나라에 가서 말하는 것을 금기사항으로 여겼다. 일종의 불문율이었다. 왜냐하면 첩자로 오해받을 염려가 있기 때문이다.

19) 여자에 관한 이야기는 감각적 욕망을 부추기는 음담패설이다. 비구는 어떤 상황에서도 여자에 관한 이야기를 삼가야 하고, 비구니는 남자에 관한 이야기를 삼가야 한다.

20) 영웅에 관한 이야기는 극히 세속적인 이야기다. 출가자는 이러한 영웅담에 귀기울일 필요가 없다. 그런데 전재성 박사는 『율장』의 「대품(Mahāvagga)」에서 '수-라(sūra, 영웅)'와 '수라-(surā, 곡주)'를 혼동하여 '영웅에 관한 이야기'와 '술에 관한 이야기' 두 가지를 동시에 나열하고 있다.(전재성 역주, 『마하박가—율장대품』 제1권, 한국빠알리성전협회, 2014, p.492) 그러나 빨리 『율장』과 니까야에서는 모두 '수-라(sūra, 영웅)'로 표기하고 있다.

21) 도로에 관한 이야기는 어느 길이 좋고 나쁜지 혹은 어느 지역의 주민이 용감하고 가난한지 등에 대한 담론이다. 여기에 항구에 대한 정보도 포함된다. 이것도 앞에서 말한 지리에 대한 정보와 관련이 있는 것 같다.

22) 우물에 관한 이야기는 우물가에 떠돌고 있는 방담을 말한다. 이러한 담화는 저속한 이야기가 대부분이다. 이러한 저속한

이야기를 출가자가 입에 올려서야 되겠는가.

23) 전에 죽은 자에 관한 이야기는 오늘날의 언어로 바꾸면 돌아가신 조상 영가에 대해 왈가왈부하는 것이다. 이러한 담화는 수행에 아무런 도움이 되지 않기 때문이다.

24) 잡다한 이야기는 일종의 수다를 말한다. 어떤 특정한 주제 없이 다양한 이야기를 주고받는 것이다. 출가자는 설법이 아니면 침묵을 지켜야 한다. 아무 의미 없는 수다로 허송세월해서야 되겠는가.

25) 세계에 관한 이야기, 26) 해양에 관한 이야기는 형이상학적인 문제로 붓다가 답변하기를 거부한 무기(無記, avyākata)에 해당한다. 세계의 기원이나 해양의 기원에 관한 것은 대화나 토론으로 그 해답을 얻을 수 있는 것이 아니기 때문이다.

27) '이렇다거나 이렇지 않다는 이야기(iti-bhava-abhava-kathā)'는 여섯 가지 의미로 해석된다. 이른바 '이렇다(bhava)'라는 것은 영속(sassata)에 관한 것이고, '이렇지 않다(abhava)'라는 것은 단멸(uccheda)에 관한 것이다. 또 '이렇다'라는 것은 증장(vaḍḍhi)에 관한 것이고, '이렇지 않다'라는 것은 쇠퇴(hāni)에 관한 것이다. 또 '이렇다'라는 것은 감각적 쾌락(kāma-sukha)에 관한 것이고, '이렇지 않다'라는 것은 자기 학대(atta-kilamatha)에 관한 것이다.(MA.Ⅲ.223-224; 대림 옮김, 『맛지마 니까야』 제3권, 초기불전연구원, 2012, p.138, n.71)

위에서 열거한 '하찮은 이야기'는 비록 비구나 비구니가 지켜야 할 학습계율(sikkhāpada-sīla)로 제정되지는 않았지만, 출가자가 갖추어야 할 매우 중요한 덕목이다. 그래서 붓다는 제자들에게 기회 있을 때마다 '하찮은 이야기'에 매달려 귀중한 시간을 낭비하지 말라고 훈계했다.

한편 『청정도론』(Vism.Ⅳ.38)에서는 스물일곱 가지 하찮은 이야기에 다섯 가지를 추가하여 서른두 가지 하찮은 이야기로 정리하고 있다. 『청정도론』의 주석서인 『빠라맛타만주사(Paramatthamañjusa)』(Pm.59)에서는 28) 산에 관한 이야기, 29) 강에 관한 이야기, 30) 섬에 관한 이야기, 31) 천상에 관한 이야기, 32) 해탈에 관한 이야기를 더하여 서른두 가지 이야기를 다루고 있다.

28) 산에 관한 이야기, 29) 강에 관한 이야기, 30) 섬에 관한 이야기는 자연경관에 관한 것인데, 풍수지리와 관련이 있는 것으로 보인다. 자연경관이 아름답다거나 풍수지리적으로 훌륭한 곳이라고 말하는 것은 자신의 인격 향상에 전혀 도움이 되지 않는다. 자연경관은 근본적으로 무상한 것이기에 출가자가 집착할 대상이 아니다. 31) 천상에 관한 이야기는 자신이 직접 체험한 것일지라도 증명할 수 없으므로 희론(戲論)에 불과하다. 이러한 희론에 빠져 지낸다면 붓다의 제자라고 말하기 어렵다.

마지막으로 32) '해탈에 관한 이야기'를 하찮은 이야기에 포함하고 있다. 일반적으로 해탈에 관한 담론은 더욱 권장해야 할 그것으로 생각하기 쉽다. 그러나 직접 수행하지 않고 말로만 해탈을 논하는 것은 수행에 아무런 도움이 되지 않는다. 그래서 해탈에 관한 이야기를 '하찮은 이야기'에 포함한 것이다. 우리 주변에 실제로 수행은 하지 않으면서 인터넷상에서 수행과 깨달음에 대해 논쟁하는 것은 마치 국자가 국 맛을 모르듯이 오히려 해탈에 장애가 될 뿐이다.

　이상에서 살펴본 바와 같이 한국불교에서는 출가자들이 입만 열면 '하찮은 이야기'로 한 번뿐인 귀중한 시간을 낭비하고 있다. 우리 주변에는 '하찮은 이야기'에 몰두하고 있는 출가자들이 의외로 너무나 많다. 이러한 사실은 곧 불교의 쇠퇴를 의미한다. 붓다는 기회 있을 때마다 제자들에게 법(法)과 율(律)에 관한 것이 아니면 성스러운 침묵을 지키라고 당부했다. 깊이 새겨야 할 말씀이다.

제7장

평범한 일상에
관한 가르침

평범한 일상의 소중함

　　세상 사람들의 평범한 일상은 일하기, 먹기, 놀기, 잠자기 등 네 가지 행위의 반복이다. 첫째, 일하기는 먹이를 구하기 위한 모든 경제행위를 말한다. 오늘날 일하기는 생계유지를 위한 직업을 말한다. 교육도 넓은 의미로 일하기에 포함된다. 교육은 미래의 경제행위를 위한 것이기 때문이다. 둘째, 먹기는 인간이 생존하기 위해서는 신체를 유지할 수 있는 최소한의 음식물을 섭취해야 한다. 셋째, 놀기는 문화생활인데, 인간을 포함한 동물들은 먹고 난 뒤에 즐긴다. 오늘날의 오락과 예술 및 스포츠 등이 이에 속한다. 넷째, 잠자기는 인간으로서 피할 수 없는 생리현상이다.

　이 네 가지 행위 중에서 어느 하나가 결핍되어도 정상적인 생활이 불가능하다. 특히 그중에서 일하기, 먹기, 잠자기는 인간의 생존과 직결된 것이다. 그런데 코로나19 사태로 물리적 거리 두기를 실행함으로써 난관에 봉착한 것이 바로 일하기다. 직장이 폐쇄됨으로써 재화를 획득할 기회가 없어졌다. 보통 심각한 문제가 아닐 수 없다. 또 인간은 먹고사는 문제가 해결되어야 놀기, 즉 문화생활을 누릴 마음의 여유가 생긴다. 따라서 이 분야에 종사하는 사람들은 크나큰 타격을 받을 수밖에 없다.

코로나19로 전 세계적으로 평범한 일상이 무너졌다. 코로나19는 정치·경제·사회 등 여러 분야에서 기존의 틀을 송두리째 뒤엎어버렸다. 각국의 국경이 폐쇄되고 마음대로 외출도 할 수 없는 상황이 계속되고 있다. 코로나바이러스에 노출되었다고 의심되는 사람들은 의무적으로 2주간 자가 격리를 해야 한다. 이처럼 사람들의 활동이 멈추니 경제활동도 자연적으로 위축될 수밖에 없다. 이로 말미암아 경제적으로 어려움을 겪고 있는 사람들이 늘어나고 있다. 더욱이 물리적(=사회적) 거리 두기로 집안에서만 생활하다 보니, 가정 폭력이 증가하고, 우울증에 시달리는 사람들이 급증하고 있다고 한다.

부모를 요양병원에 입원시킨 자식들은 부모를 면회할 수조차 없다. 자식들은 부모가 자기를 버린 것으로 오해할까 봐 전전긍긍하고 있다. 보고 싶은 사람을 마음대로 만날 수 없고, 가고 싶은 곳도 마음대로 갈 수 없는 것이 현실이다. 전혀 예상하지 못했던 상황이 전개됨으로써 평범한 일상이 얼마나 소중한 것이며, 가장 큰 기적이 곧 평범한 일상임을 실감하게 된다.

지난 2006년 7월 『지혜의 말씀』이라는 사보(社報)에 "오늘도 큰 기적이 있었구나!"라는 칼럼을 기고한 적이 있다. 이 칼럼에서 나는 이렇게 말했다.

"가족이 한자리에 모여 단란하게 저녁 식사를 하는 것이 평범한 일상이다. 그런데 가족이 한자리에 모여 식사할 수 없는 일이 생기면 무언가 잘못된 것이다. 이를테면 직장에 출근했던 남편이나 학교에 갔던 자녀가 제시간에 돌아오지 않으면 이미 이상이 생긴 것이다. 그러다가 혹시 불행한 사고의 소식을 접하게 되면 혼비백산하게 된다. 이처럼 별일이 생기고 나면 그때서야 아무 일 없던 그때를 그리워하며, 그때가 바로 행복이었음을 뒤늦게 깨닫게 된다. 아무 일 없는 평범한 일상이 곧 행복임을 알아야 한다."

이처럼 행복은 평범한 일상의 범주를 벗어나지 않는다. 그런데 많은 사람은 똑같은 일상에서 벗어나고 싶어 한다. 또 자기 주변에 큰 기적이 일어나기를 기대한다. 그러나 아무 일 없는 평범한 일상이 곧 기적이고 행복이라는 사실을 잊어서는 안 된다.

붓다는 『숫따니빠따(Suttanipāta, 經集)』의 「마하망갈라 숫따(Mahāmaṅgala-sutta, 吉祥經)」에서 우리들의 평범한 일상이 곧 행복임을 강조한 바 있다.

"어리석은 사람을 가까이하지 않고, 지혜로운 사람과 가깝게 지내고, 존경할 만한 사람을 공경하는 것, 이것이야말로 더없는

행복이다."(Sn 259)

"부모를 섬기고, 아내와 자식을 돌보고, 일함에 질서가 있어 혼란스럽지 않은 것, 이것이야말로 더없는 행복이다."(Sn 262)

"남에게 베풀고 이치에 맞게 행동하며, 친지를 보호하고, 비난받지 않게 처신하는 것, 이것이야말로 더없는 행복이다."(Sn 263)

"세상일에 부딪혀도, 마음이 흔들리지 않고, 근심과 티끌 없이 안온한 것, 이것이야말로 더없는 행복이다."(Sn 268)

이처럼 행복은 멀리 있는 것이 아니다. 부모를 섬기고, 아내와 자식을 돌보고, 일함에 질서가 있어 혼란스럽지 않은 것, 남에게 베풀고 이치에 맞게 행동하며, 친지를 보호하고, 비난받지 않게 처신하는 것, 이것이야말로 더없는 행복이다. 그런데도 사람들은 진정한 행복의 의미를 이해하지 못하고, 신기루와 같은 기적을 바란다. 인간의 능력으로서 불가능한 일을 이룬 것만 기적이 아니다. 평범한 일상이 곧 기적이다. 어쩌면 살아있는 그 자체가 기적이다.

사실 인간들의 삶은 괴로움의 연속이다. 매일매일 직장에 나가는 것은 전쟁터에 나가는 것과 다를 바 없다. 아침에 잠자리에서 일어나 다시 잠자리에 들기까지 별다른 일이 없었다는 것, 그 자체가 기적이다. 우리는 이러한 사실을 망각하고 있는지도 모른다. 평범한 일상에 무한히 감사하는 마음을 가져야 한다.

이 경에 나오는 빨리어 망갈라(maṅgala)는 길상(吉祥), 상서(祥瑞), 축제(祝祭) 등으로 번역된다. 이 망갈라를 국내에서는 '행복' 혹은

'축복'으로 번역된다. 축복을 사전에서는 "앞으로의 행복을 빎"이라고 풀이하고 있다. 축복은 다른 존재가 나의 행복을 내려준다는 의미가 함축되어 있지만, 행복은 남이 나에게 주는 것이 아니라 자기 스스로 만들어가는 것이다. 그러므로 '축복'보다는 '행복'이라는 번역이 더 붓다의 가르침에 가깝다. 중국에서는 이 경의 이름을 「길상경(吉祥經)」이라고 번역했다.

불교도 중에는 깨달음이나 어떤 특별한 기적의 가피를 간구하는 사람들이 있다. 많은 사람이 깨달음이라는 특별한 경지가 별도로 존재하는 것으로 알고 있고, 깨닫기만 하면 모든 것을 다 알 수 있을 것으로 생각한다. 그러나 깨달음이란 '진리에 대한 눈뜸'일 뿐이다. 하루하루의 삶을 바르게 꾸려나가는 것이 곧 바른 깨달음이자 기적이다. 코로나19의 종식으로 모든 사람이 다시 평범한 일상으로 돌아가기를 간절히 바란다.

가장 소중한 것은 자기 자신

「깜마 숫따(Kāma-sutta, 欲愛經)」(SN1:78)는 두 게송으로 이루어진 아주 짧은 경이다. 천신과 붓다가 주고받은 두 게송이 전부다. 먼저 천신이 붓다께 묻는 형식으로 되어 있다. 이런 형식의 경은 신화적 수법을 동원하고 있지만, 붓다의 '자문자답(自問自答)'이라고 필자는 이해하고 있다.

이익을 위해 무엇을 주지 말아야 하며, 무엇을 버려서는 안 됩니까? 어떤 착함을 베풀어야 하며, 어떤 악함을 베풀어서는 안 됩니까? 인간은 이익을 위해 자기를 주어서는 안 되며, 자기를 버려서는 안 된다. 유익한 말은 베풀어야 하고, 사악한 말은 베풀어서는 안 된다.(SN. I .44)

위 게송은 크게 두 가지 주제를 다루고 있다. 하나는 이익을 위해 자기를 주어서도 자기를 버려서도 안 된다는 것이고, 다른 하나는 유익한 말은 베풀어야 하고, 사악한 말은 베풀어서는 안 된다는 것이다.

첫 번째 구절인 "자기를 주어서는 안 되며, 자기를 버려서는 안 된다."라는 대목은 이해하기 어렵다. 만일 주석서의 해석이 없었다면, 그 정확한 의미를 파악하지 못했을 것이다. 주석서에 의하면, "자기를 주어서는 안 된다(attānaṃ na dade)"라는 것은 자기를 남의 하인(dāsa)으로 주어서는 안 된다는 뜻이고, "자기를 버려서는 안 된다.(attānaṃ na pariccaje)"라는 것은 자기를 사자나 호랑이 등에게 버려서는 안 된다는 뜻이다.(SA. I. 101)

빨리어 다사(dāsa)는 '노예'라는 뜻이다. 따라서 인간은 이익을 위해 자기 스스로 남의 노예가 되어서는 안 된다는 것이다. 다시 말해 자신의 생계유지를 위해 지나치게 자기 자신을 낮추어 상급자에게 하인이나 노예처럼 행동하지 말라는 것이다. 그리고 필요 이상으로 자기를 비하하여 자신의 고귀한 생명을 사자나 호랑이의 먹잇감으로 던져버리지 말라는 것이다. 자기를 사자나 호랑이에게 버린다는 것은 곧 자살을 의미한다.

현대인들은 대부분 직장에서 자기 능력이나 노동을 제공하고, 그 대가로 고용주가 지급하는 급료를 받아 살아간다. 그 누구도 이러한 인간 사회의 구조를 피할 수 없다. 다만 고용주에게 자기 능력이나 노동을 제공하여 생계를 유지하되, 상급자에게 비굴할 정도로 아첨하는 것은 자기 스스로 노예가 되는 것이나 다름없다.

붓다는 최소한 자기의 자존심은 자기 스스로 지키면서 살아가라고 충고하고 있다. 이것은 또한 당장 눈앞에 보이는 작은 이익을 위해 자신의 철학이나 신념까지 버려서는 안 된다는 것을 의미한다. 간혹 지식인 중에는 돈 때문에 자기 양심을 속이고 사실을 왜곡하거나 아첨하는 글을 쓰기도 한다. 일제강점기에는 일부 지식인들이 총독부의 강압으로 친일적인 글을 쓰기도 했다. 그들은 자의가 아닌 타의에 의해 반민족적인 글을 쓴 경우도 허다하다. 하지만 오늘날의 학자나 지식인 중에는 자진해서 윗사람에게 잘 보이기 위해 진실을 왜곡하는 글을 쓰기도 한다. 만일 먼 훗날 이런 글을 보는 사람은 '아! 이 사람도 그런 사람이었구나!' 하고 크게 실망하게 될 것이다. 이런 부류의 사람은 자기 스스로 남의 노예가 되는 것이다.

과대망상으로 자기를 너무 높여 교만해져도 안 되지만, 반대로 자신을 너무 낮추어 하인처럼 행동해서도 안 된다. 중도적 삶이야말로 최상이다. 붓다는 자기 경험을 통해 터득한 중도를 삶의 현장에서도 그대로 적용했다. 즉 너무 교만하지도 말고 너무 비굴하게 낮추지도 말라는 것이다.

또 "자기를 주어서는 안 된다."라는 것을 약간 다르게 해석할 수도 있다. 즉 자기의 능력을 너무 값싸게 제공해서도 안 된다. 귀한 보물을 주어도 그 가치를 모르는 사람은 고마워할 줄 모른다. 그런 사람에게 굳이 자기 능력을 헐값으로 제공해 줄 필요가 없다는 것이다. 그것은 돼지에게 진주 목걸이를 던져주는 것과 같기 때문이다. 이처럼 자신의 가치를 너무 헐값으로 팔아도 자기를 하인이나 노예로 파는 것이나 다름없다.

또한 어떤 상황에서도 자신의 고귀한 생명을 끊어서는 안 된다. 삶의 의미를 찾지 못하고 하나밖에 없는 자신의 고귀한 목숨을 버리는 것은 크나큰 죄악이다. 자기 스스로 목숨을 끊는 것을 불교에서는 죄악으로 여긴다. 이 세상에서 가장 소중한 것은 생명이기 때문이다.

한때 빠세나디(Pasenadi, 波斯匿王) 왕이 그의 부인 말리까(Mallikā)에게 "그대 자신보다 더 사랑스러운 자가 있습니까?"라고 물었다. 말리까 부인은 "나 자신보다 더 사랑스러운 자가 없습니다."라고 대답했다. 왕과 왕비는 '나 자신보다 더 사랑스러운 자가 없다.'라는 결론을 내리고, 그것이 사실인지 붓다를 찾아가서 여쭈었다. 그러자 붓다는 게송으로 이렇게 말했다.

"마음으로 사방을 찾아보아도,
자기보다 사랑스러운 사람을 만날 수 없네.
이처럼 누구에게나 자신이 가장 사랑스러운 법,
그러므로 자기를 사랑하는 자는 남을 해치지 말라."(SN. I. 75)

이 게송은 『우다나(Udāna, 自說經)』와 『위숫디막가(Visuddhimagga, 淸淨道論)』에도 나타난다. 즉 세상에서 자기 자신이 가장 사랑스럽다는 것이다. 그러므로 자신이 가장 사랑스러운 사람은 절대로 남을 해쳐서는 안 된다는 가르침이다. 하물며 자신의 고귀한 목숨을 함부로 버려서야 되겠는가? 자기 자신이 없으면 이 세상은 아무런 의미가 없다. 인간은 죽는 순간까지 가치 있는 삶을 위해 최선을 다해야 한다.

요컨대 자신의 이익을 위해 자기 자신을 너무 낮추어 상급자에게 하인이나 노예처럼 행동해서도 안 되고, 자기가 가진 능력을 너무 가치 없게 남에게 주어서도 안 되며, 어떤 상황에서도 자신의 고귀한 목숨을 버리는 극단적인 행위로 생을 마감해서도 안 된다. 그리고 자기와 남에게 이익을 가져다주는 유익한 말을 해야 하고, 자기와 남에게 해로움을 가져다주는 사악한 말을 해서는 안 된다. 이것이 「깜마 숫따」에서 우리가 얻을 수 있는 붓다의 교훈이다. 한마디로 자기 자신이 가장 소중하다.

자기 자신을 보호하는 사람

「앗따나락키따 숫따(Attānarakkhita-sutta, 自護經)」 (SN3:5)에서 꼬살라국의 빠세나디(Pasenadi, 波斯匿王) 왕은 붓다에게 자신을 보호하는 방법에 대해 말씀드린 적이 있다. 붓다는 왕의 말씀을 듣고 그것이 사실임을 인정하고 격려해 주었다.

한때 빠세나디 왕이 한적한 곳에 앉아 있을 때, '누가 자기 자신을 보호하는 자이며, 누가 자기 자신을 보호하지 않는 자인가?'라는 생각이 떠올랐다. 그는 자기 생각이 올바른 것인가를 확인하기 위해 기수급고독원(祇樹給孤獨園)으로 가서 붓다를 친견하고 다음과 같이 여쭈었다.

"세존이시여, 제게 이런 생각이 일어났습니다. 누구든지 몸으로 나쁜 행위를 저지르고, 말로 나쁜 행위를 저지르고, 마음으로 나쁜 행위를 저지르는 자들은 자기 자신을 보호하지 않는 자들입니다. 비록 그들이 자신을 상병(象兵)으로 보호하고, 마병(馬兵)으로 보호하고, 전차병(戰車兵)으로 보호하고, 보병(步兵)으로 보호하더라도 그들은 자신을 보호하지 않는 자들입니다. 그것은 무슨 까닭인가? 그 보호는 밖의 것이고 안의 것이 아니기 때문입니다. 그러므로 그들은 자신을 보호하지 않는 자들입니다."(SN. I.72-73)

빠세나디 왕은 상병, 마병, 전차병, 보병이라는 네 가지 군대가 밤낮으로 자기를 호위하고 있지만, 그것은 자신을 보호하는 것이 아니라는 것을 알게 되었다. 그것은 밖의 것이고 안의 것이 아니기 때문이다. 안으로 자기 자신을 보호하는 것은, 몸[身]과 입[口]과 뜻[意]으로 나쁜 행위를 저지르지 않는 것이다. 왕은 언제 암살당할지 모르기 때문에 늘 불안한 마음으로 하루하루를 보낸다. 그런 왕이 밖의 네 가지 군대가 자신을 지켜주지 못하고, 안으로 세 가지 나쁜 행위, 즉 삼업(三業)을 짓지 않는 것이 바로 자신을 보호하는 것임을 깨달았다. 왕은 이어서 이렇게 말한다.

"누구든지 몸으로 좋은 행위를 하고, 말로 좋은 행위를 하고, 마음으로 좋은 행위를 하는 자들은 자기 자신을 보호하는 자들입니다. 비록 그들이 자신을 상병으로 보호하지 않고, 마병으로 보호하지 않고, 전차병으로 보호하지 않고, 보병으로 보호하지 않더라도 그들은 자신을 보호하는 자들입니다. 그것은 무슨 까닭인가? 그 보호는 안의 것이고 밖의 것이 아니기 때문입니다.

그러므로 그들은 자신을 보호하는 자들입니다."(SN. I. 73)

진정으로 자기 자신을 보호하는 것은 몸과 입과 뜻으로 좋은 행위를 짓는 것이다. 이른바 선행을 쌓는 것을 말한다. 선행 외에 별도로 자신을 보호해 줄 수 있는 것은 아무것도 없다. 따라서 몸과 입과 뜻으로 나쁜 행위를 저지르는 사람은 자신을 보호하지 않는 자이다. 반면 몸과 입과 뜻으로 좋은 행위를 하는 사람은 자신을 보호하는 자이다. 붓다는 빠세나디 왕이 이렇게 말한 것이 모두 사실이라고 인정하고, 다음과 같은 게송으로 그를 격려해 주었다.

"몸으로 단속하는 것은 훌륭합니다.
말로 단속하는 것은 훌륭합니다.
마음으로 단속하는 것은 훌륭합니다.
모든 곳에서 단속하는 것은 훌륭합니다.
모든 곳에서 단속하고 부끄러움을 아는 자,
그를 일러 자기를 보호하는 자라 합니다."(SN. I. 73)

한편 「앗따나락키따 숫따」에 대응하는 한역은 『잡아함경』 제46권 제1229경이다. 두 경의 내용이 똑같다. 『잡아함경』에서는 다음과 같이 묘사하고 있다.

"대왕이시여, 만일 몸으로 악행을 하고 입으로 악행을 하며 뜻으로 악행을 하면 그것은 자기를 생각하지 않는 것입니다. 그러면서 그들은 스스로 자신을 잘 보호한다고 말들을 합니다. 상군(象軍)·마군(馬軍)·차군(車軍)·보군(步軍)으로써 자신을 보호하면서 스스로 보호한다고 말하지만, 사실은 자신을 보호하는 것이 아닙니다. 왜냐하면 비록 밖은 보호하고 있을지라도 안을 보호하지는 못하기 때문입니다. 그러므로 대왕이시여, 그것은 자기를 보호하지 않는 것이라고 합니다."(T2, p.1226b)

그때 세존께서는 다시 게송으로 말씀하셨다.

"몸과 입과 뜻으로 짓는 모든 업을 잘 단속하고
부끄러운 줄 알아 스스로 지키는 것
이것을 잘 지켜 보호하는 것이라 한다."(T2, p.1226b, "善護於身口,
及意一切業, 慚愧而自防, 是名善守護.")

위에서 살펴본 두 경의 내용은 너무나 평범한 이야기이다. 이 때문에 오히려 대수롭지 않게 생각하기 쉽다. 그러나 이 가르침은 일생의 중요한 경책으로 삼아야 할 덕목이다. 인간은 몸과 입과 뜻으로 선(善)을 행하기도 하지만, 악(惡)을 더 많이 행한다. 선을 행한 자는 행복을 얻지만, 악을 행한 자는 불행이 뒤따른다. 또 선을 행한 자는 두려움이 없지만, 악을 행한 자는 두려움 때문에 잠 못 이룬다.

사회 저명인사나 유명한 정치인 중에서도 교도소에 수감 되는 것을 볼 수 있다. 이런 사람은 결국 자신을 보호하지 못한 자이다. 동서고금을 막론하고 정치인들은 권력을 쟁취하는 과정에서 많은 적을 만든다. 그 때문에 언제 어떤 보복을 당할지 모른다. 그래서 늘 그들은 불안해한다. 어떤 사람은 자신의 신변을 보호하기 위해 경호원을 동원하기도 한다. 그러나 대부분은 외부의 적이 아니라 내부의 적으로부터 암살당한다.

결국 선행으로 덕을 쌓아야만 자신을 보호할 수 있다. 그렇지 않고 악업으로 타인에게 피해를 준 자는 그 누구로부터도 보호를 받을 수 없다. 특히 남에게 큰 피해를 준 사람은 자신을 보호하기 위해 폐쇄회로 텔레비전을 설치하지만, 그것으로 자신을 보호하지 못한다. 자신을 보호하기 위해서는 몸과 입과 뜻으로 나쁜 행위를 저지르지 않아야 한다. 이것이 붓다의 가르침이다.

위의 내용과 일치하는 것은 아니지만, 『잡아함경』 제24권 제619경에서는 "자기 자신을 보호하는 것이 곧 남을 보호하는 것[自護護他]"(T2, p.173b)이라고 설해져 있다. 이것은 자기를 보호하기 위해 최선을 다하는 것은 곧 남을 보호하는 것이 된다는 것이다. 즉 자기 삶에 최선을 다하는 것이 곧 이웃과 사회에 이바지하게 된다는 의미로 해석된다. 이 가르침은 나중에 "위로 깨달음을 구하고[上求菩提], 아래로 중생을 교화한다[下化衆生]."라고 하는 대승불교의 이념으로 발전하게 된다.

요컨대 몸과 입과 뜻으로 악행을 저지르지 않고, 모든 업을 잘 단속하고, 부끄러움을 알아 스스로 지키는 것이야말로 진정으로 자기 자신을 보호하는 것이다.

형상과 소리를 좇지 말라

　　　　　　세상 사람들은 형상을 통해 부처를 보려고 하고, 소리를 통해 부처의 가르침을 들으려고 한다. 그러나 형상이나 소리로는 부처를 볼 수도 없고 들을 수도 없다는 것이 『금강경(金剛經)』의 가르침이다. "만약 색신(色身)으로 나를 보거나, 음성으로써 나를 구하면, 이 사람은 삿된 도를 행함이라, 능히 여래를 보지 못한다(若以色見我, 以音聲求我, 是人行邪道, 不能見如來)."(T8, p.752a) 『금강경』 제26 법신비상분(法身非相分)에 나오는 유명한 사구게(四句偈)다. 불자들은 이 게송을 수없이 들었을 것이다.

　　그런데도 보통 사람들은 형상이나 소리로 부처를 구한다. 이를테면 불상이나 불화[탱화]가 진짜 부처님이라고 믿고 그 부처님에게 소원을 빈다. 또 소리를 통해 부처를 만나려고 애쓴다. 불상이나 불화, 불교음악 등은 초보자들이 붓다에 대한 믿음을 일으키도록 마련된 것이다. 다시 말해 불상이나 불화 등은 초보자를 위한 방편법(方便法)이다. 보통 사람들은 이러한 방편법으로 일시적으로나마 신심을 일으키기도 한다. 그러나 이것은 붓다의 본래 가르침과는 거리가 멀다.

한때 왁깔리(Vakkali)라는 비구가 중병에 걸려 죽기 전에 마지막으로 세존께 예배를 드리고 싶다는 뜻을 붓다께 전달해 달라고 동료 비구에게 부탁했다. 이 소식을 전해 들은 붓다는 친히 병든 비구 왁깔리의 처소를 찾아갔다. 왁깔리는 자리에서 일어나 세존께 예배드리려고 했다. 그러자 붓다는 "법을 보는 자는 나[붓다]를 보고, 나를 보는 자는 법을 본다."(SN.Ⅲ.120)라고 말하고, 왁깔리가 예배하려는 것을 그만두라고 만류했다. 붓다는 자신에게 예배하는 것은 아무 의미가 없다고 말했다. 그러나 후대로 내려오면서 붓다는 신격화되어 예배의 대상이 되었다.

그러면 왜 붓다는 형상이나 소리로 나를 보려고 하지 말라고 했는가? 인간은 눈[眼], 귀[耳], 코[鼻], 혀[舌], 몸[身], 뜻[意]이라는 여섯 가지 감각기관[六根]을 통해 형상[色], 소리[聲], 냄새[香], 맛[味], 감촉[觸], 대상[法]이라는 여섯 가지 외부 대상[六境]과 접촉한다. 즉 육근(六根)을 통해 육경(六境)을 만남으로써 대상을 인식하게 된다. 그런데 여섯 가지 감각기관은 번뇌가 들어오는 여섯 가지 문이기 때문에, 붓다는 여섯 가지 감각기관을 잘 단속하라고 가르쳤다. 이것이 불교 수행의 핵심이다.

「차팟사야따나 숫따(Chaphassāyatana-sutta(六觸處經)」(SN4:17)에서 붓다는 여섯 가지 감각 접촉의 장소[六觸處]에 대해 "형상, 소리,

냄새, 맛, 감촉, [마노의 대상인] 법이 되는 모든 것, 이러한 것은 세상의 무시무시한 미끼이니, 참으로 세상은 여기에 혹해 있네. 마음 챙기는 깨달은 자의 제자는, 이것을 멀리하여 건너가나니, 마라의 영역을 철저하게 넘어서서, 하늘의 태양처럼 아주 밝게 빛나도다."(SN.I.113)라고 했다. 형상이나 소리 등을 쫓아가는 것은 마라의 영역에 얽매이는 것이라는 뜻이다.

「마나사 숫따(Mānasa-sutta, 心意經)」(SN4:15)에 의하면, 마라 빠삐만이 세존께 "허공에서 움직이는 올가미가 있나니, 움직이는 그것은 정신적이로다. 그것으로 그대를 묶어버리리니, 사문이여, 그대는 내게서 벗어나지 못하리라."(SN.I.111)라고 했다. 일반적으로 올가미는 몸만 묶지만, 애욕의 올가미는 눈에 보이지 않는 것까지 묶어버리는 힘을 가졌기 때문에 여기에 묶인 자는 절대로 풀려날 수 없다고 한다.

초기경전에서는 윤회의 근본이 되는 갈애(渴愛, taṇhā)에 대해 여러 가지로 설명한다. 이른바 감각적 욕망에 대한 갈애(kāma-taṇhā, 欲愛), 존재에 대한 갈애(bhava-taṇhā, 有愛), 비존재에 대한 갈애(vibhava-taṇhā, 無有愛) 등이다. 유애와 무유애는 사유의 대상을 향한 정신적인 반응으로써 견해(diṭṭhi, 見)와 관련된 것이다.

그런데 「위방가 숫따(Vibhanga-sutta(分別經)」(SN12:2)에서는 인식의 대상인 육경(六境), 즉 색(色)·성(聲)·향(香)·미(味)·촉(觸)·법(法)에 대한 집착이 곧 갈애임을 강조하고 있다.

"비구들이여, 여섯 가지 갈애의 무리[六愛身]가 있나니 형상에 대한 갈애, 소리에 대한 갈애, 냄새에 대한 갈애, 맛에 대한 갈애, 감촉에 대한 갈애, 법에 대한 갈애이다. 이를 일러 갈애라 한다."(SN.Ⅱ.3, 42; DN.Ⅲ.244, 280)

형상[소리, 냄새, 맛, 감촉, 법]에 대한 갈애는 욕애(欲愛)·유애(有愛)·무유애(無有愛) 세 가지가 있다. 이것을 모두 합치면 18가지가 된다. 이것은 안의(ajjhatta) 형상 등에 대해서 18가지가 되고, 밖의(bahiddha) 형상 등에 대해서 18가지가 되어 모두 36가지가 된다. 이것은 다시 과거의 것 36가지, 미래의 것 36가지, 현재의 것 36가지가 되어 모두 108가지가 된다. 이처럼 108 갈애[번뇌]는 여섯 가지 감각기관[六根]을 통해 들어온다. 여섯 가지 감각기관을 단속해야 하는 것은 이 때문이다.

인간의 능력 지수는 크게 세 가지로 구분된다. 즉 지적 지능지수(IQ), 감성 지능지수(EQ), 사회성 지능지수(SQ)가 그것이다. 지적 능력은 뛰어나지만 감성 지수, 즉 미적 감수성에 따른 심미(審美) 지수가 낮은 사람이 있고, 감성 지수는 뛰어나지만, 지적 능력이 떨어지는 사람이 있다. 지성적인 인간형은 이성에 바탕을 두기 때문에 비교적 냉정하고 사리 판단이 분명하다. 반면 감성적인 인간형은 논리적이고 이성적인 사고 능력이 떨어지기 때문에 밖에서 부처를 찾으려고 하는 성향이 강하다.

홍사성은 "부처님의 땅 인도로 가서 그분의 흔적을 찾아보고 숨결을 느끼고 싶어 한다. 그렇지만 정작 인도에 가면 불교가 없다."(홍사성, 『정법천하를 기다리며』, p.36)라고 통탄한다. 마찬가지로 부처님의 숨결을 느끼고자 수많은 사찰을 찾아가지만 정작 절에는 붓다의 가르침이 없다. 붓다의 가르침은 경전을 통해 접하거나 수행을 통해 자기 스스로 터득하는 수밖에 없다. 형상이나 소리로 부처를 찾으려고 하는 것은 나무에서 고기를 얻으려고 하는 것과 같다.

세상에는 불교미술이나 불교음악에 종사하는 사람들도 많다. 이들은 미술이나 음악을 통해 열반의 실현을 궁극의 목표로 삼는다. 그러나 이 분야의 전문가가 아닌 평범한 사람들이 형상이나 소리를 좇는 것은 권장할 일이 못 된다. 형상이나 소리를 좇는 것은 마라(魔羅)의 속박에 얽일 가능성이 크기 때문이다. 그보다는 붓다의 담마[法]가 무엇인가를 추구하는 것이 곧 붓다를 만나는 지름길이다. 형상과 소리를 좇지 말라.

사색해서는 안 되는 것

　　사람들이 세상을 살아가면서 사색해야 할 것과 사색하지 말아야 할 것이 있다. 다시 말해 이 세상에는 생각해야 할 것과 생각해서는 안 되는 것이 있다. 『앙굿따라 니까야』의 「아찐띠따 숫따(Acintita-sutta, 不可思惟經)」(AN4:77)에서 붓다는 이렇게 말했다. "비구들이여, 네 가지 생각할 수 없는 것이 있으니 그것을 생각해서는 안 된다. 만약 생각하면 미치거나 곤혹스럽게 된다. 네 가지란 무엇인가?"(AN.Ⅱ.80; 『南傳』 18, p.140) 요약하면 다음과 같다.

　　첫째는 부처님들의 부처의 경지[佛境界]는 생각할 수 없으니 그것을 생각해서는 안 된다. 둘째는 선정자(禪定者)들의 선정의 경지[定境界]는 생각할 수 없으니 그것을 생각해서는 안 된다. 셋째는 행위의 과보[業의 異熟]는 생각할 수 없으니 그것을 생각해서는 안 된다. 넷째는 '세상에 대한 사색(loka-cinta)'은 생각할 수 없으니 그 것을 생각해서는 안 된다. 만약 생각하면 미치거나 곤혹스럽게 된다.(AN.Ⅱ.80; 『南傳』18, p.140)

주석서에 따르면, "세상에 대한 사색은 '누가 해와 달을 만들었는가? 누가 대지를 만들었고 누가 대양을 만들었는가? 누가 중생을 창조하고 누가 산을 만들었는가? 누가 망고나 참깨나 야자를 만들었는가?'라는 이러한 세상에 대한 사색을 말한다."(AA.Ⅲ.109) 이른바 네 가지 생각해서는 안 되는 것들을 생각하게 되면 미치거나[狂亂] 극심한 정신적 고통을 받게 된다는 것이다.

그러면 왜 붓다는 제자들에게 '세상에 대한 사색'을 하지 말라고 했는가? 『상윳따 니까야』의 「찐따 숫따(Cinta-sutta, 思惟經)」(SN56:41)에서 그 이유를 자세히 밝히고 있다.

비구들이여, 그러므로 그대들은 세상에 대해 사색하지 말아야 한다. 즉 '세상은 영원하다'라거나 '세상은 영원하지 않다'라거나, '세상은 유한하다'라거나, '세상은 무한하다'라거나, '영혼과 육체는 같은 것이다'라거나, '영혼과 육체는 다른 것이다'라거나, '여래는 사후에도 존재한다'라거나, '여래는 사후에 존재하지 않는다'라거나, '여래는 사후에 존재하기도 하고 존재하지 않기도 한다'라거나 '여래는 사후에 존재하는 것도 아니고 존재하지 않는 것도 아니다'라는 것이다. 그것은 무슨 이유 때문인가?
비구들이여, 이런 것을 사색하는 것은 참으로 이익을 주지 못하고, 청정범행의 시작이 아니고, 염오(厭惡, 싫어함)로 이끌지 못하고, 탐욕의 여읨[離欲]으로 이끌지 못하고, 소멸로 이끌지 못하고, 고요함으로 이끌지 못하고, 최상의 지혜로 이끌지 못하고, 바른 깨달음으로 이끌지 못하고, 열반으로 이끌지 못하기 때문이다.

비구들이여, 그대들이 사색할 때는 '이것이 괴로움이다'라고 사색해야 한다. '이것이 괴로움의 일어남이다'라고 사색해야 한다. '이것이 괴로움의 소멸이다'라고 사색해야 한다. '이것이 괴로움의 소멸에 이르는 길이다'라고 사색해야 한다. 그것은 무슨 이유 때문인가?

비구들이여, 이런 것을 사색하는 것은 참으로 이익을 주고, 청정범행의 시작이고, 염오(厭惡, 싫어함)로 이끌고, 탐욕의 여읨으로 이끌고, 소멸로 이끌고 고요함으로 이끌고, 최상의 지혜로 이끌고, 바른 깨달음으로 이끌고, 열반으로 이끌기 때문이다.

비구들이여, 그러므로 그대들은 '이것이 괴로움이다'라고 수행해야 한다. '이것이 괴로움의 발생이다'라고 수행해야 한다. '이것이 괴로움의 소멸이다'라고 수행해야 한다. '이것이 괴로움의 소멸에 이르는 길이다'라고 수행해야 한다."(SN.V.448)

위 내용은 붓다가 답변하지 않았던 열 가지 무기(無記, avyākatha)에 관한 것이다. 즉 '이 세상은 영원한가?', '이 세상은 영원하지 않은가?' 등과 같은 무기 질문(avyākatha pañha)에 대해서는 사색해서는 안 된다는 것이다. 형이상학에 속하는 무기 질문은 사색한다고 해서 그 해답을 얻을 수 있는 것이 아니기 때문이다. 그 대신 고·집·멸·도의 사성제에 대해 사색하고 그것을 수행해야 한다는 것이 이 경의 핵심 내용이다.

이 경에 대응하는 『잡아함경』 제16권 제407경 「사유경(思惟經)①」에서는 간단명료하게 설해져 있다.

> 비구들이여, 부디 세간을 사유하지 말라. 왜냐하면 세간에 대한 사유는 이치에 도움이 되지 않고, 법에 도움이 되지 않으며, 범행(梵行)에 도움이 되지 않고, 지혜도 아니고 깨달음도 아니며 열반을 따르는 것도 아니기 때문이다. 너희들은 마땅히 이렇게 사유해야 한다. '이것은 괴로움에 대한 성스러운 진리이다. 이것은 괴로움의 발생에 대한 성스러운 진리이다. 이것은 괴로움의 소멸에 대한 성스러운 진리이다. 이것은 괴로움의 소멸에 이르는 길에 대한 성스러운 진리이다.' 왜냐하면 그와 같은 사유는 곧 이치에 도움이 되고, 법에 이익이 되며, 범행에 도움이 되고, 바른 지혜·바른 깨달음·바르게 열반으로 향하는 것이기 때문이다.(T2, p.109a)

위에서 언급한 형이상학적인 문제들은 철학적으로는 중요한 주제라고 할 수 있다. 그러나 평범한 수행자가 이러한 주제에 몰두하는 것은 자신에게 아무런 이익을 가져다주지 못하고, 지혜로 이끌지 못하고, 바른 깨달음으로 이끌지 못하고, 열반으로 이끌지 못한다. 그러한 것들은 모두 수행에 장애가 되는 번뇌 망상일 뿐이다.

아라한을 제외한 나머지 사람들은 법(dhamma)과 율(vinaya)에서 안식을 얻지 못한다.(SN.Ⅱ.50) 법과 율에 확신을 갖지 못하면, 미래 즉 죽음이나 윤회에 대한 두려움에서 벗어나지 못한다. 그러나 붓다가 설한 법과 율에 확신을 갖게 되면 죽음이나 윤회를 두려워하지 않는다. 왜냐하면 "형성된 것은 모두 부서지기 마련인 법(saṃkhataṃ paloka-dhammaṃ)"(DN.Ⅱ.158)이라는 사실을 알기 때문이다. 다시 말해 "일어난 법은 그 무엇이건 모두 소멸하기 마련인 법[集法卽滅法]"(SN.V.423)이라는 사실을 꿰뚫어 보는 사람은 죽음을 두려워하지 않고 편안하게 생을 마감한다.

결론적으로 우리가 생각해야 할 것은 '이것은 괴로움이다' 내지 '이것은 괴로움의 소멸에 이르는 길이다'라고 바르게 인식하고, 그것을 수행하는 데 자신의 모든 에너지를 쏟아야 한다. 그 외의 일들은 모두 생사 문제의 해결에 도움이 되지 않는 허업(虛業)에 불과하기 때문이다.

정적(情的) 포교와 지적(知的) 포교

붓다의 가르침을 널리 전하는 포교(布敎)는 불교도의 사명(使命)이다. 바꾸어 말하면 불교도의 사명은 첫째도 포교요, 둘째도 포교임을 잠시도 잊어서는 안 된다. 붓다의 간절한 소망은 자신이 설한 바른 가르침이 세상에 오래 머물도록 하는 것[正法久住]이기 때문이다. 그래서 불교도들은 '이 세상에 부처님의 교법이 오래오래 머물기를!(Ciraṃ tiṭṭhatu lokasmiṃ sammāsambuddhasāsanaṃ)' 발원한다.

만일 붓다의 가르침을 다른 사람들에게 전하지 않는다면, 그는 진정한 붓다의 제자라고 할 수 없다. 그러므로 출가자이든 재가자이든 불교 포교를 위해 최선을 다해야 한다.

그런데 붓다의 교설은 진리이기 때문에 변하지 않는다. 그러나 그 가르침을 전하는 방법은 시간과 장소에 따라 변한다. 다시 말해 붓다의 가르침을 전하는 방법, 즉 포교 방법은 끊임없이 변하지 않으면 안 된다. 예를 들면 한글세대에 한문 경전으로 교육한다면 교육의 목표를 달성하기 어렵다. 그러므로 모든 불교도는 끊임없이 새로운 포교 방법을 모색해야만 한다. 그리고 변화를 두려워해서도 안 된다. 변하지 않으면 살아남지 못한다. 불교라는 종교도 마찬가지다.

예로부터 불교의 포교 방법은 크게 둘로 구분했다. 하나는 인간의 감성에 호소하여 붓다의 가르침을 전하는 정적 포교(情的布教)이고, 다른 하나는 인간의 이성에 호소하여 붓다의 가르침을 전하는 지적 포교(知的布教)이다. 전자가 방편(方便)이라면 후자는 실제(實際)라고 할 수 있다. 일반적으로 정적 포교를 통해 지적 포교로 나아간다.

원의범은 「불교는 무신론이다」(『佛敎』 제53호, 1975년 5월호, pp.19-21)라는 글에서 정적 포교이든 지적 포교이든 본질적인 측면에서는 아무런 차이가 없다고 했다. 그는 불상(佛像)이나 탱화(幀畵) 등에 예배하는 행위를 붓다의 설법 연장이요, 포교 방편이라고 보았다. 또 그는 경(經)과 논(論)에 의한 지적 포교가 닿는 곳에 불상, 탱화 등 불기구(佛器具)에 의한 정적 포교가 있다고 했다. 그는 지적 포교와 정적 포교에 대해 다음과 같이 말했다.

"외적 색경(外的色境)에 지배받기 쉬운 중생심을 외적 색경에 의하여 교화하기 위하여 외적 색경의 완벽함을 도모한 곳이 곧 극락장엄(極樂莊嚴)이요, 사찰 도량의 청정장엄이다. 울리는 범종과 두들기는 목탁의 소리는 울리고 치는 자의 음율적(音律的) 자기도취를 위한 것이 아니라 듣는 중생들에 대한 경종이듯이 경과 논은 평면적·시각적 포교 방법이고, 불상, 불탑, 범종, 목탁, 탱화 등은 입체적·시청각적 정적(情的) 포교 방법이다."

즉 경과 논에 의한 지적 포교는 평면적·시각적 포교 방법이고, 정적 포교는 입체적·시청각적 포교 방법이라는 것이다. 비신자를 불교로 끌어들임에 있어서는 시청각적 포교 방법이 더 효과적임은 틀림없다. 그 대표적인 사례를 티베트불교에서 발견할 수 있다. 티베트불교의 법회에서는 언제나 앞풀이와 뒤풀이가 병행된다. 법회가 있음을 알리는 앞풀이와 참석 대중의 기원을 축원하는 뒤풀이 행사가 바로 정적(情的) 포교에 해당한다.

다시 말해 정적 포교는 불교문화나 불교예술 등을 통해 불교와 가까워지도록 하는 것을 말한다. 훌륭한 불상이나 불화, 불교음악이나 불교의 유형·무형문화를 통해 불교와 친근해지도록 하는 모든 행위가 이에 속한다. 외국인이 절 체험이나 연등축제, 불교의 전통 의례인 영산재 시현(示現) 등을 보고 불교에 호기심을 갖는 것이 대표적인 정적 포교의 사례라고 할 수 있다.

오늘날의 사회관계망서비스(SNS)에 올라오는 불교 관련 게시물의 80~90%가 정적 포교에 관한 것이다. 정적 포교는 불교에 전혀 관심이 없던 사람이 불교문화를 접하고 불교와 가까워지게 하는 효과는 분명히 있다. 특히 불교에 대한 적대감이나 나쁜 선입견을 제거하는 데 크게 도움이 된다. 그렇다고 해서 이들이 곧바로 불교도가 되는 것은 아니다. 그다음 단계인 지적 포교로 연결되지 않으면 불교 포교의 본래 목적을 달성할 수가 없다. 이것이 정적 포교의 한계이자 단점이다.

또 정적 포교를 통해 불교에 어떤 사람을 입문시켰다 할지라도 상황이 바뀌면, 그 사람은 불교를 떠나거나 아니면 불교 교리를 보다 체계적으로 공부하기 위해 그 사찰을 떠난다. 이처럼 정적 포교는 종착지가 아니라 지나가는 경유지에 불과하다. 결국에는 지적 포교가 아니면 한 사람의 완전한 불교도로 교화시키지 못한다. 사람들은 대부분 기복신앙으로 불교에 입문한다. 그러나 그 기복신앙에 염증을 느끼고 불교 신앙을 포기하거나 아니면 보다 높은 단계의 신행으로 나아간다.

현재 불교단체나 사찰에서 시행하는 불교대학에서 체계적으로 불교 교리를 공부하는 것은 대표적인 지적 포교에 해당한다. 지적 포교는 교육자와 피교육자 모두에게 많은 시간과 노력이 요구된다. 이처럼 교육을 통해 불교의 바른 인생관과 세계관이 형성되어야 진정한 의미의 바른 포교라고 할 수 있다. 이러한 과정을 거쳐 불교도가 된 사람은 외부의 어떠한 유혹이나 영향에도 흔들리지 않는다. 그런 사람이야말로 비로소 '참다운 불자'라고 할 수 있다.

그렇다고 해서 정적 포교의 무용론을 주장하는 것은 아니다. 다만 정적 포교가 목표가 되어서는 안 된다는 것을 강조할 뿐이다. 불교 포교란 붓다의 가르침을 통해 그 사람의 인생관과 가치관이 변해야 한다. 다시 말해 붓다의 가르침에 의해 자기 생각이 바꾸어 불교적 가치관에 따라 살아가는 사람으로 변해야 한다. 그때 비로소 완전한 불교도라고 할 수 있다. 그저 불교문화를 접하고 한때나마 불교와 친밀한 관계를 유지했다고 해서 그가 진정한 불교도가 되는 것은 아니다.

요컨대 정적 포교는 불자로 성장해 가는 하나의 과정에 불과하다. 그런데 그 정적 포교로 불자의 사명을 다했다고 자부하거나 정적 포교에 목숨을 거는 것은 권장할 일이 아니다. 물에 빠진 사람이 물에 빠진 사람을 구제할 수 없기 때문이다.

붓다는 『담마빠다(Dhammapada, 法句經)』에서 "자신을 먼저 올바르게 확립해야 한다. 그리고 나서 남을 훈계해야 한다."(Dhp 158)라고 했다. 남을 교화하기에 앞서 자기 자신부터 붓다의 가르침에 대해 확신을 갖는 것이 급선무이다. 자기 자신도 불교에 대한 확신이 없는데, 어떻게 다른 사람을 교화할 수 있겠는가?

옴(ॐ)은 힌두교의 상징

　　'옴(ॐ)'은 힌두교(Hinduism)의 상징이다. 그런데 불교 신자가 '옴'이 새겨진 반지나 팔찌 혹은 목걸이를 착용하고 다닌다. 또 '옴'을 스티커로 제작하여 차량이나 스마트폰 등에 부착하기도 한다. 이러한 관행은 '옴'의 유래와 그 의미를 알지 못해서 생긴 해프닝이다.

　　'옴'은 『베다(Veda)』에서 유래한 것이다. 『베다』는 인도에서 가장 오래된 문헌이며, 힌두교의 중요한 성전이다. '옴'은 힌두교에서 신성한 영적 주문으로 쓰인다. '옴'에 대해서는 『우빠니샤드(Upaniṣad, 奧義書)』의 여러 곳에 언급되어 있다.

　　『만두꺄 우빠니샤드(Māṇḍukya Upaniṣad)』에 의하면 "옴(ॐ)이란 이것은 불멸(不滅), 이 모든 것은 그것에 대해 설명하는 것이다. 과거·현재·미래 이렇게 모든 것은 바로 옴이다. 그리고 삼시(三時)를

벗어나는 다른 것, 그것 또한 바로 옴이다."(Māṇ 1) '불멸(akṣara)'은 음절을 의미한다. 소리는 사라져 멸하지만, 소리를 기록한 문자는 사라지지 않는다. 그래서 이것을 음절 혹은 불멸로 번역한다. '이 모든 것'은 이 모든 세상을 말한다. '그것'은 '옴'이란 음절을 의미한다. '삼시를 벗어나는' 것은 시간으로 한정되지 않는 것을 의미한다.(임근동, 『우빠니샤드』, 을유문화사, 2012, p.203)

이어서 "이 모든 것은 브라흐만이다. 이 아(我)는 브라흐만이다. 그러한 이 아는 네 개의 발을 가진 것이다."(Māṇ 2) '이 모든 것'은 앞에서 언급한 옴(ॐ)의 음절을 말한다. '아(我)'는 '지고의 아(paramātman)'를 의미한다. '네 개의 발'은 위스바(viśva), 따이자사(taijasa), 쁘라갸(prajña), 뚜리야(turīya)의 상태를 의미한다. 즉 위스바는 잠에서 깨어 있는 상태이고, 따이자사는 잠을 자며 꿈을 꾸는 상태이며, 쁘라갸는 꿈 없는 잠의 상태이고, 뚜리야는 이상의 세 가지의 상태를 초월한 경지이다.(임근동, 위의 책, p.204) 요컨대 '옴'은 아뜨만(Ātman)과 브라흐만(Brahman)을 의미한다. 아뜨만은 네 가지 의식의 상태를 가지고 있다. 특히 뚜리야는 앞의 세 가지 의식의 상태를 초월한 네 번째를 의미한다. 베단따(Vedānta) 학파에서는 아뜨만의 네 번째 지위는 브라흐만과의 완전한 일치의 경지라고 말한다.

『까타 우빠니샤드(Kaṭha Upaniṣad)』에 의하면, "모든 베다들이 담고 있는 이 구절, 모든 고행이 그것을 위한 것이라 말하고, 그것을 바라며 청정범행(淸淨梵行)을 하는, 그 구절을 그대에게 간략히 말하리니, '옴(ॐ)'이라는 이것이다."(Kaṭha 1.2.15) 모든 베다들이 '담고 있다(āmananti)'라는 것은 모든 베다들이 표명한다(pratipādayanti)'라는 뜻이고, '구절(pada)'은 '탐구해야 할 것, 이르러야 할 것(padanīyaṃ gamanīyam)'이라는 뜻이다. '청정범행(brahmacrya)'은 '스승의 가정(gurukula)'에 머무는 것 혹은 '브라흐만에 이르기 위해 행하는 것(brahmaprāptyarthaṃ caranti)'이라는 뜻이다. '브라흐마짜르야(brahmacrya)'를 불교 경전에서는 '정행(淨行), 범행(梵行), 정범행(淨梵行) 등으로 한역한다.(임근동, 위의 책, pp.89-90)

이어서 "이것이 바로 자구(字句)인 '브라흐만', 이것이 바로 자구인 지고(至高), 바로 이 자구를 알아 그가 원하면 그것은 그의 것이 된다."(Kaṭha 1.2.16) '자구'의 원어는 '악사라(akṣara)'인데, 형용사로는 '불멸(不滅)의, 고정된' 등을 의미하고, 중성 명사로는 '옴(ॐ)', 철자(綴字), 음절, 단음절, 낱말, 문서' 등을 의미한다.(임근동, 위의 책, p.90) 위 원문에 '자구(字句)' 대신 '옴(ॐ)'을 삽입하여 읽으면 그 뜻이 더욱 선명해진다.

이에 대해 박지명은 "옴이란 절대인 브라흐만의 소리이며, 상징인 사브다 브라흐만(Shabda Brahman)이다. 이것은 모든 소리의 근원이며, 어떠한 사상이나 이름이나 소리와 연결되어 있지 않은 발현된 상징이다. 『만두꺄 우빠니샤드』에 나와 있는 소리 아(a), 우(u), 음(m)은 옴의 초월적이며 상징적인 표현"(박지명, 『우파니샤드』, pp.456-457)이라고 설명한다.

『브리하드아란야까 우빠니샤드(Bṛhadāraṇyaka Upaniṣad)』에서는 "옴은 허공(kha), 브라흐만이다. 허공은 옛것(khaṃ purāṇam)이다. 바람이 있는 곳이 허공이라고 '까우라브야니뿌뜨라(Kauravyāṇiputra)'는 말했다. 이것은 베다. 브라흐마들이 안다. 알아야 할 것을 이것으로 안다."(Bṛh 5.1.2) 샹까라(Saṅkara, 8세기경)에 의하면 "옴은 허공인 브라흐만이다(ॐ, khaṃ brahma)."라는 만뜨라다. '허공인 브라흐만'은 옴이라는 낱말이 나타내는 의미다. 혹은 옴이라는 낱말의 본모습이다.

『이샤 우빠니샤드(Iśā Upaniṣad)』의 본문 앞과 뒤에 '평온을 위한 낭송(śāntipāṭha)'이 있다. 즉 "옴, 그것은 충만한 것이다. 이것은 충만한 것이다. 충만한 것에서 충만한 것이 생겨난다. 충만한 것의 충만함을 취하니, 충만함만이 남는다. 옴, 평온! 평온! 평온!"이다. 이 '평온을 위한 낭송'은 『브리하드아란야까 우빠니샤드』(5.1.1)의 만뜨라(mantra)이다. 만뜨라는 '베다 찬가, 신성한 기도문, 주문(呪文), 조언, 숙고, 비밀' 등을 의미한다. 불교 경전에서 만뜨라는

'진언(眞言), 주(呪), 주술(呪術), 주어(呪語), 신주(神呪), 명(明), 명주(明呪), 비밀' 등으로 한역한다. 인도에서 만뜨라는 명상의 도구로 활용되며 신비한 힘을 지닌 것으로 여겨진다.(임근동, 앞의 책, p.35, no.1)

이처럼 불교 경전의 만뜨라는 『베다』와 넓은 의미로 『베다』에 포함되는 『우빠니샤드』의 영향을 받아 성립된 것임을 알 수 있다. 그래서 대부분 불교도는 '옴'이 불교에서 비롯된 것으로 잘못 인식하게 되었다. 왜냐하면 예로부터 인도에서 옴(ॐ)은 힌두교, 불교, 자이나교의 주문으로 널리 사용되었기 때문이다. 그러나 지금은 옴(om)이 공식적으로 힌두교의 상징으로 사용되고 있다. 그래서 지금은 불교와 자이나교에서는 사용을 자제하고 있다. 앞에서 언급했듯이 '옴'은 아뜨만(Ātman)과 브라흐만(Brahman)을 의미한다. 다시 말해 '옴'은 아뜨만과 브라흐만이 둘이 아니라는 범아일여(梵我一如)의 사상을 소리로 나타낸 것이다. 따라서 절대적 자아(paramātman)를 인정하지 않는 불교에서 '옴'을 사용하는 것은 『우빠니샤드』의 범아일여 사상을 받아들이는 모양새가 된다. 그러면 붓다의 가르침에 어긋난다.

불교의 상징(법륜)

|

현재 전 세계적으로 통용되고 있는 불교의 상징물은 두 가지다. 하나는 법륜(法輪, dhammacakka, Sk. dharmacakra)이고, 다른 하나는 불교기(佛敎旗)이다. 법륜과 불교기는 1952년에 창립된 세계불교도협회(World Fellowship of Buddhism, WFB)에서 승인한 것이다.

불교의 상징(법륜)

법륜은 전통적으로 여덟 개의 바큇살로 이루어진 수레바퀴 모양이다. 불교기는 헨리 스틸 올코트(Henry Steel Olcott, 1832~1907)가 1886년 스리랑카의 콜롬보에서 고안한 오색기이다.

　법륜이 불교의 상징으로 사용된 역사는 매우 오래되었다. 최초로 인도의 간다라 지방에서 불상이 조성되기 이전의 무불상(無佛像) 시대의 불교 상징은 법륜, 불족적(佛足迹), 보리수 등이었다. 특히 법륜은 부처님을 대신하는 상징으로 널리 통용되었다. 붓다의 최초 설법지인 사르나트(Sarnath, 녹야원)에 아쇼까 왕이 조성한 것으로 알려진 법륜이 지금도 남아 있다. 그리고 인도의 아잔타 석굴에서 가장 오래된 석굴의 벽화에 부처님 대신에 법륜이 그려져 있다. 따라서 법륜은 불교를 상징한다.

스와스띠까(swastika, 卍)의 유래

|

한편 불교의 건축이나 예술에 널리 사용되고 있는 만(卍) 자는 불교만의 상징이 아니다. 스와스띠까(swastika), 즉 卍 또는 卐자는 일반적으로 십자형에서 90도로 꺾은 네 개의 다리를 가진 고대 종교의 상징이다. 이것은 기원전 2세기 이전에 힌두교, 불교, 자이나교에서 신성하고 성스러운 상징으로 간주하였다. 이것은 최소한 신석기 시대부터 다양한 문화에서 장식적인 요소로 사용되었다.

스와스띠까는 인도의 종교들에서 '행운(auspiciousness)'의 의미로 오랫동안 사용된 중요한 상징으로 널리 알려져 있다. 스와스띠까(swastika)라는 이름은 '행운의 또는 길상의 대상'이라는 의미를 가진 산스끄리뜨 스와스띠까(svastika)에서 유래한 것이다. 또한 스와스띠까는 제2차 세계대전 이전 나치 독일 나치당(Nazi Party)의 상징으로 사용되었다. 그래서 서양에서는 스와스띠까를 사용하면 나치주의(Nazism)와 관련되어 있다고 보기 때문에 극도로 혐오하는 상징이다.

그리고 스와스띠까는 고대 기독교에서 십자가의 일종으로도 사용되었다. 그뿐만 아니라 스와스띠까는 국가와 종교를 초월하여 전 세계적으로 널리 사용되었다는 것이 최근의 연구로 밝혀졌다. 고대 인도의 인더스문명에서도 스와스띠까의 도장이 발견되었다. 따라서 스와스띠까는 불교만의 상징이 아니다. 가능하면 사용하지 않는 것이 좋다.

불교기

결론적으로 불교의 상징은 법륜과 불교기이다. 그런데 불교기의 다섯 가지 색깔, 즉 오색을 국가별 또는 종파별로 약간 다르게 표현하기도 하는데, 이것은 바람직한 현상이 아니다. 가능하면 세계불교도협회에서 처음 공인한 색깔 그대로 사용하는 것이 가장 바람직하다.

약어표

Abbreviation for Literature

AA. *Aṅguttara Nikāya Aṭṭhakathā=Manorathapūraṇī* 增支部 註釋書

AN. *Aṅguttara Nikāya* 增支部

DA. *Dīgha Nikāya Aṭṭhakathā=Sumaṅgalavilāsinī* 長部 註釋書

DhA. *Dhammapada Aṭṭhakathā=Paramathatthajotikā* 法句經 註釋書

Dhp. *Dhammapada* 法句經

Dhs. *Dhammasaṅgaṇi* 法集論

DN. *Dīgha Nikāya* 長部

DPPN. *Dictionary of Pali Proper Names* 巴利固有名詞辭典

Dpv. *Dīpavaṃsa* 島史

MA. *Majjhim Nikāya Aṭṭhakathā=Papañcasūdani* 中部 註釋書

Mhv. *Mahāvaṃsa* 大史

MN. *Majjhima Nikāya* 中部

SA. *Saṃyutta Nikāya Aṭṭhakathā=Sāratthappakāsinī* 相應部 註釋書

SN. *Saṃyutta Nikāya* 相應部

Sn. *Suttanipāta* 經集

Vin. *Vinaya Piṭaka* 律藏

Vism. *Visuddhimagga* 清淨道論

Abbreviation for General

PTS The Pali Text Society.

Sk. Sanskrit

T 『大正新修大藏經』

참고문헌

---

1. 원전 및 번역물

Aṅguttara Nikāya Aṭṭhakathā=Manorathapūraṇī: Buddhaghosa's commentary on the Aṅguttara Nikāya, tr. Max Walleser and Hermann Kopp, 4 vo;s., London: PTS, 1966.

Aṅguttara Nikāya, ed. R. Morris & E. Hardy, 5 vols., London: PTS, 1885~1900, reprinted 1955~1961.

Dhammapada, ed. H. C. Norman, London: PTS, 1970.

Dictionary of Pali Proper Names, G. P. Malalasekera, 2 vols., New Delhi: Munshiram Manoharal, 1983.

Dīgha Nikāya Aṭṭhakathā=Sumaṅgalavilāsinī, ed. T W. Rhys Davids and J. E. Carpenter, 3 vols., London: PTS, 1886~1932.

Dīgha Nikāya, ed. T. W. Rhys Davids and J. E. Carpenter, 3 vols., London: PTS, 1890~1911.

Dīpavaṃsa, ed. H. Oldenberg, New Delhi: Asian Educational Services, 1992.

Mahāvaṃsa, ed. W. Geiger, London: PTS, 1980.

Majjhim Nikāya Aṭṭhakathā=Papañcasūdani, ed. T W. Rhys Davids and J. E. Carpenter and W Stedde, 4 vols., London: PTS, 1886~1932.

Majjhima Nikāya, ed. V. Trenckner and R. Chalmers, 3 vols., London: PTS, 1887~1901.

Saṃyutta Nikāya Aṭṭhakathā=Sāratthappakāsinī, ed. F. L. Woodward, 3 vols., London: PTS, 1927~1937.

Saṃyutta Nikāya, ed. M. L. Feer, 6 vols., London: PTS, 1884~1898.

Suttanipāta, ed. Andersen, Dines and Smith, Helmer, London: PTS, 1913.

The Book of The Discipline, tr. I. B. Horner, 6 vols., London: PTS, 1982.

The Visuddhimagga of Buddhaghosa, ed. C. A. F. Rhys Davids, London: PTS, First published 1920, reprinted 1975; tr. Bhikkhu Ñāṇamoli, *The Path of Purification*, Fifth Edition, Kandy Sri Lanka: Buddhist Publication Society, 1991, First Edition 1956.

Udāna, ed. P. Steinthal, London: PTS, 1885.

Vinaya Piṭaka, ed. H. Oldenberg, 5 vols., London: PTS, 1879~1883.

求那跋陀羅譯, 『雜阿含經』(T2).

瞿曇般若流支譯, 『金色王經』(T3).

瞿曇僧伽提婆譯, 『中阿含經』(T1).

瞿曇僧伽提婆譯, 『增壹阿含經』(T2).

鳩摩羅什譯, 『金剛般若波羅密經』(T8).

鳩摩羅什譯, 『大智度論』(T25).

鳩摩羅什譯, 『妙法蓮華經』(T9).

闍那崛多等譯, 『起世經』(T1).

闍那崛多譯, 『佛本行集經』(T3).

般若譯, 『大乘本生心地觀經』(T3).

佛陀耶舍共竺佛念譯, 『長阿含經』(T1).

施護譯, 『佛說發菩提心破諸魔經』(T17).

玄奘譯, 『最無比經』(T16).

각묵 옮김, 『상윳따 니까야』 6권, 울산: 초기불전연구원, 2009.

대림 옮김, 『맛지마 니까야』 4권, 울산: 초기불전연구원, 2012.

대림 옮김, 『앙굿따라 니까야』 6권, 울산: 초기불전연구원, 2006.

대림 옮김, 『청정도론』 3권, 울산: 초기불전연구원, 2004.

일아 옮김, 『숫따니빠따』, 서울: 불광출판사, 2015.

2. 단행본

마성, 『불교신행공덕』, 서울: 불광출판부, 2004.

마성, 『사캬무니 붓다』, 서울: 대숲바람, 2010.

박지명, 『우파니샤드』, 서울: 동문선, 2009.

임근동, 『우파니샤드』, 서울: 을유문화사, 2012.

임승택, 『초기불교 : 94가지 주제로 풀다』, 서울: 종이거울, 2013.

조준호, 『불교명상 : 사마타와 위빠사나』, 서울: 도서출판 中道, 2020.

홍사성, 『정법천하를 기다리며』, 서울: 우리출판사, 2010.

塚本啓祥, 『佛教史入門』, 東京: 第三文明史, 1976.

Rāhula, W, *What the Buddha taught*, London: Gordon Fraser, 1959.

지은이: **마성**(摩聖)

저자의 속명은 이수창(李秀昌)이고, 법명은 마성(摩聖)이며, 법호는 해불(解佛)이다. 스리랑카팔리불교대학교 불교사회철학과를 졸업했으며, 동 대학원에서 철학석사(M.Phil.) 학위를 받았다. 동방문화대학원대학교에서 「삼법인설의 기원과 전개에 관한 연구」로 철학박사(Ph.D.) 학위를 받았다. 동국대학교 불교문화대학원 겸임교수를 역임했으며, 현재는 팔리문헌연구소 소장으로 재직 중이다. 저서로는 『마음 비움에 대한 사색』(민족사, 2007), 『사캬무니 붓다』(대숲바람, 2010), 『왕초보 초기불교 박사 되다』(민족사, 2012), 『잡아함경 강의』(인북스, 2019), 『초기불교사상』(팔리문헌연구소, 2021) 등이 있으며, 60여 편의 논문을 발표했다. 2021 불교평론 뇌허불교학술상을 수상했다.

불교도는 어떻게 살아야 하는가?

초판 1쇄 인쇄 | 2022년 8월 20일
초판 1쇄 발행 | 2022년 8월 30일

지은이 | 마성

펴낸이 | 윤재승
펴낸곳 | 민족사

주간 | 사기순
기획편집팀 | 사기순, 김은지
홍보마케팅 | 윤효진
영업관리팀 | 김세정

출판등록 | 1980년 5월 9일 제1-149호
주소 | 서울 종로구 삼봉로 81 두산위브파빌리온 1131호
전화 | 02)732-2403, 2404 팩스 | 02)739-7565
홈페이지 | www.minjoksa.org
페이스북 | www.facebook.com/minjoksa
이메일 | minjoksabook@naver.com

ⓒ 마성 2022

ISBN 979-11-6869-014-1 03220